江苏师范大学品牌专业培育项目资助

探索与反思

——外国语言文学热点问题聚焦

张生珍◎主编

Exploration and Reflection:
Focusing on the Hot Issues of
Foreign Language and Literature

中国社会科学出版社

图书在版编目（CIP）数据

探索与反思：外国语言文学热点问题聚焦／张生珍主编．—北京：中国社会科学出版社，2016.3

ISBN 978－7－5161－7791－4

Ⅰ．①探…　Ⅱ．①张…　Ⅲ．①语言学－研究－外国②外国文学－文学研究　Ⅳ．①H0②I106

中国版本图书馆 CIP 数据核字（2016）第 051396 号

出 版 人　赵剑英
责任编辑　任　明
特约编辑　李晓丽
责任校对　刘　娟
责任印制　何　艳

出　　版　中国社会科学出版社
社　　址　北京鼓楼西大街甲 158 号
邮　　编　100720
网　　址　http：//www.csspw.cn
发 行 部　010－84083685
门 市 部　010－84029450
经　　销　新华书店及其他书店

印刷装订　北京市兴怀印刷厂
版　　次　2016 年 3 月第 1 版
印　　次　2016 年 3 月第 1 次印刷

开　　本　710×1000　1/16
印　　张　18
插　　页　2
字　　数　305 千字
定　　价　68.00 元

凡购买中国社会科学出版社图书，如有质量问题请与本社营销中心联系调换
电话：010－84083683

目　录

型式语法研究综述*

于　涛**

摘　要：本文对型式语法与型式识别相关文献进行了梳理和评析，主要涉及到型式研究的缘起与发展、型式语法的优缺点和相关应用研究，以及型式的识别方法。通过上述几个方面的论述，不仅可以帮助语言研究人员和二语学习者增进对于型式的理解，而且可以帮助二语学习者提高型式使用的准确率。

关键词：型式；型式语法；型式识别；研究综述

A Review of Pattern Grammar Studies

Yu Tao

Abstract: This paper aims to summarize and review related literatures on Pattern Grammar and pattern recognition, mainly covering the topics on the origin and development of pattern studies, strengths and weaknesses of Pattern Grammar, pattern-related empirical studies, and pattern recognition methods. Review on the fore-mentioned topics will not only enhance the linguistic scholars and second language learners' understanding of pattern, but also improve the precision of second language learners' use of patterns.

---

* 本文为2015年国家社科基金项目"基于型式语法及索引行聚类的动词型式自动识别与提取研究"（15BYY095）成果之一。

** 于涛：男，（1975—），汉，江苏赣榆人，博士，副教授，硕士生导师。

一 引言

型式（pattern）这一术语在语言学界中的使用，最早出现在霍恩比（Hornby，1954）的《英语型式用法指南》一书之中，距今已有60年历史。为了服务于语言教学，霍恩比（Hornby，1954）以句子结构为出发点对英语中的动词、名词和形容词型式进行了归纳总结。后来，许多学者致力于语言型式的研究，但由于研究出发点不尽相同，他们对于“型式”一词的理解各不相同。例如，语料库驱动研究范式强调以词汇为出发点观察语言型式，其中辛克莱（Sinclair，1991）以词汇为出发点研究扩展意义单位；霍伊（Hoey，1991）则基于词汇衔接理论对词汇模式（Patterns of Lexis）在语篇衔接中的功能进行了探讨；汉斯顿和弗朗西斯（Hunston & Francis，2000）则认为由动词、名词和形容词与其补足语成分组合而成的短语单位，即型式，如V *from* n *into* n，其中V表示核心词，from和into指具体词项，n表示名词短语。

近二十年来，随着语料库语言学的发展，型式研究已成为当下研究的重要议题之一。正如舒尔茨和罗默（Schulze & Romer，2008：265）所言，“很难想象语料库研究人员不对语言中的多词单位或型式感兴趣”。例如，弗朗西斯（Francis *et al.*，1996，1998）在COBUILD项目基础上，总结了英语动词、名词及形容词的各种型式，并在此实践基础之上，形成了《型式语法》（Hunston & Francis，2000）一书，对型式的概念、识别标准、型式与意义的关系等问题进行了梳理及详尽的解释。因而“型式语法（被视为是）基于语料库驱动，但却是在经过了语言学家的归纳提取之后才获得的一系列研究成果，是经验主义和理性主义的结合”（陈功2012：64）。因而，对于型式语法及型式识别相关研究进行述评，有利于增强学界对于型式的理解，提高学习者在语言使用中语言型式使用的准确率，并有助于探讨型式在语言研究、辞书编纂、语言教学等领域的重要作用。

二 型式与型式语法

型式语法是第一部运用语料库数据编写的教学语法，编写的过程中将语法与词汇作为整体看待，其目的在于揭示传统语法中宾语、补足语等语法范畴的表现形式及其意义（Hunston & Francis，1998：62）。

（一）型式语法

型式语法聚焦于词项及其相关联的型式，而非句法规则；“（型式语法）是将语法描写与词汇描写相结合，重点放在单个词项的使用行为上”（Hunston，2002：167）；其前提是基于辛克莱（Sinclair）关于“词汇与语法不可分”的论断之上。正如弗朗西斯（Francis，1995）所澄清的，“在交际过程中，交际双方并非优先选择句法结构，再选取词项来填补句法结构；相反，交际双方在大脑中预先存在所需要传递的概念信息，然后做出交际选择，而概念及交际选择首先要由核心词项来实现。最终，这些核心词项找到合适的符合句法规则的结构来表达意义”。

1. 型式语法与传统语法差异

型式语法与传统意义上的语法存有差异，其中传统语法通常建立在先前语言学理论基础之上，而型式语法完全是基于真实语言数据归纳总结而来，因此，型式语法对传统语法形成了强有力的冲击。这些冲击主要表现在如下方面：（1）词类概念受到挑战；（2）短语及小句等概念受到挑战；（3）句法功能类别受到挑战；（4）词汇语法二分的观念受到挑战；（5）语法语义二分的概念受到挑战（Hunston & Francis，2000：259）。因此，韩礼德（Halliday，2005：166）对型式语法给予了高度评价，认为“Hunston 和 Francis 所做的一切，非常成功。（型式语法）对语法的研究更加精细，使得词汇和语法的研究紧密结合在一起”。

2. 型式语法的优点

型式语法可能开辟了语法描述，尤其是词汇语法描述的一条新途径，对语法研究具有重要的引领作用（卫乃兴，2011：214）。相比英语结构分析，英语型式分析具有以下四点优势：（1）一致性问题得以解决（研究者只需进行少量培训即可）；（2）型式分析通常指意义单位分析，因此可以在语言表层展开，从而避免了语言范畴的影响；（3）型式分析相对全面，不仅适用于所有的动词，而且适用于其他词类；（4）型式分析不受先前语言学理论的影响与制约（Hunston & Francis，2000：177）。正是因为上述优势，孙海燕（2013：69）认为，在语料库驱动研究方法的指导下，型式语法挑战了以前的语言理论和范式，对传统的语法范畴提出质疑，认为词汇和语法、型式和意义之间没有泾渭分明的界限，词汇和句法互相选择，特定的词项往往和特定的句法结构相关，型式与意义的一体性是语料库驱动的语言研究的一个重要维度。

正如上述论点中所言，型式语法是语言学研究的一大突破与创新，第一，摆脱了原有理论框架的藩篱，使用了全新的方式来解释语言现象；第二，型式语法打破了传统语法中词汇语法两分的观点，认为词汇语法不可分，是一个不可分割的整体，因为型式中各元素间既要满足语法结构的需求，又要满足词汇选择的限制，词汇语法之间并非界限分明；第三，型式语法是语言学家们基于大量的语言事实总结而来，改变了先前语言学研究中仅依赖少数语言事实的现象，更加符合语言实际，更能反映语言的复杂性，是自下而上研究方法的典型代表；第四，型式语法为自然语言处理打下了坚实的基础，其总结的各类特征适用于语言模型的构建，可以更好地为自然语言处理服务。

3. 型式语法的不足

虽说型式语法是对语言研究的一大革新，但仍存在一些不足。在人工识别型式的过程和其后的理论归纳总结中，汉斯顿和弗朗西斯（Hunston & Francis，2000：77）就认为，“总体而言，我们对型式的归纳过于抽象。例如型式 V n 中的 n，既可以指名词，也可以指代词。当形容词型式中的组成元素中包括动词时，我们仅将系动词与其他动词区别开来，分类不够细化。从这个角度看，我们没有完全遵循辛克莱（Sinclair）的思想，因为他强调不同词汇形式出现在不同的型式列表当中，以及特定词汇拥有自身的短语学型式特点，部分辛克莱（Sinclair）想区别的东西在型式语法中被概括归纳。虽然我们的归纳总结可能不如传统语法那么宽泛，但仍存在归纳总结过当的迹象”。因此，型式语法并不能用来区别“相同句法结构中的一词多义现象。例如，型式语法中并没有区别 *firing a gun* 和 *firing an employee*，认为这两个短语都是 fire 一词的及物动词用法，同属于型式 V n。如若需要了解两者意义的差别，读者需要借助搭配信息，考虑哪些东西与枪的意义相关，哪些事物与雇员的意义相关”（Hanks，2013：6）。

除了上述学者对型式语法发出不同的声音之外，部分学者也表达了类似的观点。麦克内里等（McEnery *et al.*，2012：213）就认为，虽然型式语法强调其研究方法围绕词汇展开，但事实上，在涉及到具体动词的词项时对节点词实行了词形还原，忽略了其曲折变化形式。此外，金（King，2005：35）指出，“型式语法有其必然缺陷。为了尽可能囊括所有型式，许多型式被过度归纳。其实，诸多情况还需进行细致的区分”。正如汉斯顿和弗朗西斯（Hunston & Francis，2000：81）所言，“型式应该比当前的描述更加具体；具体化是指应该抛弃型式语法编写中所使用的语法标签”，因为“使用词类标签作为型式编码的简明方式不可能完全揭示短语单位或词块的意义与结构特征”（卫乃兴 2011：213）。以上观点反映出汉斯顿（Hunston）始终坚持词汇为研究中心的观点，采用词类或语义类标签是一种权宜之计。然而，使用词类特征虽然致使透明度降低，但是型式传递的信息量增加了。如果完全使用词汇对型式进行重组，将会使得原本就复杂多变的语言现象越来越复杂，型式列表越来越长，更加不利于后续学习与研究中的应用。但在当前计算机技术广泛应用于自然语言处理领域的背景下，随着词汇语法界面研究的发展，可以在具体和抽象之间采取折中的做法。

综上所述，型式语法继承了语料库驱动研究的做法，坚持词汇语法不可分，并强调词汇在型式中的重要地位，反对传统语法的做法，摒弃复杂而抽象的句法概念，转而使用简单、通俗易懂的标签来标记型式，符合人类认知习惯，减轻了学习者的认知负担。但型式语法存在归纳过度的现象，在增加覆盖面的同时，却牺牲了语言描写的透明度，即没有反映出语言型式的具体呈现形式。

4. 基于型式语法的相关研究

型式语法在语言研究中的应用主要表现在以下几个方面，（1）词典编纂；（2）语言学研究；（3）自然语言处理。

型式语法在英语语言研究方面的应用主要表现在 COBUILD 项目的系列研究成果上（王勇 2008）。这些成果都是由 Collins 出版。其中词典系列包括：第一版的《柯林斯 COBUILD 英语语言词典》［辛克莱（Sinclair）1987］、第二版的《柯林斯 COBUILD 英语词典》［辛克莱（Sinclair）1995］等等；语法系列包括：《柯林斯 COBUILD 英语语法》［辛克莱（Sinclair）1990］、《柯林斯 COBUILD 语法型式：动词》及《柯林斯 COBUILD 语法型式：名词和形容词》（Francis *et al.*，1996，1998）等等，共计三十多种。这些都是以型式语法的思想为指导编写而成的。

型式语法除了可以服务于词典编纂之外，还可以应用于语言学研究之中，如语体差异研究、语言教学和中介语对比分析。例如，汉斯顿（Hunston，2002：181）在《运用语料库考察语言差异》论文集中详细论述了型式在语言教学、语体差异、语言地区差异等方面的应用价值。穆克吉（Mukherjee，2001）统计了 PROVIDE 一词的四种型式在语料库中的分布情况，并在数据的基础上，讨论了四种不同型式分布的影响因素。威利斯（Willis，2003）结合实例讨论了型式在语言教学中的功能及其应用价值。此外，国内学者濮建忠（2000）通过对 3 个较为常用英语动词使用情况的调查，认为在动词的使用过程中还包含一些重要的、关键性的信息，如动词的语法型式和词汇型式，没有为英语教师和学习者所普遍掌握。

型式语法在自然语言处理中的应用主要体现在自动语法检查领域。黄等（Huang *et al.*，2011）尝试提取母语使用者的型式列表，并将其应用于学习者语言的自动语法检查。陈功（2012）则以型式语法为理论基础，通过链语法这一形式化语法体系，结合中国大学英语四六级和专业英语四八级考试大纲要求学生掌握的动词，对链语法词库进行了补充和调整，然后将动词型式语法形式化，实现了链语法动词词典的重构，使之更好地为学习者自动语法检查服务。

三　型式识别

当前型式的识别方法主要有两种：（1）传统的人工型式识别方法；（2）型式的自动识别。

（一）型式的人工识别

传统的型式识别通常采用索引行解读的方法，这是因为索引行可以帮助使用者观察到语料库中出现了什么，以及文本中的意义是如何产生的，词汇是如何共现从而形成有意义的型式。将单个索引行视为单独文本，很大程度上能帮助考察节点词语境及语境中词汇型式的频数（Sinclair，1991：34）。

无论语料库语言学家，还是词典编纂学家都意识到，传统的索引行解读存在一定的局限性。例如，人工解读索引行，数量会受到很大限制（Hunston，2010a：162）。因为，“如果包含特定节点词的索引行数量有限，这种方法非常有效，但如果面对 THAT、STRONG 等常用词汇的索引行时，容易致使存在微小差异的型式淹没在成千上万的索引行当中”

(*Church et al.*, 1991: 116)。

由于存在上述局限性，许多学者在传统索引行解读的基础上，采取了随机抽样的方法。怀恩（Wynne，2008：722）就曾指出，“索引行自动抽样并提供典型实例，需要软件执行复杂的算法，从而解释共现语境中出现的型式，并选择典型的语言实例”。事实上，索引行的随机抽样，并非需要复杂的算法，我们可以采取分层抽样或是随机抽样的方法，选取部分索引行进行解读。但无论采取何种抽样原则，都有可能使得一些非常用型式被忽略，有时还会导致总结的型式用法或意义不够完整。辛克莱（Sinclair，2003：ix）也意识到了同样的问题，认为“在计算机诞生以前，限于观察能力及记忆能力，语言学家们只能对小样本数据进行观察，即使花费了一生的时间也只能收集特定型式有限的实例”。

综上所述，传统索引行解读存在诸多局限性，（1）耗时费力；（2）有些型式被凸显出来，有些型式则被淹没在成千上万的数据之中；（3）随机抽样的方法，会导致部分包含非常用型式的索引行被筛选掉；（4）型式的人工识别结果有时会存在争议或不一致。

（二）型式的自动识别

语料库语言学和计算语言学界迫切希望实现型式的自动识别，并且认为存在型式自动识别的可能性。汉斯顿和弗朗西斯（Hunston & Francis，2000：67）就曾指出，语料库语言学打开了文本自动处理的大门，其中之一便是自动识别特定词汇的型式。

梅森和汉斯顿（Mason &Hunston，2004）基于现有的型式列表（Sinclair，1995；Francis *et al.*，1996），并结合字符串匹配方法对英语动词型式的自动识别进行了尝试。但是，其研究存在以下不足：（1）型式列表不够全面。（2）验证的数据量过小（仅 100 例包含节点词 decide 的句子）。（3）对型式内的插入语成分处理结果不令人满意，例如 Mehari said yesterday he would decide next week whether the jury... 中的 next week 作为插入语出现在 decide 和 whether 之间，并非型式的必要组件。（4）非常用型式（被动语态、倒装、从句修饰语）没有得到很好地解决。

梅森（Mason，2004）采用基于句法剖析的语料进行英语动词型式的自动识别，但其在系统评测时使用的数据量过小，仅对包含 BLEND 的 56 个句子和包含 LINK 的 116 个句子进行了尝试，准确率分别为 96.40% 和

62.90%。虽然上述系统效果不错，但不同词汇间型式自动识别的准确率差异很大，因而很难得到广泛的应用。此外，此研究中使用句法分析器对句子进行浅层标注，中间错误率较高；在系统评测过程中，几个无法识别的实例均是由于句子切分错误导致。

梅森（Mason，2006：184—187）对以上两种型式自动识别方法进行了总结并指出了其中的不足，认为“上述两种型式自动识别方法局限于短语关系，预设所有短语是构成句子结构的重要元素。但是，在真实语言中，这种关系非常复杂。例如，真实语言中的插入语成分很多，每个小句都有其内部结构，因此 SPOCA① 结构很难概括所有的句法结构”。

黄等（Huang*et al.*，2011）设计了软件 EdIt，试图通过对母语者文本的句法分析，实现语言型式的提取，然后应用于自动语法检查。其型式的提取过程如下：（1）对语料库进行词元归并、词性赋码及短语层句法剖析等预处理，试图提取更多的符合型式规律的 N 元组和搭配信息；（2）依据 MI 值提取语料库中的 N 元组和搭配；（3）将每个词元、词性码，以及短语所在句子的信息放在倒排索引中，以便提高系统检索速度；（4）在倒排索引中查询包含给定单词和短语的句子，并根据相应的词性码识别搭配中的词项信息，然后将该句转换为具体词形和词性码的混合串（hybrid Ngram），最后统计其频数信息。从上述方法看来，黄等（Huang *et al.*，2011）将型式语法中的型式与搭配混为一谈，仍坚持使用搭配的统计手段来识别型式。此外，此研究中仅涉及少量语法现象的识别，并且没有报告该系统的查准率和查全率，真正的效果如何还不得而知。从形式上看来，此方法仍是一种有益的尝试，属于使用简单模式匹配的方法来进行语法检查。

综上，作为型式人工识别的补充手段，上述为数不多的研究采用基于规则和基于统计的方法相结合，在型式自动识别方面做出了诸多有益的尝试。鉴于语言的复杂性和句法剖析的准确率，上述研究的实验结果并不令人满意，这一切的原因归根结底体现在两个方面：第一，对于语言规则不应采取拿来主义、原封不动的加以利用，而应该对规则进行分析和归纳，如可以采取化整为零的方法对型式必要组成元素进行总结。第二，统计方法的选择上存在一定的问题；简单字符串匹配只能帮助发现前人总结的动

---

① SPOCA 表示 subject predicate object complementary adjunct。

词型式，而对于非常规型式的识别却并不奏效。因而在未来的型式自动识别研究中，需要将规则的处理和统计方法的选择两个因素同时考虑在内，并找到两者之间的切合点，从而提高型式自动识别的准确率。

四 现有的语言型式网络平台数据库

为了增进语言使用者对语言型式的了解，提高语言型式使用的准确率，许多学者基于语料库数据，搭建了诸多网络平台，提供了大量的语言型式使用实例。现有的平台包括 StringNet，Justvthe-word，phrase in English，Sketch Engine，PDEV，FrameNet 等。

（一）基于机器处理的语言型式网络数据库

为了辅助语言教学和语言习得，部分网络平台基于语料库数据，采用相关统计手段对原始数据进行了处理，如 StringNet 和 Just-the-word 等。

StringNet 网络数据库

StringNet 将词汇语法结合领域看作其核心目标区域，即坚持词汇语法不可分的观点（Wible & Tsao，2010）。在这一点上与型式语法有共通之处。但在操作层面上，仍采用基于频数统计的测量方法，与前人关于搭配的研究方法并无二致。

StringNet 数据来源于 BNC，其目的在于建立词汇语法知识库来揭示词汇型式，主要涉及到英语中构式现象，其中包括大量的混合 N 元组信息。但是基于 N 元组的做法存在一定的问题，汉克斯（Hanks，2013：168）就指出，基于词汇的 N 元组与直接采用跨距内频数统计的方法几乎没有差异。

No.	Sentences
1	In the new state, fostering was the only way to provide a home for orphaned and otherwise parentless children.
2	(He was later to commission Richard Rodney Bennett to provide a score for his Jazz Calendar based on the old nursery rhyme' Monday 's child'.)
3	Next wind some tape through the slots and around the core to provide a base for the pickup windings.
4	Conference provided a focus for Telethon 1990, when delegates and visitors donned blue' ears' to raise money for this charity.
5	The interest of the rest of the' virtuosi'(as they were known) was a more general one in the' new philosophy' and its aims; for the fact is that the Royal Society provided a focus for a whole movement of thought.
6	For example, a study of the debasement trends of sixth-to seventh-century AD European gold coinage provided a basis for dating the Sutton Hoo ship burial.
7	The same is true for many other periods; for instance, coins provide a date for the deposit of the great Viking hoard from Cuerdale in Lancashire of c.AD905, and this in turn provides a date for the associated objects and hence a pivotal fixed chronological point for our understanding of Anglo-Saxon metalwork.
8	The same is true for many other periods, for instance, coins provide a date for the deposit of the great Viking hoard from Cuerdale in Lancashire of c AD905, and this in turn provides a date for the associated objects and hence a pivotal fixed chronological point for our understanding of Anglo-Saxon metalwork.
9	In a sense, therefore, his body provided a cover for the sharpness of his mind, and the cold balefulness of his stare a cover for his crusades.
10	He wants to restore it to its original castellated glory to provide a home for wife Annie and two sons and realise a 15-year dream.

图 1 StringNet 网络平台数据库中 PROVIDE 的部分索引行示例①

① http：//www. lexchecker. org/

JustTheWord 网络数据库

JustTheWord 是英语写作辅助平台，目的是给使用者提供合适的词汇选择。如其网站描述[①]，JustTheWord 可以帮助英语学习者验证其词汇选择的正确性，或是提供改进意见。其数据同样基于 BNC 语料库，并将词语组合间搭配信息采用 T 值形式体现出来，并用绿色柱体表示搭配的强度。

JustTheWord 网络平台提供了大量的词语搭配信息，这无疑为语言学习者提供了大量的语言使用实例，在英语教学和英语写作中有较高的应用价值。但是 JustTheWord 的做法仍存在一定的问题，例如其语料选择标准仍沿用前人的搭配测量手段，局限于两词或三词连续或非连续的共现现象。事实上，有时在搭配统计上具有显著意义的两词之间在意义上不能构成一个整体。此外，JustTheWord 对常用词提供了大量的词语组合列表，分类过于详细，不利于学习者在短时间内查询。

jtw Help Home PLEASE DONATE

combinations | alternatives from thesaurus | alternatives from learner errors

A0T - 000972	esting is that introspective reports, while often	providing helpful qualitative information, can never be reliable
A0Y - 000280	ade Association for insurance companies which can	provide information about its members.
A0Y - 000602	rn, Help the Aged and Neighbourhood Energy Action	provides information on heating and can be contacted on Freephon
A0Y - 000715	This is a booklet	providing information on all types of breaks, both at home and a
A0Y - 000832	This free DSS telephone line can	provide information about benefits to disabled people and their
A0Y - 000863	(Tel: 081-675 6557/8/9/0) Supports families,	provides information about all forms of dementia, runs local gro
A10 - 001291	It	provides information on methods to improve the efficiency and ef
A10 - 001360	eves that general practitioners should be able to	provide information about their services, and that there should
A15 - 001360	tells you how to decipher the crag listings which	provide information such as: crag name, sun hours, number of rou
A19 - 002104	ective, constant awareness of network conditions,	providing accurate and timely information to permit the network
A26 - 00524	is large enough - covering 11,179 executives - to	provide detailed information on particular groups.
A50 - 00497	d said they claimed a right under European law to	provide information on services available legally in another EC
A55 - 00082	res member states to set rules on mandatory bids,	providing information to shareholders and treating them equally.
A5G - 00220	er industry prospectus is published next month it	provides comprehensive information on all 10 authorities.
A60 - 000595	A function of marketing research is to	provide information that will help opportunities to be identifie
A60 - 000694	number of publications and organisations that can	provide market information about different countries.
A60 - 000777	'Secondary data also	provide information relating to a wide variety of different aspe
A60 - 000781	Also, they	provide information about political, financial, foreign exchange
A62 - 000158	formation on issues, but similar to the press for	providing information on leaders, and close behind the press and
A62 - 001020	ugh they rated television as much more useful for	providing information about issues, they did not rate televisio
A62 - 001085	(though much less useful than news broadcasts for	providing information).

图 2　JustTheWord 网络平台中 PROVIDE 的部分型式列表

（二）基于人工处理的网络数据库

有些数据库的建设完全依靠手工完成，如 PDEV 和 FrameNet，分别由帕特里克·汉克斯（Patrick Hanks）和查尔斯·菲尔摩（Charles Fillmore）团队建设，并在进行不断的更新和完善。这类数据库通常从认知视角出发研究语言型式，因而数据库的主要目的是为了辅助语言学研究。

PDEV 网络数据库

语料库型式分析（CPA，Corpus Pattern Analysis）聚焦于在用法上具

---

① http：//www. just-the-word. com/.

有横组合关系的词汇型式的原型。其平台建设步骤如下：第一，依据语义范畴，将包含相同横组合关系的索引行分成若干组；第二，将词汇的不同义项与型式建立关联（Hanks，2004：87）。关于数据的收集，首先从语料库中抽取包含目标词汇的索引行，先预览并对词汇的行为有大致的了解，然后随机抽样 200 到 1000 个索引行进行细致分析。在这个过程中，索引行按照意义相似或句法结构相似进行重新排序。最后对每一组目标词汇索引行，按照配价或论元信息进行语义标注（Hanks，2004：91—92）。

语料库型式分析所得出的数据，由于是人工归纳而来，具有准确率高，信息比较全面等优势，但耗时耗力，效率低下。截至目前①，PDEV 数据库仅包含 1258 个动词的型式，并且其中绝大部分为非常用动词。但其部分做法与型式语法中的型式具有共通之处。

Sample size: **all=1133 / 0**

No. %　Pattern / Implicature

1 <1% **[[Wind | Vapour | {Stuff = Dust}]] blow [NO OBJ] ([Adv[Direction]])** conc.
[[Wind | Vapour]] is an air current moving, at high or low speed (as the case may be), in a particular [[Direction]] and carrying [[Vapour | {Stuff = Dust}]] exploit.
2 <1% pv **[[Wind = Storm]] blow [NO OBJ] {up}** conc.
[[Wind = Storm]] suddenly occurs exploit.
3 <1% pv **[[Wind = Storm]] blow [[Self]] {out}** conc.
Old-fashioned. [[Wind = Storm]] comes to an end after a period of time exploit.
4 <1% **[[Wind | {Event = Explosion}]] blow [[Physical Object | Stuff | Vapour]] [Adv[Direction]]** conc.
[[Wind | {Event = Explosion}]] causes [[Physical Object | Stuff | Vapour]] to move [Adv[Direction]] exploit.
5 <1% pv **[[Wind]] blow [[Physical Object | Stuff]] {away}** conc.
[[Wind]] removes [[Physical Object | Stuff]] from [[Location]] on a current of air exploit.
6 <1% pv **[[Event = Explosion]] blow [[Physical Object | Physical Object Part]] {away}** conc.
[[Event = Explosion]] destroys [[Physical Object | Physical Object Part]] suddenly by force exploit.
7 <1% pv **[[Physical Object | Stuff]] blow [NO OBJ] {[Adv[Direction]] | away}** conc.
[[Physical Object | Stuff]] is removed from [[Location]] by the wind or by an explosion and moves [Adv[Direction]] exploit.
8 <1% idiom pv **[[Eventuality]] blow {cobwebs} {away}** conc.
[[Eventuality]] has a cognitively refreshing effect on [[Human]] or [[Human Group]] exploit.
9 <1% idiom pv **[[Anything]] blow [[Human]] {away}** conc.
Slang. [[Human]] is very favourably impressed by [[Anything]] exploit.
10 <1% pv **[[Human 1]] blow [[Human 2]] {away}** conc.
Slang. [[Human 1]] kills [[Human 2]], typically with a [[Firearm]] exploit.

图 3　PDEV 网络平台中动词 BLOW 的部分型式实例②

FrameNet 网络数据库

汉斯顿（Hunston，2010b）指出，框架网络（FrameNet）与型式语法共同关注自然产出语言中形式和意义的一致性问题（形式和意义关系紧密）。框架网络关注具有相同意义的一组词，而型式语法聚焦于高频共现的搭配、类联接，进而识别核心词项意义之间的相似之处。两者相同点体现在以下四个方面：（1）关注语义一致的一组词；（2）关注实际产出语言中的词汇行为；（3）关注语义角色的相似性；（4）语义角色到型式的

① 2015 年 1 月 7 日采集的结果。

投射。两者也存在差异：如框架网络中的 RECOVER 和 SUFFER 均拥有型式语法中的型式结构 V *from* n，但在框架网络中两个词却分属于不同的框架；框架网络认为词义是独立于型式之外的，来自人的认知，是认知域的体现；型式语法则认为词义在和其他的词组成型式后才具有意义，单个词不具有意义。型式语法中最重要的，也正是框架网络中最不引起重视的，是语义类型的突变性。

[X] I put him on notice that we shall ask him what [$_{\text{Supplier}}$he] has done to *PROVIDE*^{Target} [$_{\text{Theme}}$extra resources] [$_{\text{Recipient}}$to the prison service] . [$_{\text{Purpose_of_recipient}}$INI]

[X] [$_{\text{Supplier}}$They] [$_{\text{Manner}}$quickly] *PROVIDE*^{Target} [$_{\text{Theme}}$the necessary interface to network PCs , workstations , and other Ethernet equipment] . [$_{\text{Recipient}}$INI][$_{\text{Purpose_of_recipient}}$INI]

[X] [$_{\text{Supplier}}$She] 's totally loyal to Charles , absolutely discreet and sees it as part of her duty to *PROVIDE*^{Target} [$_{\text{Recipient}}$Charles] [$_{\text{Theme}}$with those emotional satisfactions which set him up] . "[$_{\text{Purpose_of_recipient}}$INI]

[X] [$_{\text{Supplier}}$Managers] should be obliged by the Takeover Panel to *PROVIDE*^{Target} [$_{\text{Recipient}}$their shareholders] [$_{\text{Theme}}$with the same information , particularly three-year cash-flow forecasts and industry analysis , that they show their bankers] .[$_{\text{Purpose_of_recipient}}$INI]

图 4 FrameNet 网络平台中动词 PROVIDE 用法部分实例①

五 结论

本文对型式语法与型式识别的相关研究进行了述评，并对语言型式网络平台的开发与利用进行了介绍，从而可以增进语言研究者及学习者对型式的理解，帮助二语学习者提高型式使用的准确率。此外，当前型式自动识别还处于尝试阶段，虽取得了些许进步，但是实验效果并不令人满意，还有很大的改进空间。今后可以尝试将规则的型式语法与聚类算法相结合，在索引行自动聚类的基础上，提高型式自动识别的准确率，进而扩大型式在语言教学及语言研究中的应用范围。

参考文献

Church K. , W. Gale, P. Hanks & D. Hindle. 1991. Using statistics in Lexical Analysis. In U. Zernik (ed.). *Lexical Acquisition: Exploiting On-Line Resources to Build a Lexicon* . New Jersey: Lawrence Erlbaum Associates. 115—64.

① 数据来源于 https://framenet.icsi.berkeley.edu/fndrupal/index.php?q=luIndex。

Francis, G. 1995. Corpus-driven grammar and its relevance to the learning of English in a cross-cultural situation. In A. Pakir (ed.). *English in education: Multicultural perspectives*. Singapore: Unipress.

Francis, G., S. Hunston & E. Manning. 1996. *Collins COBUILD Grammar Patterns* 1: *Verbs* . London: HarperCollins.

Francis, G., S. Hunston & E. Manning. 1998. *Collins COBUILD Grammar Patterns* 2: *Nouns and Adjectives*. London: HarperCollins.

Halliday, M. 2005. *Computational and quantitative studies* . London: Continuum.

Hanks, P. 2004. Corpus Pattern Analysis. In G. Williams & S. Vessier (eds.). *Euralex Proceedings* (Vol. 1). Lorient: Universite de Bretagne-Sud.

Hanks, P. 2013. *Lexical analysis: norms and exploitation*. Cambridge: MIT press.

Hoey, M. 1991. *Patterns of lexis in text*. Oxford: OUP.

Hornby, A. 1954. *Guide to Patterns and Usage in English* . Oxford: OUP.

Huang, Chung-Chi, C. Mei-Hua, H. Shih-Ting & C. Jason. 2011. EdIt: A Broad-Coverage Grammar Check Using Pattern Grammar. In *Proceedings of the Annual Meeting of the Association for Computational Linguistics* (*ACL*): 26—31.

Hunston, S. 2002. Pattern grammar, language teaching, and linguistic variation: Applications of a corpus-driven grammar. In R. Reppen, S. Fitzmaurice & D. Biber (eds.). *Using Corpora to Explore Linguistic Variation* . Amsterdam: Benjamins. 167—183.

Hunston, S. 2010a. How can a corpus be used to explore patterns? In A. O'Keeffe & M. McCarthy (eds.). *The Routledge Handbook of Corpus Linguistics*. New York: Routledge. 152—166.

Hunston, S. 2010b. FrameNet and Pattern Grammar. http://tlt8.unicatt.it/allegati/Session_ I_ 1.pdf (downloaded 3/5/2014).

Hunston, S. & G. Francis. 1998. Verbs observed: a corpus-driven pedagogic grammar. *Applied Linguistics* 19 (1): 45—72.

Hunston, S. & G. Francis 2000. *Pattern Grammar: A Corpus-driven Approach to the Lexical Grammar of English* . Amsterdam: John Benjamins.

King, M. 2005. The dynamics of collocation: A corpus-based study of the phraseology and pragmatics of the introductory-it construction. Ph. D Dissertation. Austin: The University of Texas.

Mason, O. 2004. Automatic Processing of Local Grammar Patterns. In *Proceedings of CLUK*. University of Birmingham, 166—171.

Mason, O. 2006. The Automatic Extraction of Linguistic Information From Text Corpora. PhD Dissertation. Birmingham: Birmingham University.

Mason, O. & S. Hunston. 2004. The automatic recognition of verb patterns——A feasibility study. *International Journal of Corpus Linguistics* 9 (2): 253—270.

McEnery, T. & A. Hardie. 2012. *Corpus Linguistics: Method, Theory and Practice*. Cambridge: Cambridge University Press.

Mukherjee, J. 2001. Principles of Pattern Selection: A Corpus-Based Case Study. *Journal of English Linguistics* 29 (4): 295—314.

Schulze, R. & U. Romer. 2008. Introduction: Patterns, meaningful units and specialized discourses. *International Journal of Corpus Linguistics* 13 (3): 265—270.

Sinclair, J. 1987. Collocation: a progress report. In R. Steele & T. Threadgold (eds.). *Language Topics: Essays in Honor of Michael Halliday*. Amsterdam: John Benjamins. 319—331.

Sinclair, J. 1990. *Collins COBUILD English Grammar*. London: Harper Collins.

Sinclair, J. 1991. *Corpus Concordance Collocation*. Oxford: OUP.

Sinclair, J. 1995. *Collins COBUILD English dictionary*. London: Harper-Collins.

Sinclair, J. 2003. *Reading Concordance*. London: Pearson Education Ltd., Longman.

Wible, D. & Nai-Lung Tsao 2010. StringNet as a Computational Resource for Discovering and Investigating Linguistic Constructions. *Proceedings of the NAACL HLT Workshop on Extracting and Using Constructions in Computational Linguistics*. Los Angeles, California, June 2010, 25—31.

Willis, D. 2003. *Rules, Patterns and Words: Grammar and Lexis in Eng-*

lish Language Teaching . Cambridge: Cambridge University Press.

Wynne, M. 2008. Searching and Concordancing. In Anke Lüdeling and Merja Kytö (eds.). *Corpus Linguistics: An International Handbook* . Berlin: Mouton de Gruyter, 706—736.

濮建忠:《中国学生英语动词语法和词汇型式使用特点初探》,《现代外语》2000 年第 1 期,第 24 页。

孙海燕:《语料库语言学视角下型式与意义的一体性》,《西安外国语大学学报》2013 年第 4 期,第 66 页。

王勇:《行走在语法和词汇之间——型式语法述评》,《当代语言学》2008 年第 3 期,第 257 页。

卫乃兴:《词语学要义》,上海外语教育出版社 2011 年版。

陈功:《中国学习者英语书面语动词形式错误自动检查:一项基于链语法的研究》,北京外国语大学博士学位论文,2012 年。

同形变异成语仿用的构式语法分析

毕　冉*

摘　要：成语仿用现象在汉语中广泛存在，多见于广告用语中。成语的仿用体现了构式的功能，即通过语义压制改变部分词汇单位的句法语义特征，使之与构式协调。已有研究的对象多为四字成语，仿用过程既包含语言形式的部分改变，又包含语义内容的部分改变，此类情况属于典型的成语仿用，然而对语言形式相同但语义内容不同的现象研究较少。本文讨论的是语言形式不做改变，但语义等内容发生改变的成语仿用，即同形变异的成语仿用，属于非典型性仿用。对于此类仿用，语义压制同样起作用，并且其制约因素还包括语义之外的副语言和超切分特征手段。

关键词：成语仿用；构式语法；压制；认知语言学

AConstruction Grammar Approach to Parodic Use of Chinese Homonymous Four-syllabic Idioms

Bi Ran**

Abstract: Parodic use of Chinese idioms is widespread, mostly in terms of advertising. The parodic use embodies constructional function, i. e. the

* 作者简介：毕冉，女，江苏师范大学讲师，南京大学博士生，研究方向：认知、心理语言学，二语习得，语音及音系学。

** Author: Bi Ran, female, lecturer in Jiangsu Normal University, Ph. D candidate in Nanjing University. Researth focus: cognitive Linguistios, psycholinguistcis, SLA, Phonology.

substitute element is coerced to coordinate the proto-construction, both syntactically and semantically. The previous research mainly focused on four-syllabic idioms, and the typical parodic process contains not only part of the variation in language form but also in semantic meaning. The present study discussed the atypical parodic use of homonymous idioms, i. e. idioms with the same language form but different variations of semantic meaning. For this kind of parodic use, semantic coercion also plays a role and its restricting factors consist of other features such as paralinguistic and superasegmental features.

Key words: parodic use of idioms; construction grammar; coercion; cognitive linguistics

一 引言

古伯格（Goldberg，1995：4）将构式定义为：C 是一个独立的结构式，当且仅当 C 是形式和意义的对应体，而且无论形式和意义的某些特征都不能完全从 C 这个构式的组成成分或者先前已有的其他构式推知。兰加克（Langacker，1987：82）将构式定义为：语法构式即为象征复合体，其中包括两个或两个以上作其成分的象征结构。后来 Langacker 在 2008 年的专著中重申了这一观点，并表明他对构式的主要理论倾向：构式是由两个或两个以上的象征单位或音义配对体融合而成。泰勒（Taylor，2004：51）对构式做了定义：一个构式就是一个内部复杂的语言结构，也就是说，它是一个可被分拆成若干组成部分的结构。Goldberg 后来的研究（2003，2006）中，接受了 Langacker 的观点，将构式的研究范围从句法构式层面拓展到了词素、词、复合词、习语等层面，几乎涵盖了传统语法的所有层面，并归纳了 9 种类型的构式。严辰松（2006：8）在 Goldberg（2006）的基础上，增加了汉语的例子，并论证了将语言各个层面单位统一处理为构式也适用于汉语。成语作为习语或者说“惯用语”，有着很强的构式特征，成语显然是构式的一种。

成语的仿用，则是针对已有成语的戏仿（parody），从而创制出来的一种具有新意和时效性的特定表达手段，如“骑/棋/栖（…）乐无穷”

等表达，对于“其乐无穷”的仿用。汉语语言学界已有的研究多从修辞、语义和文字规范等视角对成语仿用进行讨论，刘宇红等（2007）将汉语界的相关研究粗分为两类：一类是对成语仿用的分类和举例；另一类是探讨成语仿用的合法性和规范性问题。在认知语言学的视阈下对成语仿用的研究主要有：周婷（2006）运用图形－背景对成语谐音广告进行的分析，刘宇红等（2007）运用构式语法的理论对常见成语仿用进行的解释和分析；沈志和（2011）将突显原则（Prominence Principle）和构式压制（Construction Coercion Theory）结合，从语音、句法、语义、语用四个层面对成语仿用的分析。

基于汉语大多数成语是四字成语的事实，已有研究讨论的对象也基本限于四字成语构式。并且，大多数成语仿用至少有一个字不同于原来成语的形式，例如“骑乐无穷”对于“其乐无穷”的仿用，仿用形式与原有形式有一字之差；再如“我型我塑”对于“我行我素”的仿用，前者与后者有两字之差。刘宇红等（2007）将以上类型的成语仿用称之为典型的成语仿用，即仿用过程中既包含语言形式的部分改变，又有语义、语用内容的部分改变。

二　同形变异成语

成语是人们经过长期生活实践，在语言沟通中习惯性使用的、简洁精当的固化词组和短句。成语的仿用现象早期多见于报章和电视广告，现在随着网络的普及，成语仿用大有向多方向蔓延之势。

刘宇红等（2007）提到了成语仿用的特例，即在成语仿用中成语的词项并不发生改变，但其语义内容等发生实际改变。例如“花言巧语（花店广告语）”和“不同凡响（音响器材店广告语）”对于原有成语的仿用的情况。仿用之后，“花”和“响”的语义已经跟整个构式的意义发生了冲突。笔者将此类成语定义为“同形变异成语”，指的是形式上不发生改变，但因为其副语言特征（paralinguistic features，如字体、字号、重音、语调等）和使用的情景发生变化，从而导致语义、语用内容发生改变的仿用成语。

此类成语仿用虽然在现实生活中使用的情况虽不是十分频繁，但因其特殊性以及已有研究对此类现象的分析不多或不够深入，故此类成语仿用值得我们去关注和分析解释。

（一）语料实例

笔者通过网络检索和相关文献梳理，并经过《中国成语大辞典》验证后筛选得到以下语料实例，对于双关仿用的成语（即字面意思未发生改变，或者语义无明显扭曲的成语仿用）一概不算在内（表1）。

表1　同形变异成语语料实例

实例	仿用场合	仿用过程
不同凡响	音响器材店广告语	响（音乐→ 音响设备）
花言巧语	花店招牌	花（虚伪、虚假→ 鲜花）
蒸蒸日上	馒头包子铺广告语	蒸（兴盛→ 蒸汽）
一笔勾销	涂改笔广告语	笔（账目→ 文具）
鲜为人知	味精和调味品广告语	鲜（稀少→ 新鲜，鲜美）
当之无愧	当铺招牌	当（当得起→ 典当）
盖世无双	某品牌翻盖手机广告语	盖（全部→ 滑盖部件）
机不可失	手机或其他3G产品广告	机（机会、机缘→ 设备）

（二）语料初步分析

通过上述语料的列举，我们不难发现：这些同形异义的成语仿用，有一个词/字（语素）的语义发生了变化，从而使整个仿用成语的语义出现了一定程度上的扭曲，如果人们试图理解仿用后的成语的意义，那么就必须首先激活原有的本体成语构式。对于原有本体构式的激活过程，也体现了构式本身的心理完形性，下一节将讨论构式的完形性和识解的一般心理认知过程。

三　分析与讨论

（一）构式识解

1. 构式即完形

如前所述，语义上被扭曲的仿用构式之所以还能被人们解读，是因为构式在语言形式和语言内容上具有完形效应，而有学者更直接地认为，语言构式是一种完形克劳夫特（Croft，2001）。将构式视为完形，也就是认同语言知识同储存在大脑中的其他知识类似，即来自人们生活的体验或经验，而且相互连通，没有绝对清晰的界限。完形的形成的前提是，主体对客体必须非常熟悉，才能对客体形成完形的认识（严辰松，2008）。反复出现的客体，无论是简单的还是复杂的，只要对它有足够的了解，人类必然把它作为整体来存储，而且人类倾向于把新观察到的事物首先快速纳入已知的分类体系。这也是人类的生存需要，否则人类的认知将不堪重负。

2. 完形效应

主体对客体的熟悉度和认识过程，主要取决于人们的主体经验和客体对象出现的频率。认知语言学的观点认为，语法以经验为基础，即“基于使用（usage-based）”。高频率出现的、大量的实际语言用例通过心理固化形成一套从具体到抽象的认知结构，其中包括了构式。

成语是人们在日常生活的过程中不断总结积累下来的固定的语言表达形式。一个成语使用的固化程度取决于其使用的类型频率（type frequency），类型频率高的成语被不断使用、保留、固化、传承，最终形成人们固定使用的表达形式，其语义在历时层面上，相对稳定。而仿用成语作为一种“形式和语义某一方面难以预测（Goldberg，2003）”的构式，下面举例分析。

成语“花言巧语”的词典释义为：一味铺张修饰而无实际内容的言语或文辞（《成语词典》，http：//www. zdic. net/），仿用成语“花（鲜花）言巧语”则利用了该构式的蕴含义，将“花”字做了语义换用，形成了乖讹（absurdity），产生了较为新奇的语言效果，达到了加深印象的目的。

“当（dāng）之无愧”的词典释义为：当得起某种称号或荣誉而无愧色。（《成语词典》，http：//www. zdic. net/），仿用成语“当（dàng）之无愧”既利用了该构式的蕴含义，还通过谐音对“当”字做了语义的改变，同样产生了新奇的与语言效果。

如前所述，被扭曲的仿用构式之所以还能被人们解读，是因为构式在语言形式和语言内容上具有完形效应。本体成语是有语法约定俗称的，是相对固化的，根据完形效应（Gestalt Effect）的原则，人们不难从上述仿用的成语中恢复得到本体成语。而实际上，完形效应的实现机制就是构式的语义压制过程。

（二）构式语法分析

1. 语义压制

德·斯沃斯（De Swart）（见王寅，2011）综合了 Goldberg（2003）和 Michaelis（2005）的观点提出：压制主要是指词汇意义与构式义发生“语义冲突”或者两者不兼容或误配，此时潜在性句法环境中就会产生一个压制因子（coercion operator），它会对词汇意义产生强制性的影响，即当两者发生冲突时，解释者常须根据构式义对词语义做出“重新解释”（reinterpretation）。

在语义压制的过程中，构式中没有被扭曲的成分是压制者，称为压制因子（coercing operator），被扭曲的成分是被压制者。例如，“鲜（xiān）为人知”的被压制者是“鲜”，压制因子是“为人知”，压制力源自构式本身固化的语言形式和语义内容。语义压制的结果就是不仅调和了仿用后的成语在语义上不协调，也使得结构内部的词法和句法关系彼此兼容。

2. 仿用与压制

成语仿用扭曲了成语的结构和语义内容，要保证仿用后的成语在当前语境中具有较强的可接受性，成语构式必须压制仿用后出现的乖讹的结构形式和语义内容。

比如，“机（设备）不可失”对于“机（机会）不可失”的仿用。从形式上看，“机（设备）不可失”在广告词的用法的语境中，语义会显得不合常理，所以构式必须压制“机”和“不可失”之间的语义冲突，使之与构式的整体结构和意义协调。

语义压制的过程与“机（设备）不可失”的理解过程是同时发生的，不管该仿用成语的可接受度强弱，只要是能理解“机（设备）不可失”的语义内容，或者至少能从“机（设备）不可失”还原出本体成语“机（机会）不可失”，在此过程中就必定发生了语义压制。

3. 制约因素

Langacker（2005）认为，构式是语言知识的基本成分，是经过人类不断使用后形成的固化的神经认知行为（neuro-cognitive routines）。而对构式的“语义压制”是类似机械过程的认知心理操作，无论是机械过程还是认知心理过程，压制的效果以及成语仿用可接受程度的因素有两个：（1）压制因子与构式在结构和语义上越接近，压制效果越好，成语仿用

的可接受程度也越高；（2）被压制者抗拒压制的力量越小，压制的效果越好，成语仿用的可接受程度也越高。（刘宇红，2007）

例如，对构式“不同凡响（音响广告语）”和“不同凡想（创意公司广告语）”来说，“不同凡”对于“响”和“想”都可以充当压制因子，但其压制的效果有明显的差异：“不同凡响（音响广告语）”与本体成语的区别仅在“响”的语义，并且最大程度保留了构式的结构特征，故压制力大，压制效果好；“不同凡想”与本体成语存在语义、形式上的差别，压制力减弱，压制效果不及“不同凡响”。这一组对比，印证了刘宇红（2007）提出的第一个制约因素。

对于第二个因素，刘宇红认为（2007），被压制者如果与本体构式的对应语素构成谐音，其抗拒压制的力量较小。本文讨论的仿用实例中，除了“鲜（xiān）为人知”和“当（dàng）之无愧”以外，皆为同音同形，抗拒压制的力量更小，所以仿用的效果更好。另外，被压制的语素越多，抗拒压制的力量越大，如前文提到的“我型我塑”（对“我行我素”的仿用）中有两个语素需要被压制，所以它比“不同凡响（音响广告）”的抵抗压制的力量更大。

鉴于本文所列举的仿用实例与本体成语在语言形式和语音上几乎没有差异，人们在识别这些仿用时必须借助副语言手段和超音段特征才能成功，否则会误判为同一成语使用情况。当然，这也正好说明，构式的压制力足够强大，压制效果足够好。

对于本文讨论的仿用实例，在实际情况中，为了凸显仿用成语的语义差异和构式压制效果，往往借助的副语言手段主要有：对印刷和招贴上的字体做特殊醒目处理，如换用字体、改变颜色等。而另一种辅助手段则是超音段特征：如改变重音对比、节奏对比等等。

四 小结

本文讨论的成语仿用，属于同形变异的情况，从统计上看属于非典型情况。这些非典型情况的仿用成语，同样属于构式，具有构式的属性。对于此类构式的识别，即在语义被扭曲后的成功识别并解读，是因为构式在语言形式和语义上具有完形效应；而原形效应的实现机制就是通过语义压制的过程实现的。语义压制的效果受到压制因子压制力的大小和被压制者与本体构式相似度的双重影响，对于本文讨论的同形变异仿用情况的识解，一些副语言和超音段特征的手段的应用起到了关键作用；当然，压制力从根本上仍旧是源自构式本身相对固化的语言形式和语义内容。

参考文献

Croft, W. 2001. *Radical Construction Grammar*. Oxford: Oxford University Press.

Goldberg, A. E. 1995. *Constructions: A Construction Grammar Approach to Argument Structure*. Chicago: University of Chicago Press.

Goldberg, A. E. 2003. Constructions: A New Theoretical Approach to Language. J*ournal of Foreign Languages* (3): 1—11.

Goldberg, A. E. 2006. *Constructions at Work: The Nature of Generalization in Language* . Oxford: Oxford University Press.

Langacker, R. W. 1987. *Foundations of Cognitive Grammar Volume* 1: *Theoretical Prerequisites*. Stanford, California: Stanford University Press.

Langacker, R. W. 2005. *Constructions and Constructional Meaning*. Plenary Lecture at First UK Cognitive Linguistics Conference: New Directions in Cognitive Linguistics, October 23rd—25th, Brighton, UK.

Langacker, R. W. 2008. *Cognitive Grammar: A Basic Introduction*. Oxford University Press.

Taylor, J. R. 2004. *Cognitive Grammar* (2nd Ed). Oxford: Oxford University Press.

刘宇红、谢亚军:《从构式语法看汉语成语的仿用》,《解放军外国语学院学报》2007 年第 6 期，第 10—13 页。

沈志和:《汉语仿拟成语的“突显 - 压制”阐释：一项基于封闭预料的研究》,《柳州师专学报》2011 年第 3 期，第 35—41 页。

严辰松:《从“年方八十”说起再谈构式》,《解放据外国语学院学报》2008 年第 6 期，第 1—5 页。

王寅:《构式语法研究（上卷）》，上海外语教育出版社 2011 年版。

周婷成:《语谐音广告的认知阐释——图形 - 背景理论的应用》,《四川教育学院学报》2006 年第 5 期，第 87—89 页。

族裔历史背景下恶作剧者的蜕变与偏离*

——评韦尔奇的《愚弄克劳人》

丁文莉**

摘　要：当代美国印第安文学先驱者詹姆斯·韦尔奇共创作了五部记录印第安年轻人成长过程的小说。其中，《愚弄克劳人》以19世纪黑脚族印第安人历史为背景，将史实、部落神话和虚构人物的成长过程结合起来。在创作过程中，小说家借鉴了印第安土著神话和传说故事中的恶作剧者这一普遍形象，他以恶作剧者人物蜕变或偏离的变化轨迹表明坚持部落传统价值对个人成长和部落生存的重要作用。当恶作剧者人物远离部落族群，忽视祖先的文化传统时，其成长之路必然受阻；当他们回归部落家园、认同族裔传统时，则完成从混沌走向明晰，从幼稚走向成熟的过程。

关键词：韦尔奇；印第安；恶作剧者；成长

Transformation and Deviation of Trickster Characters Against Ethnic History: On Welch's *Fools Crow*

Ding Wenli

Abstract: James Welch, the forerunner of Native American American Lit-

* 本文是教育部青年基金项目13YJC752002阶段性成果。

** 作者简介：丁文莉，文学博士，江苏师范大学外国语学院副教授，主要从事当代美国印第安文学研究。

erature, produced five novels which recorded the growing-up process of Indian youngsters. Among them, *Fools Crow* that was set against 19th century tribal history of the Blackfeet juxtaposes histories, myths and personal experiences of fictional characters. By remolding the Trickster, a popular figure in Native myths and folktales, Welch illustrates the importance of traditional tribal values to the survival if individuals and the tribe. When the trickster figures detach themselves from the tribal community and ignore their ancestors'culture, their growing-up is sure to be blocked. When they identify with tribal traditions, they succeed in achieving maturity and wisdom.

Key words: Welch; Indian; Trickster; growing-up

一 引言

詹姆斯·韦尔奇（James Welch，1940—2003）是较早开始文学创作的印第安裔作家，其文学成就及对当代美国文学的贡献受到评论家和学者的一致肯定。1997 年，他被授予“本土作家终生成就奖”。韦尔奇的小说通常记录印第安年轻人的成长轨迹。他在 1986 年出版的历史小说《愚弄克劳人》也不例外。作品以同名主人公的人生轨迹展现 19 世纪末印第安黑脚族部落的一支——皮库尼人的日常生活，表现他们与其他部落土著、白人皮草商和骑兵团之间的恩怨与冲突。韦尔奇曾在一次采访中指出这部历史小说对当代印第安人身份追寻的意义：“《血中冬季》和《隆尼之死》讲述受身份问题困扰的印第安人的故事，《愚弄克劳人》则在某种程度上回答了这些人来自何处的问题，即赋予其故事以历史语境”（Lupton，201）。《愚弄克劳人》把个人的成长经历放置在宏大的历史背景下。主人公历经一次次考验和部落仪式的洗礼，逐渐积累智慧、经验和美德，从一个受人嘲笑、前途渺茫的年轻人最终成长为深受尊敬、勇敢无私的部落勇士。主人公的成长故事成为关乎整个部族，甚至所有印第安人命运的宏大叙事的一部分。《愚弄克劳人》与韦尔奇其他几部成长小说的不同之处在于，主人公及其他主要人物皆展现出印第安恶作剧者的身份特征和行为特征，其与部落传统之间的距离决定了他们或是蜕变成部落英雄还是偏离于成长的正确方向。

恶作剧者是印第安传统文化中非常重要的人物，其地位仅次于“创世者”。在一些印第安部落传说中，恶作剧者是神灵、人和动物的混合体，同时扮演着小丑和文化英雄两个角色。但在有些神话故事中，恶作剧者的这两种身份体现在两个相互独立的人物身上。从思维方式和行为方式来看，恶作剧者是一个极其复杂的人物。他跨越时间、空间、性别等各种边界，既不完全属于某一类别，又兼具相关各方的某些特点。在《愚弄克劳人》中，韦尔奇借鉴这一神话原型，塑造一系列恶作剧者人物形象。在主人公的成长过程中，引路人米克阿皮、动物施助者（Animal Helper）乌鸦和成长路上的伙伴“快马”（Fast Horse），这些恶作剧者形象或从正面引导，或从反面衬托了主人公的蜕变过程。通过对传统恶作剧者特征在不同人物身上的具体化呈现以及对人物命运的安排，小说家在富有想象力的历史再现过程中，凸显坚持部落传统价值对个人成长和部落生存的重要作用。

二　引导与蜕变

小说伊始，韦尔奇向读者描绘了一个缺乏部落传统引导、徘徊于家庭和部落生活边缘的印第安年轻人形象。他默默无闻，缺乏自信。后来，主人公在部落长者米克阿皮及恶作剧者乌鸦的引导下，逐渐走上发现自我价值的成长之路。小说结尾，主人公最后一次“幻象寻求”（Vision Quest）标志其完成了向部落英雄的蜕变。主人公“通过幻象寻求成为人和精神世界的中介者（Cella 48），在皮库尼人面临的重要历史转折时期担当起部落领袖角色”。

主人公继承并发扬了传统的药术、部落仪式和价值观念等，其成长过程和部落命运紧密相连。透过他的个人发展史，读者可以窥见1870年前后北部平原上印第安人面临的生存危机：白人逐渐控制土著经济生活、侵占印第安人的土地，天花等疾病肆虐，还有小说结尾提到的黑脚族历史上著名的“玛里斯河大屠杀”（Marias River Massacre）。这些灾难性事件对“印第安人独特的、引以为豪的文化”产生了巨大的影响（Lupton, 198）。另一方面，韦尔奇笔下的现代恶作剧者人物又让读者看到坚持印第安文化传统以及积极、乐观的生活态度对维持部落生存的重要意义。坚守部落传统价值观的主人公最终成长为正直、有责任感的部落领袖，以此表明回归部落文化传统才是现代印第安人的生存出路。

韦尔奇在《愚弄克劳人》中塑造了引导主人公成长之路的恶作剧者引路人角色。部落长者米克阿皮和动物施助者乌鸦既是印第安恶作剧者的化身，也是部落传统传承者。作为极具印第安特色的恶作剧者，他们突破了欧美成长小说中引路人形象模式，体现了小说家为印第安人追寻文化身份的成长之旅指出的方向——回归部落文化之根。

黑脚族神话和民间故事中的恶作剧者纳皮是一个复杂的人物，经常以“药师、傻瓜、智者、恶作剧者、盲人”等形象出现（Shi 87）。他拥有神奇的魔力，当他陷入困境的时候，会寻求动物的帮助。另一方面，纳皮也是帮助年轻人的指引者和导师，在《愚弄克劳人》中，部落长者米克阿皮作为纳皮的化身，同样扮演主人公成长路上的引路人角色。

作为部落传统守护者的纳皮精通草药、医术和部落仪式，他教会人们狩猎技巧和治病良方，总是随身携带一个草药袋。《愚弄克劳人》里的米克阿皮（Mik-api）是部落里的药师（Medicine Man），经常用各种草药和仪式帮助族人驱病疗伤或引领部落年轻人的幻象寻求之旅。在印第安文化中，药师不仅通晓医术、治病救人，他还是部落的精神领袖，是一个拥有神秘力量的“多面人”（Many-Faces Man）。米克阿皮拥有药师的神秘力量。为帮助缺乏自信和勇气的主人公，米克阿皮为他举行了一场“净化仪式”，向主人公传递信心和力量。他在主人公的成长路上发挥了恶作剧者施助者的作用，不断给予精神上的指引，帮助其完成向部落英雄的转变。

米克阿皮是韦尔奇笔下最传统、最符合文化英雄身份的恶作剧者人物形象。他运用部落古老智慧，帮助部落族人和神灵建立联系。在主人公的成长过程中，米克阿皮发挥了现实与虚幻世界联结者的作用，帮助他找到自己的动物施助者。北美印第安人认为年轻人必须经历“幻象寻求”才能真正到达成人阶段。参加这一重要部落仪式的年轻人通常独自离开部落，通过禁食等方式，使自己变得虚弱恍惚，借此寻求动物施助者的同情和帮助，从而“更好地了解和获得自然和部落文化传统的力量”（陈文益 125）。在韦尔奇笔下，部落长者米克阿皮是传统智慧的象征，同时也是维系部落传统的中坚力量。然而，有些学者未能意识到米克阿皮的文化英雄身份，曲解了小说家塑造的文化传承者角色。布丽安娜·伯克（Brianna Burke）在谈及美国印第安小说中的“药师”形象时，曾批评韦尔奇在作品中为迎合主流读者对神秘萨满法师的想象，塑造出老态龙钟的米克阿皮，暗示其代表的萨满法术或族裔宗教信仰已成为腐旧的过去。在她看来，“韦尔奇对萨满法师和宗教活动的描写迎合了大众市场对土著人的期待”（46）。所谓大众市场的期待，在伯克看来，就是印第安法师作为神秘、古老的智慧化身，通晓宇宙秘密一类的刻板印象，而米克阿皮恰恰符合这种模式化形象。伯克指出，韦尔奇将米克阿皮描写成年老的、离群索居的神秘人物，“促使读者把他看做一个被族人孤立甚至遗弃的可怜老人。在韦尔奇的描写中，我们看不到药师作为部落日常生活的重要部分所应该受到的尊重”（57），伯克甚至以此证明韦尔奇是一位“印第安商业作家”（44）。

其实，伯克曲解了韦尔奇的创作意图。米克阿皮是印第安恶作剧者的化身。在他身上，年老并不意味着衰弱或是陈腐，而是代表导师、引路人和文化传承者等身份。凯瑟琳·尚莉（Kathryn Shanley）将“印第安长者”定义为“我们向其寻求智慧之人，他不一定是部落中达到一定年纪的人”（233）；莱尼·马歇尔（Leni Marshall）也强调“长者”重要的社会功能：“长者是一种社会角色，而非某种时间标记”（38）。米克阿皮提醒别人自己是个“老人”。这似乎在暗示他的恶作剧者身份，因为在黑脚族神话里，纳皮也被叫做“老人”（Old Man）。年长的米克阿皮是传统文化的继承者和传递者。米克阿皮是拥有神奇魔力的印第安药师，更是部落智慧的化身。他担负着传统恶作剧者的文化传承者和引路人角色，在部落生存和年轻一代的成长过程中发挥关键作用。正是因为他的引导，主人公才能成功蜕变成智慧、成熟、富有责任感的部落领袖。

三　蜕变与偏离

《愚弄克劳人》不仅描述了主人公的成长经历，同时展现了其他印第安年轻人的变化过程。可以说，这是一部关于一群印第安年轻人的成长小说。作为其中的主要人物，《愚弄克劳人》在恶作剧者纳皮和动物施助者的指引下，成功完成向部落英雄的转变。当主人公走向成熟时，他的朋友快马、背叛部落利益的枭孩等年轻人则与部落传统价值观背道而驰，成为自我放逐的孤独者。这些人物身上体现出传统恶作剧者的另一些特征，他们更多地扮演了恶作剧者反面人物角色。作为“犯错”的恶作剧者，他们从反面印证遵循部落传统的重要意义。“韦尔奇希望《愚弄克劳人》逐步成长、学习的时候，读者也能在认知上成熟起来”（Coulombe 8）。

韦尔奇以现代小说为载体，实现恶作剧者故事的教育功能，通过印第安恶作剧者的成长经历展现回归部落传统的必要性。恶作剧者故事是印第安人最重要的传统教育方式。作为部落长者向年轻一代传递知识的唯一途径，这些故事解释了世界的起源和各种自然现象，启发印第安人以自己独特的视角理解周围的世界。故事里，恶作剧者扮演改造者、施助者、社会规范建立者和逾越者等角色。他们的所作所为向听众传递部落认可的行为准则。恶作剧者从戏弄、欺骗别人或自身被愚弄的经历中吸取经验教训，而听众则从他们的故事中接受道德教育，从而明白什么可为，什么不可为。恶作剧者的行为不应当仅仅被看作是某种行为典范，他的经历和经验教训从正反两个方面发挥道德教育的作用。恶作剧者的故事向年轻一代呈现部落历史、生存智慧和道德规范，同时加强了部落社群的凝聚力，实现部落传统文化的延续。

《愚弄克劳人》体现韦尔奇以恶作剧者的故事警示听者遵循部落传统价值观和宇宙观的写作意图。小说中一部分反英雄人物表现出恶作剧者不负责任、缺乏道德观念的一面，其成长经历证明背弃部落群体必将导致身份追寻的失败和成长轨迹的偏斜。在其他部落年轻人中，快马和主人公之间的对比尤为明显，其恶作剧者身份也最突出。年轻的快马虽然被“黄腰子”允许加入偷袭克劳人的行动，却并未被看好。他喜欢自夸，鲁莽，贪婪。正是因为快马在克劳人的营地大声叫喊的蠢行，暴露了“黄腰子”的行踪，导致其被俘获并遭受酷刑。回到皮库尼人中间的快马并没有像主人公那样获得族人的尊敬和赞赏。他的蠢行导致曾经受到爱戴的部落长者失去尊严和勇气，给整个社群带来了麻烦和灾难，为族人的生活蒙上一层阴影。族人在商讨后决定将他驱逐出部落。从此，快马成为游荡在社群外的流浪者。

同样走在成长路上的主人公和快马选择了不同的道路。他们分别对应了传统恶作剧者身上不同甚至相反的特征，各自的行为也产生大相径庭的结果。主人公在部落长者和动物施助者的指引下，继承了部落价值观、逐渐成长为无私慷慨、肩负重任的文化英雄，而自负、鲁莽的快马逐渐远离部落传统，追随凶狠残忍的枭孩，开始亡命天涯的流浪生活。当快马偏离正常的成长轨迹，游离于家庭和部落之外时，快马的父亲懊悔自己没有及时给予儿子精神上的指导和帮助。虽然他曾经意识到儿子的变化，却认为“男孩子们在即将长大成人的时候，都会有所改变。我以为你高声炫耀是宣布自我身份的方式，我以为你对其他年轻人残忍只是为了在他们中间确立自己的地位，我以为你阅历更多的时候能克服这些缺点”（Welch 187）。父亲错误地以为儿子不需要自己的引导，而是自己逐渐学会皮库尼人的生活方式——互相帮助、互相依靠。缺乏部落长者引导的快马距离自己的同胞和部落信仰越来越远，已然成为抛弃传统的叛逆者。当枭孩染病而亡后，彻底沦为无依无靠的流浪者。

成长小说中主人公获得自我认知的主要方式有两种，一是“一个比他们年长或在某些方面更有经验的人从旁观者的角度”，指引他们成长的道路，另一种重要途径是“通过反思获得自我认知”（芮渝萍 79）。《愚弄克劳人》除了在米克阿皮等部落长者的指引下获得自我认知外，还通过反思自己在部落中的位置、部落历史和个人命运的关系等，完善自己的成长。与此相反，快马的成长道路上缺乏长者的指引，而且他拒绝反思。快马从不承认自己在敌营的高声炫耀导致“黄腰子”的杀身之祸，在追随枭孩滥杀无辜的时候也不曾反思自己自私的行为给整个部落带来的灾难。快马和主人公两个年轻人的经历可以说是恶作剧者故事的两个方面，共同发挥对部落年轻人的道德教育功能：个人必须承担起对他人和部落的责任，任何自私、愚蠢的行为都将对个人和部落生存产生巨大的破坏性影响。

快马不曾意识到“只要把自己当做群体的一部分，就必须对这个群体负责。如果一个人割断了自己和群体的联系，他就会到处游荡，只考虑自己而不担心其行为产生的后果”（Welch 211）。可以说，快马和主人公最大的区别就在于对部落责任感的不同认识。主人公响应部落长者的警告，尽量避免和白人发生冲突，这不是出于懦弱，而是因为他明白部落的实力根本无法与白人抗衡，匆忙陷于战争只会导致更惨重的伤亡，甚至危及部落的生存。快马追随枭孩一起劫杀白人，他对白人的打击不是出于保护部落利益的正义之举，而是因为他认为这比打猎等传统方式更容易获取财富。快马和枭孩一伙以抢夺白人的马匹为生，不惜杀害被他们当作绊脚石的白人。快马的贪婪抢夺使皮库尼人陷入更大的困境，因为他们的武器装备和经济实力还不足以应付前来复仇的白人。可见，快马的行为出于一己私利而非群体利益。他企图取道捷径获得成功。他最终与主人公走上完全不同的道路。二人的价值观和对文化传统认识上的差异导致主人公成为肩负责任感和使命感的“文化英雄”，而快马成为无家可归、背弃部落的反面人物。

主人公的回归与快马、枭孩等其他部落年轻人的出走互为映照，小说家以此强调以部落群体为导向的身份建构过程。主人公回归了传统，完成向成熟阶段的过渡。主人公的回归将其与部落社群联结起来，表现了万物皆亲的印第安哲学思想。

《愚弄克劳人》以一个皮库尼年轻人逐渐走向成熟的过程折射一个时代的宏大历史。主人公成长道路上的导师米克阿皮跨越自然与精神世界的边界，以部族传统仪式和药术治愈族人的伤痛，并指引年轻人继承传统价值、从而完成向部落勇士和文化英雄的转变。小说中的恶作剧者乌鸦也在主人公的成长中发挥了重要的引导作用。他的聪明和狡黠正是恶作剧者智慧的体现。而以主人公的儿时伙伴快马为代表的另一群年轻人则反映了恶作剧者的另一面。他们为了满足个人的欲望，抛弃传统价值，其不负责任的行为给部落族人带来痛苦和灾难，自己也因此被驱逐出社群，成为孤独的流浪者。小说中，扮演文化英雄角色的主人公、恶作剧者纳皮的化身米克阿皮，动物施助者恶作剧者乌鸦和被流放的反面人物快马，——所有这些恶作剧者人物的故事都指明回归部落文化传统对当代印第安人的重要意义。

四 结语

韦尔奇从部落文化中寻求延续传统的力量，以印第安人的视角从内部展现了印第安人的历史。他为现代读者再现了黑脚族人曾经的真实生活，包括他们的生活方式、宗教信仰等。然而，更为重要的是，作家通过重塑部落神话中的关键人物——恶作剧者，彰显了部族传统文化和价值观对当代印第安人生存的重要意义。小说中，关于部落起源的神话、宗教仪式的渊源故事、人物的梦境和幻象寻求等等，与真实的历史以及虚构人物的日常生活交织在一起，成为部落年轻人了解过去的载体。小说主人公在以先知者的身份预见族人的未来时，慨叹“我为后人们感到难过，他们将无从知道族人曾经的生活”（Welch 359）。小说中的神话人物羽毛女则相信，皮库尼人一定会从代代相传的故事中了解过去。小说家韦尔奇像恶作剧者米克阿皮一样，把真实的、虚构的故事里的智慧传递下去。正是在这个意义上，韦尔奇扮演了“导师、引路人和文化继承者等印第安长者角色（233），成为连接过去与现在、想象与现实、神话与历史的文化传承者”。

韦尔奇借鉴黑脚族部落神话中的恶作剧者原型，在小说中塑造了一系列恶作剧者人物形象。他的恶作剧者人物都在精神成长之路上扮演重要的角色：或者是寻求部落归属的族裔年轻人，或是引导其精神成长的文化英雄。无论是19世纪的皮库尼年轻人，还是一个世纪后的现代印第安人，他们的成长道路都是朝着同样的方向。恶作剧者人物的成长轨迹取决于他们和部落传统文化之间的距离：认同族裔传统和价值观意味着成熟和自我完善，疏远甚至摒弃祖先的传统则导致成长的停滞或成长轨迹的偏离。也就是说，恶作剧者与部落社群在精神上的联系决定了他们蜕变或偏离的道路。韦尔奇的恶作剧者人物的成长之路也是其回归传统的道路，他的成长故事是宏大的现代印第安民族叙事中的一部分。几部小说中的恶作剧者始终没有走出印第安世界，他们徘徊于韦尔奇熟悉的蒙大拿州保留地和周围的小镇。其根本原因在于，小说家对印第安文化传统的坚守决定了主人公的成长旅途只能是朝着“家”的方向。

参考文献

Burke, Brianna. “On Sacred Ground: Medicine People in Native American Fiction.” Diss. Tufts University, 2011.

Cella, Matthew. *American Life and Land: Bad Land Pastoralism in Great Plains Fiction*. Iowa City: University of Iowa Press, 2010.

陈文益：《詹姆斯·韦尔奇〈血中冬季〉中恶作剧者形象解读》，《沈阳农业大学学报》2009年第1期，第120—122页。

Coulombe, Joseph L. *Reading Native American Literature*. New York: Routeledge, 2011.

Lupton, Mary Jane. “Interview with James Welch.” *American Indian Quarterly* 29.2 (2005): 198—211.

Marshall, Leni. “Kiss of the Spider Woman: Native American Storytellers and Cultural Transmission.” *Journal of Aging, Humanities and the Arts* 1

(2007)：35—52.

芮渝萍：《成长的风景——当代美国成长小说研究》，商务印书馆2012年版。

Shanley, Kathryn. "James Welch: Identity, Circumstance, and Chance." *The Cambridge Companion to Native American Literature*. Eds. Joy Porter & Kenneth M. Roemer. Cambridge: Cambridge University Press, 2005. 233—243.

Shijian. "Healing Through Traditional Stories and Storytelling in Contemporary Native American Fiction." Diss. Lehigh University, 1995.

Welch, James. *Fools Crow*. New York: Viking Penguin Inc, 1986.

19 世纪俄国哲理诗人笔下的自然

——以巴拉丁斯基和丘特切夫为例

董春春[*]

摘　要：与19世纪大多数俄国诗人相比，巴拉丁斯基与丘特切夫在展现大自然的隐秘世界时，得益于谢林同一哲学思想的影响，采用独特的体裁形式，赋予了自然深刻的哲理内涵，从而开启了俄国哲理抒情诗流派的发端；同时，两位大师又有不同的创作个性和风格，他们在自然哲理观、情感和意象方面各取所长、各具千秋。通过对两位诗人笔下自然的同中有异、异中有同进行解读，为我们了解不同的个性、探究哲理抒情诗的秘密提供了可能。

关键词：巴拉丁斯基；丘特切夫；自然；比较研究

Title: Nature from the Pen of Russian Philosophical Poets in 19th Century: Take Baratynsky and Tyutchev for Example[**]

Dong Chunchun

Abstract: Compared with most of the Russian poets in 19th century,

---

* 作者简介：董春春，文学博士，江苏师范大学外国语学院讲师，主要从事俄罗斯文学研究。本文系江苏师范大学人文社科基金项目“人性与自然——尼古拉·扎博洛茨基诗歌创作研究”【项目批号：14XWR001】的阶段性成果。

** Author: Dong Chunchun is Ph. D. and lecturer at the School of Foreign Studies, Jiangsu Normal University (Xuzhou 221116, China). She's mainly engaged in the study of Russian literature. Email: dongchun125@163. com.

Baratynsky and Tyutchev, benefited from Schelling's indentical philosophy, imbue the nature with more profound connotation. They use the unique form of genre, open the originator of Russian philosophic poetry school. At the same time, the two masters have different creative personality and style, and then have their own characteristics in the view of nature, emotional expression and image. Through analyzing the difference and sameness of nature in Baratynsky's and Tyutchev's poetry, we can understand their creative characteristic and explore the essence of philosophic poetry.

Key words: Baratynsky; Tyutchev; nature; comparative study

19 世纪俄国的哲理诗人为数不多，巴拉丁斯基（Е. А. Баратынский）与丘特切夫（Ф. И. Тютчев）可谓其中的佼佼者。两位诗人不约而同地选择了哲理诗作为自己钟情的体裁，偏于理，又不失诗情；忠于情，又不乏思辨。诗人将自己的哲理观和情感蕴含其中，以诗传思、以诗传情。在两位诗人的哲理诗中，大自然是重要的组成部分，大自然在他们笔下既呈现出异曲同工之处，又因哲理观、情感、意象的不同而别具一格。

一　一样的自然

自然在巴拉丁斯基与丘特切夫笔下呈现出的共同之处，首先体现在自然这一形象所闪耀的理性光辉，自然被用以借景抒情的同时，又成为两位诗人表达哲理观的载体。我们知道，在诗歌世界中，大自然多数用作烘托、以景映情，而在巴拉丁斯基与丘特切夫笔下，大自然得到了深层次的解剖，具有了鲜明的形而上学的性质。

众所周知，大自然一直是俄国诗歌中最重要的主题之一，在诗歌中，诗人不单将其看作是保障人类生存的物质象征，更将其视作一种与人性息息相关的伦理精神，因此，人与自然的关系在俄国诗歌的每个发展阶段，都为诗人们所探讨。在古代罗斯时期，人们尚处于朦胧混沌状态，多神教的信仰长期存在，人与自然之间形成了既亲切又神秘的感情，《伊戈尔远征记》中“万物有灵”的思想证实了这一点。18 世纪，随着俄国近代化历程的开始，人与自然的关系在诗歌中也悄然发生变化，受现代科技熏陶的人们开始认知自然，自然亦不再神秘，但从整体来说，人与自然在诗中依然表现出和谐共处的关系。到 19 世纪时，自然作为检验人性的标准在俄国诗歌中频繁出现，从普希金、莱蒙托夫笔下的“自然之女”与“文明之子”到涅克拉索夫笔下的森林诗篇，诗人们都对现代文明所造成的人与自然的不和谐表示担忧，巴拉丁斯基与丘特切夫也不例外。然而，与这两位诗人相比，无论是普希金、莱蒙托夫抑或涅克拉索夫，他们对人与自然的关系的探讨都没有上升到哲学的境界，情感和哲理尚未融合一体。

作为普希金的同时代诗人，巴拉丁斯基较丘特切夫更早踏入诗坛，沉湎于理性思索的他并不拘于传统，而是华丽转身。普希金曾这样赞赏巴拉丁斯基诗歌的独创性：“巴拉丁斯基属于我国优秀诗人之列。他独具一格，因为他善于思考。”（普希金 228）诗人将对大自然的冷静思索付诸诗歌创作，在诗中表现出惊人的思想深度；丘特切夫——作为另一位同时代的思想型诗人，他对人与自然关系的探究可谓达到了哲学终极关怀的高度。别尔嘉耶夫曾称丘特切夫为“最为深刻的俄国诗人之一”，是“歌唱自然之隐秘本质的诗人”（别尔嘉耶夫 83）。两位诗人都在普希金之后另辟蹊径，将自然的形象与哲学、情感融为一体，创作了别开生面的自然哲理诗。

其次，两位诗人在对自然进行哲理思考的同时，又都受到来自谢林“绝对同一”哲学的影响。谢林作为德国古典哲学的代表之一，他的主要成就是创立了“绝对同一”的哲学体系，从客观唯心主义的立场论证了思维与存在的同一。在谢林看来，“绝对同一”并非是某种介于物质和精神之间中性的东西，而是一种不自觉的非人的精神力量，谢林称之为“自我意识”。（王雨辰 334）但是，这种“绝对同一”并非是僵死的、无生命的死物，而是一种派生万物的“宇宙精神”。它具有认识自己的欲望，从而超出了“绝对同一”的范围，开始把自己和他人区分开来，由此产生了自然界和精神界的万事万物，产生了思维和存在、主体和客体的差别和矛盾，在这种差别和矛盾的推动下，“绝对同一”经过不同的阶段，最终又回归于“绝对无差别”的同一状态。（王雨辰 334）谢林根据“绝对同一”运动的不同阶段，将同一哲学划分为“自然哲学”和“先验哲学”。所谓自然哲学，是要从自然界引申出有意识的理智，从而将自然规律归结为理智规律，这样一来，自然和精神便不存在根本的区别，而是具有了一致性。而先验哲学，则是针对人类精神生活的发展阶段，谢林力图说明从主体到客体、从精神到自然的创造过程。我们不难看出，谢林的同一哲学所要证明的实际上是自我与非我、意识与存在、主体与客体等两相对立的事物之间的“同一”、“和谐”。

谢林的“绝对同一”哲学深受追求人与自然和谐相处的巴拉丁斯基和丘特切夫的青睐。早在十二月党人革命失败之后，巴拉丁斯基便接近“哲学家协会成员”（Любомудры），成为哲学浪漫主义流派（Философский романтизм）的一员。哲学浪漫主义主要研究西方唯心主义哲学和美学，而当时西方哲学界尤以谢林同一哲学最为炙手可热，谢林对巴拉丁斯基的影响是不言而喻的。而丘特切夫与谢林的关系则更为直接，诗人在慕尼黑供职期间与谢林相识，期间诗人不仅认真阅读过他的哲学著作，更是与他有过长时间的朋友交往。他“创造性地接受了谢林同一哲学的影响，并且，以自己的人生经历与深刻思考加以融会、发展，从而形成了自己独特的哲学观”。（曾思艺 23）正是在谢林同一哲学思想的影响下，两位诗人不约而同地对自然表现出泛神论式的崇拜，也得以对人与自然的关系做出更为深刻的哲理思考。

二　别样的自然

尽管两位诗人在谢林同一哲学的影响下，都对自然进行了深入的理性探究，但他们在具体的哲学观、情感、意象方面又有所差异。

首先，在哲学观方面，巴拉丁斯基在诗中思考更多的是人类的发展与自然的关系，而丘特切夫则是对自然及与自然紧密相连的生命、心灵等进行了深入探索，其自然哲理观中不时闪现出现代主义的萌芽。

巴拉丁斯基认为，人与自然应保持和谐共处的关系，《歌德之死》① 一诗中，诗人曾试图与自然呼吸“同样的生命”（256）以达到人与自然的一致，这显然受到了谢林同一哲学的影响。但诗人很快意识到这种努力的徒劳，深感资本主义的车轮已无法阻拦，思想上较为传统的他在诗中表达了对钢铁世纪的深恶痛绝，在《最后一个诗人》中他说：时代沿着钢

① 本文所用巴拉丁斯基诗集是：К. Н. Батюшков. *Баратынский Е. А.*，*Вяземский П. А. Стихотворения. Поэмы*（М.：Олимп；ООО《Издательство АСТ》，1998），除已注明出处的译文之外，其余均为笔者试译。文中凡引用该著内容只随文注明出处页码，不再说明。

铁之路迈进，/人心贪财，欲壑难填，/幻想越来越明显、越来越无耻地/专注于迫切需要的、有利可图的东西。（徐稚芳，171）诗人将人与自然之间的不和谐全部归于人类：他背弃感情，笃信思维；/沉浸在忙碌的科学中……/自然之心将他拒之门外，/地球上不再有自然的预言。(315)

尽管巴拉丁斯基认为人与自然的不和谐是人类一味追求科学进步，忽略自然的感受带来的恶果，但诗人并不希望人类就此消失以换取自然的宁静。《最后的死亡》(302) 一诗中，诗人描绘了没有人类存在的自然，整首诗流露出因人类消逝带来的忧伤，画面越宁静，忧伤越强烈。这种伤感实际上是诗人对人与自然和谐相处的一种布道：不平衡导致人类的消亡，自然中没有了人类的存在，自然也会变成死物。巴拉丁斯基始终追求人与自然的共存，而非以一方的消亡换取和谐的假象。

与巴拉丁斯基相比，丘特切夫的自然观更为丰富、复杂，更具辩证性和现代性。可以从诗人关于大自然本身、人与自然、心灵与自然的阐释中去理解。

第一，大自然本身：在丘特切夫看来，宇宙的万事万物皆由对立的双方构成，大自然也不例外。在丘诗中经常可以看到大自然的“斗争”：《天气突变》① 一诗中，诗人描绘了大风骤起之时黄昏与河水之间的战争：这是暴怒的燃烧的黄昏/在暗蓝色的水波上，/把自己的花冠撕扯、抛撒……（252）

诗人在生动地描绘自然中各种力量之间的冲突之后，还深刻地揭示出对立的矛盾经过运动、变化，最后实现统一，走向和谐的境界。《恬静》(93) 一诗就表现了这样的主题：诗中展现了雷雨骤至时的动荡到雷雨过后的和谐这一“对立——统一”的运动过程。类似主题的诗歌还有《大海与悬崖》、《雪山》等。不难看出，丘特切夫有关大自然本身的认识是对谢林“绝对同一”回归“绝对无差别”的诗意表达，同时也包含了丰富的辩证思想。

第二，人与自然：丘特切夫认为，宇宙的万事万物都处在不停的运动变化中，真正永恒的唯有自然。为此，诗人一方面描绘了人在宇宙中无依无傍的孤独，另一方面，又表达出渴望与永恒的自然合而为一的强烈愿

---

① 本文所引用的丘特切夫诗歌中文译本均出自《丘特切夫诗全集》，朱宪生译，漓江出版社 1998 年版。文中凡引用该著内容只随文注明出处页码，不再说明。

望。在《神圣的夜从天边升起》一诗中，诗人写道：他自身的存在已被忘却，/思想已无主宰，智力早就丧失，/他唯有沉入深渊一般的心灵，/而外界已无任何寄托和支持……（221）

这里，诗人描绘了面对神秘的浩瀚宇宙，人类不由自主地产生了无家可归的孤独感。意识到自我的孤独和自然的永恒，诗人不禁发出“一切在我心中，我在一切之中”（153）的渴望。既然唯一永恒的只有自然，那么作为宇宙一部分的人，应与宇宙融为一体，实现物我相融的和谐境界。《生活中会有些瞬息》一诗中，诗人写出了那“难以言传，只能意会”的天人合一的美妙：我欢愉，我甜蜜，/世界就在我心中，/我真是熏熏欲醉——/时光啊，请停一停！（317）

丘特切夫天人合一的观念不禁让我们回想起卢梭的回归自然观[①]，也是这种生态整体主义的萌芽引起了我国学者曾思艺的关注：“丘特切夫的诗歌具有朴素的生态学意识，他那回归自然、顺应自然的思想，表现了颇强的现代生态意识，对当前我们处理人与自然的关系不无启发性，具有很强的现代性甚至全球意义，这是其诗歌美学的现代意义的集中体现”。（曾思艺 149）同时，丘特切夫早在 19 世纪中期就开始注意到现代人复杂的内心世界，他们的困惑感和幻灭感，他们对生命强烈的悲剧意识，这种超前意识与其对自然的感受融为一体，使其自然哲理观萌生出现代性的火花。

第三，心灵与自然：一切皆变，人的灵魂也不例外，在永恒的自然面前，丘特切夫看到了心灵与自然的相通。在阐释心灵与自然的统一时，诗人首先赋予了自然以灵魂和生命。丘特切夫认为，自然与人一样，是一个有生机、有灵气的活的有机体，在被称为“泛神论的宣言”的《大自然并不是你们想象的那样》一诗中，诗人为自然辩护：大自然不像你们想象的那样：/它不是一个没有灵魂的模型——/它也有心灵，它也有自由，/它也有语言，它也有爱情……（175）

与人类一样有着生命、意志、灵魂的自然，在丘特切夫看来，能够充盈人的精神。《你，我的大海的波涛》一诗是丘特切夫对大海所作的一首颂歌：你的呢喃使我感到甜蜜，/它里面充满温存和爱情，/那暴怒的怨言

---

① 参见卢梭：《一个孤独的散步者的遐想》，张弛译，湖南人民出版社 1985 年版，第 114 页。

我也能听懂，/它是一种预言性的呻吟。（290）诗人生动描绘了大海带给自己的心灵慰藉，陶醉于大海神秘的美中，甘愿将一颗心“埋葬在那深深的海底”。

丘特切夫极其喜欢描写午夜的自然，这源于诗人的混沌说。丘特切夫将一切隐秘的力量，统称为“混沌”（xaoc）。他认为，社会、自然和心灵都出自这个混沌，在混沌中，一切事物撕掉虚假的面具，回归到自己的本来面目。正因此，尽管“夜”的混沌令人感到恐怖，但在丘特切夫看来，却是比白昼更真实、更有生气。此外，丘特切夫对“夜”的喜爱不仅是因为“夜”混沌下的真实，还源于“夜”的混沌之下隐藏着心灵深处的非理性力量，混沌之中，自然与心灵是彼此相知、相融的。在《夜的海啊，你是多么美好》一诗中，诗人感叹：面对这波涛，面对这闪光，/我茫然若失，仿佛在梦中伫立——/我多么愿意把自己整个灵魂/沉入你那迷人的怀抱里……（388）这里，诗人不仅描绘了月色大海的真实，也表达了诗人渴望将灵魂献给自然、与自然惺惺相惜的愿望。《午夜的大风啊》一诗中，诗人描写了在原始的混沌下，在“夜灵的世界”（158）中，一方面，心灵熟悉午夜大风的语言，深知午夜大风的哀号，另一方面，混沌下的自然又唤醒了人心底的潜意识。针对这首诗，俄国宗教哲学家弗兰克指出：“夜风的呼号与灵魂深处的忧伤的倾诉，都是同一种宇宙存在本质的表现。自然的杂乱无章——我们的母亲的怀抱——隐藏在我们自己的心灵深处，因此尽管它不可得见，却依然在每个人心中引起反响”。（弗兰克 19）

其次，巴拉丁斯基与丘特切夫不仅借助“自然”这一形象传达了自己的所思所想，还以自然传情，各自在诗中表达了面对自然时的不同情绪。

对于生活在后十二月党人革命时期的巴拉丁斯基来说，十二月党人起义的失败无疑对诗人产生了重大影响。革命失败之后，诗人失去了精神支柱，面对暴力、恐吓横行的社会，诗人感到渺茫，厌世的情绪和虚无主义的人生观在潜移默化中形成。诗人对生命充满了绝望，不相信和谐的存在，对人与自然的关系也深感无助。在这种思想的影响下，巴拉丁斯基笔下的自然不自觉中带有了诗人的质疑和悲凉的情绪，也正是这一基调奠定了其与普希金“阳光”诗歌相对的“寒冷”（холодность）诗歌的美誉。与此同时，力求“心灵不忘理智”（268）的巴拉丁斯基，在面对日渐消逝的自然而伤感时却又总能笔锋回转，以冷静的思索抑制内心的压抑。正如在《秋天》一诗中，全诗笼罩着秋去冬来的悲凉氛围，但在最后一个诗段，诗人理智的光芒战胜了内心的伤感，诗人感叹：生命总是伴随着死亡，富饶又总是贫困，……尔后世界就是这副模样，/但从中你感受不到来年的丰收。（328）在这段被认为是悲观主义的代表诗句中，我们可以捕捉到循环和永生的意味，尽管“感受不到来年的丰收”，但秋天依然不断轮回，诗人在这种矛盾之中充满了对话和思索，以开放的结局留给我们重新诠释的空间。

相对于擅长以理智战胜情感的巴拉丁斯基而言，丘特切夫却总是情感丰富而又细腻，他的自然哲理诗总是不时地在对大自然的爱和畏惧以及无法领会自然的孤独之间转换。泛神论的思想令诗人对自然充满了喜爱之情，无论是春夏秋冬、花草虫鱼还是大海、太阳、午夜，诗人总是如痴如醉地欣赏着、享受着自然界的美。而面对神秘的自然，诗人又流露出人在宇宙中无所适从的孤独感，功名利禄转瞬即逝，永恒的自然令人捉摸不透，人类因无法认知自然而陷入了苦闷之中。

最后，意象是诗歌诗性品质的保证，没有意象的存在，哲理诗就会变得抽象而赤裸。鉴于哲理观和情感的差异，两位诗人在描绘同一意象时，常常使用不同的修饰语。月亮和太阳是巴拉丁斯基与丘特切夫自然哲理诗中经常出现的意象。在巴诗中，月亮既是柔美的又是暗淡的，同时还是梦幻的（мечтательная）、飞舞的（летейская）。并且更多时候，巴诗中的月亮埋藏在人的心里，而这心中的月亮总是不停运动的（движущая）；与巴拉丁斯基不同，丘特切夫经常用“神奇的（магическая）”、“辉煌的（светозарная）”、“灿烂的（блистающая）”形容月亮，因为在丘特切夫看来，月亮是上帝，总能给人以慰藉，给人的心灵带来安宁。在描写太阳时，巴拉丁斯基经常把太阳明亮的一面呈现出来，在诗人笔下，太阳总是散发着朦胧的金色；而在丘诗中，太阳总是“激昂的（пламенное）”、“恐怖的（страшное）”，散发着闪电般的光芒，如同怪物一般，与月亮截然相对。显然，丘特切夫笔下的月亮和太阳深受诗人混沌思想的影响。此外，在丘诗中，诗人还常用表示混乱、运动、斗争的动词形容自然现象，以此说明自然界各种力量之间的对立、冲突以及人在自然面前的无能为力。

如同扎博洛茨基所说，“巴拉丁斯基和丘特切夫补充了 19 世纪俄国诗歌中普希金不足的地方和歌德在其诗歌中所表现出来的神奇力量”。（Далинский 90）他们的自然哲理诗不仅蕴藏着丰富的理性精神，还具有高尚的诗性品质，达到了真正意义上情与思的结合，继而开创了俄国诗史中充满活力的哲理抒情诗流派。无论在20世纪五六十年代形成的哲理抒情诗浪潮中，还是在鲁勃佐夫、库兹涅佐夫的悄声细语中我们都可以看到哲理抒情诗的基因在特定时代、特定环境下的绽放。同时，两位诗人在思考人与自然时的悲观、怀疑，又对俄国现代派诗歌产生了深远影响。安德烈夫斯基曾指出：“巴拉丁斯基应该被视为俄罗斯现代诗歌的悲观主义之父”（Андреевский 2），而一向被象征派视为鼻祖的丘特切夫，他的诗更是“第一代象征派最看中的丰富养料”（周启超 27）。然而尽管两位诗人在创作中有诸多相同之处，但不同的创作环境和个性，使他们又有着不同的创作风貌。较之立足于探讨自然与人类的长远发展的巴拉丁斯基而言，丘特切夫自然哲理观中的现代主义色彩和辩证的思维更加凸显，情感的波澜更为多样，而意象的塑造在两位诗人笔下又因哲理观的不同亦相应产生了差异。

参考文献

Андреевский С. А. Поэзия Баратынского. В кн. автора：Литературные чтения，СПБ. 1991.

别尔嘉耶夫：《俄罗斯思想》，雷永生、邱守娟译，三联书店 2004 年版。

Далинский В. Заболоцкий и метафизика сознания. // Николай Заболоцкий. Проблемы Творчества. М.：Издательство Литературного института им. А. М. Горького. 2005.

弗兰克：《俄国知识人与精神偶像》，徐凤林译，学林出版社 1999 年版。

普希金：《普希金全集》第 6 卷，邓学禹、孙蕾译，浙江文艺出版社 1997 年版。

王雨辰：《西方哲学的演进与理论问题》，中国财政经济出版社 2003 年版。

徐稚芳：《俄罗斯诗歌史》，北京大学出版社 2002 年版。

曾思艺：《丘特切夫诗歌美学》，人民出版社 2009 年版。

曾思艺：《现代生态文学的先声：丘特切夫自然诗的生态观念》，《外国文学研究》2007 年第 2 期，第 144—149 页。

周启超：《俄国象征派文学研究》，社会科学文献出版社 1993 年版。

二语心理词库形音建构问题与因应策略*

韩玉强**

摘　要：二语听觉通道下和视觉通道下的词汇能力差距根源于学习者心理词库中的形音建构问题。本文以心理词库理论为基础，通过对比母语和二语词库建构的不同特点，结合学界相关研究成果，提出了二语心理词库建构中的“语音补缺假设”，以解释二语听觉和视觉词汇能力差距的问题，并提出了相应的解决策略。

关键词：二语；心理词库；形音建构

On The Phonetic &Orthographic Construction Of L2 Learners' Mental Lexicon

Han Yuqiang

Abstract: The gap between L2 learner's auditory and visual lexical competence may be attributed to his mental lexicon's phonetic and orthographic construction. Based on the mental lexicon theories and with special refer-

---

* 本文为获得教育部人文社会科学一般项目“中国学生英语心理词库形音建构问题与解决策略研究”（13YJC740027）、江苏省社会科学基金项目“二语心理词库形音建构问题与策略研究”（12YYC011）、江苏省高校哲学社会科学研究基金项目“中国学生英语心理词库建构中的形音义关系研究”（2012SJB740010）和2012年度江苏政府留学奖学金项目资助。初稿曾在江苏省哲学社会科学界第五届学术大会交流并获二等奖，与会代表陈义海教授、陈胜利博士等曾提出宝贵修改意见，后又蒙杨亦鸣先生、李长忠先生指导，做了较大修改。

** 韩玉强，江苏师范大学外国语学院，副教授，从事普通语言学、语言习得及英汉语言文化对比研究。

ence to the different characteristics between the L2 and L1 lexicon's shaping, the paper analyses the relevant issue of the L2 lexicon's phonetic &orthographic construction, puts forward the phonological compensation hypothesis, gives a further explanation to low L2 auditory lexical competence and finally comes up with due ways to cope with it.

Key words: L2; the Mental lexicon; the phonetic and orthographic construction

一 问题的提出

部分二语学习者听觉、视觉两种通道下的词汇能力差距明显，不少单词在视觉状态下认识，而在听觉状态中却不能辨识。刘思（1995）针对性地提出了阅读词汇量和听力词汇量这两个范畴；吴（Goh，2000）则明确了二者差距的根源在于学习者的词汇学习方式造成其听力词汇发展不足；孙蓝等（2006）提出了词汇感知模式效应来解释这一现象。就其本质而言，二语心理词库的形音义等下位库的建构状况决定着学习者不同感觉通道下词汇通达的程度，因此学习者词汇能力的听、视差距在某种程度上可以归结为二语心理词库的形音建构问题，进而二语词汇能力的视听差距需要从心理词库建构与发展的角度进一步探讨。

二 心理词库的建构

心理词库问题是一个语言学研究热点，其主要探讨的是包括形式、意义、句法、语用等各方面信息在内的词汇知识在人脑中是如何发生、发展的，又是如何存储、提取的等内容，该理论对词汇习得有较强的解释力。其中二语心理词库的建构既遵循心理词库建构的普遍原则，也有其独特一面，并深受母语词库的影响，所以从心理词库建构的角度来探讨二语听觉和视觉词汇能力差距问题，必须首先了解心理词库建构的基本过程以及二语心理词库的建构特定。

建构心理词库需要先对具体的语言材料进行感知、加工，然后通过各种关系建构起词汇知识网络，进而能够在交际活动中有效提取。这一建构过程会依次经历三个主要步骤：（Aitchison，2003）联结形式与意义，即学习者建立一串音符或形符和某一概念或意义的联系；打包词汇知识，增加词的其他各项相关知识；最后形成词汇网络。心理词汇依照音、形、义、句法等维度存储在大脑中，并呈现为一个庞大而相互联系的网络状结构，每个词项构成一个节点，依靠这几方面的信息途径与其他词项联系并相互激活①。

（一）母语心理词库的建构

儿童母语心理词库的建构在其最初的形义联结阶段，首先实现的是语音与意义的联结，音和义的结合具有第一性。儿童在其母语社会中无数次的语言听、说行为，使其心理词库以音义结合体为核心的知识网络联系越来越强，能够自动高效提取，到接受系统读写教育之前的6岁左右时，儿童已经能够顺利地进行日常交际，其心理词汇有着牢固的音义联结，音义结合体构成打包知识的核心，词汇网络在形式层面只有语音联系，其语音存储和识别主要采用直呼方式。从接受母语读写教育开始，儿童大脑逐渐建立正字法特征图式，形义联结逐渐加强，语音与正字法对应机制也逐渐形成，音素文字母语者的语音存储和识别在直呼方式同时，音位合成方式逐渐发展。到能够熟练读写阶段，母语心理词库正字法建构完成，词形完全融入心理词汇知识，形式网络也由原本单维语音联系而逐渐发展为形音双维联系，形、音、义结构均衡、完备，正常情况下音、形、义自动互相激活。长期的阅读活动，高频度的视觉提取可以实现心理词库形义通达的自动

① 柯林斯和劳福特斯（Collins & Loftus）激活扩散模型准确描述了心理词汇的语义表征问题，但仅停留在概念层面，缺乏词汇的形式、句法等方面内容，不完整，因此只能算是一个概念模型而不是词汇模型，而在Bock和Levelt的扩展网络模型中词汇知识按句法、概念和语音（形式）等三个层面存储，并相互联系，提取灵活，更好地反映了心理词汇的实际情况。（Carroll，2000：117）不过扩展网络模型似乎仍有缺憾，其形式层面上没有涉及正字法表征，建构者可能是考虑到表音文字特点而将其和语音表征合并了。桂诗春（2000：264）认为“不管哪一种输入（口头语听觉输入和书面语视觉输入），心理词库中的意义表征是统一的。所以一个心理词库的模型应该把不同方式的输入都考虑在内，同时也要考虑口头词语和视觉词语的特点。”由于汉语表意文字形音分离的特性，基于汉语分析的心理词库模型一般须区分出语音和正字法表征。心理词库存在相对独立的形、音、义下位库构成本文的理论前提。

化，进而在一定程度上存在抑制音义、音形通达的趋势。不过由于母语心理词库正字法表征建构过程是在以音为介质的语言系统基本形成之后才开始的，并完全建立在熟练听、说技能基础之上，特别是母语环境中更为频繁的口语交际活动使其词库语音激活、音义联结始终处于自动强化状态，因此，母语心理词库中语音和音义激活始终是第一性的。

依据正字法深度假说，不同语言的正字法深度可以视为一个由浅至深的连续体。表音文字语言的正字法深度浅，形音相关度高，词的形态与音位结构一致程度高，易于由形知音、由音知形；而表意文字语言则正好相反。福斯特（Forst *et al*，1987）研究表明正字法深度会影响词汇形义通达时所用码的种类，浅正字法易使阅读者采用形音转换策略，深正字法阅读者则倾向使用单纯视觉策略，这样母语心理词库的建构在共性基础上也存在跨语言的特异性差异。拼音文字语言较表意文字语言在形音激活方面具有一定程度的优势，如英语母语者在完成其心理词库正字法表征的过程中也逐渐实现对其语音 - 字母对应转换机制的内化和自动处理，形音一体，进而在听说能力基础上形成完善的读写能力。包括音素分析和字母 - 语音转换等在内的语音加工能力是实现听说能力向阅读能力转化的关键，是拼音文字母语者阅读能力发展的标志性认知因素。

英汉语截然不同的文字体系造成了英汉母语语正常阅读者的脑区激活模式差异，汉语加工有着明显不同于英语的神经机制。谭（Tan *et al*，2005）和萧（Siok *et al*，2004，2008）等研究表明大脑左半球额中回（Left Middle Frontal Gyrus）与汉语阅读能力密切关联，是中文加工的特定脑区，这一脑区的功能是调节中文加工中相对复杂的认知资源分配，能够对物体的视觉空间属性进行精细加工，并与主管动作的大脑运动皮层位置相近。左脑额中回支配中文加工，与汉语非线性方块字的整体音节水平加工性质有关，与汉字识写阶段大量书写机械记忆经验相连，这构成中文大脑词库形义通道特殊性的神经生理基础。

（二）二语心理词库的建构特点

二语心理词库建构不同于母语词库，首先在于母语经验的影响。儿童母语习得是在一定社会交际环境中完成的，习得某一概念意义特征同时也习得了其表达形式，二者的联结构成心理词汇知识的核心。而二语学习者是在获得已有母语系统基础之上学习使用新的形式来表达新的概念。母语概念系统与外语概念系统不完全一样，其对应的语言形式系统也各有特点，所以二语习得与母语习得的最大差异是学习者大脑中已经存在母语（概念和形式）系统。当前越来越多的研究者意识到了母语在二语习得过程中的关键作用。具体到二语心理词库的建构，每位学习者都已拥有一个容量庞大、组织有序、可以高效提取的母语词库，并在此基础上构建二语词库，前者的迁移成为影响后者形成机制的首要因素。这种影响可能是正面的，也可能是负面的，取决于两种语言是否属于同一语系，是否存在历史渊源、其语言形式和概念特点是否接近等诸多因素。

其次更为重要的是词汇获得方式不同。纳逊（Nation，1990）认为词汇习得的方式即通过听觉渠道还是通过视觉渠道输入是影响词汇学习的决定性因素之一。母语者始终处在自然语言交际活动的高频暴露之中，听、说、读、写所占的比例依次为 45%、30%、16%、9%。（Wilt，1950）从使用的频率和比例来看，听、说在母语环境中都远高于读、写。相反在传统的外语学习环境中，学习者语言输入不仅数量少，质量差，而且书面文本构成主要输入方式，学习者通过视觉通道输入信息的机会远多于听觉通道，语音激活的频率非常低。正是由于输入模式以视觉刺激为主，脑中所建立的形象也是以视觉为主，而视觉形象又不可能自动转换成听觉形象，致使学习者头脑中缺乏相应的听觉形象（文秋芳 1996：91），因此听说能力很自然地成为外语习得中的薄弱环节，“聋哑外语”也就成了常态。同时词汇学习、记忆方式的影响也不容忽视。吴（Goh，2000）、费尔德（Field，2003）等认为学习者听力词汇发展不足，是词汇感知方式出现了问题，这与其词汇学习方式直接相关。我国英语学习者词汇学习多依赖词形特征（黄远振 2001；Wang *et al* 2003），注重形义联结，特别是部分学习者因英文字母提取的高度自动化而谙熟单词字母拼读记忆①，忽视通过语音来记忆单词，致使其

---

① 一般表音文字语言的字母数量有限，如英文 26 个字母，学习者对字母形状和字母名称音加工很快实现自动化。单词字母拼读记忆实质是把单词建构成为一个意义和字母音－形串的结合体，这个一个字母音串，兼有听觉形象和视觉形象特点。

英语心理词库语音表征不足或错误。

最后是二语心理词库形音表征的“共时性”。与母语词库建构中音义结合的第一性，正字法表征的后起性不同，二语学习中的语音和正字法往往出现在同一时间层面。由于语音表征和正字法音表征的“共时性”影响，形音作为语言介质的不同特点会起重要作用，这在探讨二语心理词库建构时极为重要。语音、正字法的物质形态结构基础不同，前者是一维的，后者是二维的，更稳定，其所产生的印象也更深刻。“词的书写形象使人突出地感到它是永恒的和稳固的，比语音……更易于为人所掌握。在大多数人的脑子里，视觉印象比音响印象更为明晰和持久”，因此“书写形象就专横起来，贬低语音的价值……它们之间的自然关系就被颠倒过来了”。（索绪尔 2009：50）形音介质的这种特点差异往往使大脑避重就轻，优先通过视觉加工词形凸现特征，并可能阻碍语音表征。韩玉强（2012：73）认为形音二元对立构成母语和外语心理词库建构的重要差异：二者在联结阶段表现为音义联结和形义联结孰先孰后的问题、在词汇知识打包阶段表现为音义结合体还是形义结合体构成知识打包的核心；在词汇网络形成阶段表现为形式层面上是以语音还是字形联系为主。

三　二语心理词库形音建构问题

（一）语音补缺与词库形音建构问题

母语经验的影响、二语学习中听说和阅读在频度比例上的差距、学习者基于视觉表征的学习与记忆习惯、形音表征的“共时性”等决定着二语学习者心理词库建构的特点，致使部分学习者词库缺乏相应的正确听觉形象和独立语音表征。然而由于大脑有利用先前语言学习经历的强烈倾向，学习者总是不可避免地要将当前的二语学习任务跟之前的语言学习经历进行类比以及语言首先是声音的这一属性，大脑会利用现有知识进行语音表征，特别是当学习者的二语语音记忆和编码能力欠缺时，母语语音、二语字母音等根据熟悉度和可利用性介入形成具有寄生性特征的“伪”听觉形象，这就发生了所谓的“语音补缺假设”（Phonological Compensation Hypothesis)①。王初明（2003）指出外语知识的大脑表征总是具有不完整性特点。这种不完整表现在语言的不同层次上，而正确语音知识的缺失是其重要方面。但这并不意味着这些词汇就缺少语音形象，吴（Goh，2000）研究表明由于许多学生没有记忆正确发音的习惯，其心理词库中会自发地生成不少错误的语音表征。

如果补缺机制造成的错误语音表征得不到及时纠正，就有可能较长时间地保留在学习者的语言里，甚至可能固定下来，从而产生语音石化现象，正确的听觉形象将无从建立。当越来越多的词项无法正确语音表征时，就会严重影响语音下位库的建构。与此同时，二语心理词库正字法表征、视觉形象的建构却有着不同的特点。字形的空间性和稳定性使大脑有充足时间对其加工，加之一般表音文字语言的字母数量有限，学习者容易对其视觉加工实现自动化，从而正字法表征相对完善并且具有一定的独立性。语音表征和正字法表征在二语心理词库建构的“共时性”，与二者在母语词库建构中的“历时性”相比具有颠覆性，特别是当学习者缺乏必要的二语语音能力时，“语音补缺假设”得以发生，因此其心理词库无法正确语音表征并建立相应有效的音义和音形联结，而由较为稳定的正字法表征和形义联结构成词库知识打包的核心，形式层面的网络结构以词形联系为主，而语音则处于边缘地位，形音地位倒置。这就构成了具有一定普

① 学习者总是不可避免地将当前的语言学习任务跟先前的学习经历进行类比，在原有结构基础上建立新的结构，这正是补缺假设和母语迁移的心理基础，受母语强大体系和学习类比方式的影响，二语习得初期倾向于采用在母语基础上进行扩展的方式。语音补缺中的母语音干扰就源自母语心理词库中的强大语音表征，构成了二语心理词库建构中语音补缺的重要来源。随着二语习得进展，由于英语正字法深度，字母名称音和字母在词汇中的发音不一致，高度自动化的字母名称音容易在词汇读音缺失时介入补缺，同时已掌握的英语音也会成为语音补缺的来源，这就是本研究提出语音补缺假设而不用迁移说的原因，因为人们在使用迁移时所指的实质就是母语迁移，而语音补缺假设则不仅限于母语语音的影响。二语言习得过程，是一种由学习者参与的、主动的、具有创造性的，一个复杂且受诸多因素影响和制约的认知过程。所以导致语音补缺的原因也会多种多样，可以主要但不能完全归结为母语语音迁移的结果，如课题组通过调查非英语专业大学生的语音错误，其中加音现象主要受汉语语音影响，望形生音的错误，这主要受英语拼写的字母名称音的影响。“语音补缺”的提法参阅了王初明（2003：1）“语境补缺假设”：“语言形式与语境知识的结合是语言正确流利使用的前提。由于外语语境缺少与外语表达方式匹配的真实语境，在外语理解、习得和使用的过程中，母语语境知识介入补缺，进而激活与母语语境知识配套的母语表达式，母语迁移因此而发生，影响外语学习。”

遍性的二语心理词库形音建构问题。

（二）汉语母语者英语心理词库的形音建构问题

母语对二语习得影响，在语音方面比其他方面要大得多，因为学习一个全新的语音系统意味着学习新的发音和听觉模式，而这些模式属于语言行为的生理方面，与语言行为的认知方面比较，更能抗拒改变和调整。英汉语分属不同语系，二者不存在同源关系，因此两种语言的音系差别很大。英语音节种类较多，结构复杂，属于“重音节拍语言”，遵循音步等时性原则，重音节需要凸显，发音既重又长，而非重读音节则要约减，特别是其中的元音，甚至会完全缺失。而汉语属于“音节节拍语言”，具有音节等时性特点，每个音节时长大致相等，无明显突显，而且汉语音节种类较少，结构简单。就音节内部结构来说，英汉语可以说是处在复杂和简单的两极。复杂的辅音连缀可以出现英语音节的首部（多达 3 个辅音，如/spr/ in spray）和尾部（多达四个，如/lpts/ in sculpts）；汉语（普通话）音节则不允许连缀辅音，而且除去部分音节有/n/或/ŋ/两个鼻音韵尾，大部分为开音节，没有阻音韵尾。由于鼻音与元音都属于响音，处于韵尾位置时，相较于阻音更容易与前面的元音融合在一起，因此汉语被称为核心音节（CV，一个辅音和一个元音组成）语言。汉语普通话声母 22 个（包括零声母）、韵母 39 个构成 412 个合法音节（不含声调），英语共计 48 个音标组成超过 1000 多个合法音节。英汉语音节在复杂度上、数量上以及由此造成的重复率上存在的差异，蕴含着两种语言语音加工单位可能也存在差异。与此同时构成英汉音节的音素在种类、数量、组合方式以及发音部位和发音方式也不尽相同。这就加大了汉语母语者英语语音记忆和编码的难度①，英语学习会不由自主地受到汉语语音的影响，致使词汇语音表征出现错误，汉语音的干扰构成其心理词库建构中语音补缺的重要来源。已有大量研究表明，中国学生容易在英语与汉语两种语言语音系统

① 当然“差异”不等于“难度”。差异不一定就产生困难，有些差异可能会引起学习者的兴趣，使他们更快地掌握新知识。学习者反而会在母语与目的语表面上相似的地方犯错误。根据语言标记性理论，当母语有标记性设置，目标语无标记性设置时，母语迁移的可能性很小；而当母语无标记性设置，目标语有标记性设置时，母语迁移的可能性较大。错误分析研究发现学习者的错误中有 25% 左右可以归结为母语知识负迁移的结果。

差异处出现语音错误。（文秋芳 2010：18）例如英语辅音错误主要发生在汉语所没有的唇齿摩擦音［ð］上，绝大多数由［z］来替代，这一错误占到了全部辅音错误的 29%。而语音增减现象最典型的是频繁在英语辅音韵尾和连缀辅音后添加央元音［ə］。

英汉文字系统的差异也很大，二者不仅在正字法深度上有着表音还是表义的区别，而且在语音表征粒度方面也相距甚远。汉字是音节层次的大粒度低精细水平表征，而英语是音位水平和次音节水平的较高精度表征，因此识写和阅读经验会造成英汉语母语者在不同语音层次上的敏感性差异。在对中文大脑词库的形、音、义码关系进行神经语言学分析之后，杨亦鸣（1998）认为中文大脑词库在体现东西方语言大脑词库的共性的同时，也表明了由汉语特有的文字系统所造成的中文大脑词库在形义通道上一定程度上的特殊性。这种汉语心理词库的特殊加工机制向二语学习迁移，致使中国学习者多偏重依靠形义通道构建英语词库。谭（Tan *et al.*，2003）的研究表明汉语母语者英语词汇加工的脑机制和汉语显著相似，其最大激活出现在汉语加工的特定脑区左侧额中回，而关乎英语母语者形音转换的左脑后部颞顶联合区域却没有明显的激活，学习者在音位和次音节层次上不能自动地进行形音转换，英语语音合成能力欠缺。桂诗春（2005：111）也认为和学习主体汉语经验的影响分不开，十多年的中文学习习惯助长了学习者用眼睛吸入外语的倾向，注重通过单纯的视觉方式来识辨单词，而对英语表音文字语言所特有的音素、字母转换规则缺乏注意力资源。同时中国重文轻语的语文教育传统，以及汉字与英语书写形式完全不同，笔画复杂，汉字识写培养了学生过硬的图形分析和记忆本领，强化了其利用形符记忆英语单词的倾向。所有这些因素在二语学习音形建构的共时性的作用下，都使中国学习者英语心理词库形音建构问题更加严重、语音补缺现象更加普遍。

四 因应策略

虽然语音补缺不能完全避免，不过二语习得研究者必须要考虑如何有效减少语音补缺几率、挤压语音偏误空间，如何有效改善二语形音地位倒置的状况，进而缓解二语心理词库形音建构问题。

第一，培养二语语音能力。语音能力是语言学习的指标性因素。只有培养良好的目的语语音记忆和编码能力，在大脑长期记忆中形成正确语音表征，才能有效抑制补缺干扰。儿童在“语音敏感期”可以较为容易的获得外语语音，所以要充分利用这一有利条件在开始学习外语的“敏感”阶段通过模仿强化，主要采用直呼方式获得词汇发音，打下良好的语音基础，掌握基本口语词汇。在小学开设外语课的一个重要原因就是要利充分用儿童大脑母语固化程度不高、可塑性强的优势，使之学好语音。随着学习者年龄增加，理解能力增强，再利用已掌握的口语词汇分解教授语音知识，训练学习者语音意识和技能，并进行母语、外语语音对比，利用母语语音的正迁移，把握二语音素、音节、韵律特征等，正确进行词汇语音表征，完善语音库，改变其弱势地位，建构形音均衡的心理词库。

第二，加大输入、输出力度，提高语音通路下的通达频率。语言形式与意义之间的联结是或然的，会依据感知输入的频率建立或修正匹配关系。当学习者注意到语言输入中反复出现的现象时，能够据此抽绎出其概率型式。这些概率型式因反复激活而逐步强化，语言习得因此而发生。所以大脑中的语言表征究其实不过是大小不一的概率存在型式，其来源于学习者平时对语言输入频率分布特征的分析，反映的是形式——功能匹配的出现概率。而输出有提升注意和检验假设等功能，拥有持续的机会产出语言对学习者非常重要。因此输入输出的频率是语言习得的关键。所以必须加大输入、输出力度，提高词汇提取频率。长期“耳濡目染”、“应口顺手”，经常性地激活心理词库，相关感知领域的相对频率就会隐性地调整心理词项表征。另外，由于心理词库语音建构和正字法建构的程度分别取决于其感知领域内的可解性语言接触量，所以只有加大输入-输出实践中听、说比例，增加语音通路下的语言接触量，不断激活词汇听觉发生器，才能从根本上修正二语心理词库中形音倒置的地位，提高听觉词汇能力。

第三，加强词汇直接学习，优化学习、记忆方法。以频率为基础的联结主义学习理论可以较好地解释母语习得和自然环境下的二语习得，不过在缺乏真实语境的情况下，语言接触量和频率往往无法达到规模效应从而实现规则类化、假设验证等隐含式学习，因此明示教学在二语习得中有着不可替代的重要作用。直接的词汇学习可以有效提高二语词汇的接触频率，提供词汇的深层次处理，并有助于词汇的形象化和具体化。不过需要注意词汇学习中过多依赖视觉呈现的现象，当学习者语音能力薄弱时，这种学习方式的弊端尤其明显。然而由于二语心理词库建构独特性决定的学习者擅长词汇视觉表征这一事实不易改变，所以必须反思词汇教学中形音介入的时机选择，对词汇视觉输入加以有效控制。以突出语音环节，并力避多元呈现中其他感觉渠道对语音输入的压制。词汇学习应尽量遵循听觉优先，（朗）读、说、视、写跟进，即先听觉再视觉或动觉的学习原则，应该尽量做到听后试读、听后试写，在正确发音的基础上，进行充分语音加工，提高词汇的语音记忆和编码能力，然后再获取其拼写形式、意义语境等，强化音形和音义联结。同时还要改正利用母语标音，过多依赖字母拼写记忆等不利于语音正确表征的词汇学习方法。

第四，进行直拼法（Phonics）教学。直拼教学法是充分利用表音文字语言形音对应优势，让学习者通过合成方式按字母、字母组合的发音直接读写单词，并逐步内化其形音转换规则，把读音与拼写统一起来，做到“见形知音，听音知形”，因此直拼法有利于学习者建构形音表征均衡、高度一体的心理词库。直拼法在母语教学中凸显的是其在读写能力培养中的作用，而在二语教学中的重心则是要实现视觉词汇向听觉词汇的转化，培养听说能力。直拼法对于解决二语心理词库形音建构问题具有特别重要的现实意义。与此同时，直拼法还可以充分利用学习者已掌握的口语词汇，训练其语音意识和技能，进而其提高其听觉存储和提取能力。另外在外语学习的开始阶段进行直拼法教学有利于淡化字母名称音，降低其成为语音补缺来源的可能。

五 结语

二语学习中听、说和阅读在频度比例上的差距、学习者基于视觉表征的学习习惯、二语心理词库形音建构的“共时性”等致使部分学习者二语词汇缺乏相应正确的听觉形象和语音表征。而学习者又倾向于利用已有的语言经历、语言知识进行语音建构，特别是当他们的二语语音能力不足时，母语语音、二语字母音等就会依据熟悉度和可利用性介入补缺。而字形的空间性和稳定性使大脑有充足时间对其加工，加之一般表音文字的字母数量有限，容易实现自动化加工，从而正字法表征相对完善和独立。因此部分学习者的心理词库形式层面以词形联系为主，而语音则处于边缘地位，形音地位倒置，进而造成二语词汇能力的听、视差距。因此只有提高学习者的二语语音加工技能，优化词汇学习记忆方式，坚持以听为本，实现听觉、图像、文字等输入的多元化和输出的经常化，听、视、说、写互动进而保证心理词库中听觉发生器和视觉发生器长期均衡激活，才能阻止语音补缺的发生，解决心理词库形音建构问题，提高二语听说能力。当前web2.0交互网络时代的多媒体技术为实现这样的二语学习目标提供了完全的可能。

参考文献

Aitchison，J. 2003. *Words in the Mind：An Introduction to the Mental Lexicon* (3rd Edition). Oxford：Blackwell Publishers Ltd. 187—199.

Carroll，D. 2000. *Psychology of Language* (3rd Edition). Beijing：Foreign Language Teaching and Research Press & Brooks /Cole /Thomson Learning Asia. 114—117.

Field，J. 2003. Promoting perception lexical segmentation in L2 listening. *ELT Journal* 57：325—334.

Forst，R.，L. Kate & R. S. Bentin. 1987. Strategies for visual word recognition and Orthographical depth：A multilingual comparison. *Journal of Experimental Psychology：Human Perception and Performance* 13：104—114.

Goh，C. 2000. A cognitive perspective on language learners' listening comprehension problems. *System* 28：55—75.

Nation，I. S. P. 1990. *Teaching and Learning Vocabulary*. Rowley MA：Newbury House.

Tan，L. H.，J. A. Spinks，C-M. Feng，W. T. Siok，C. A. Perfetti，J. H. Xiong，P. T. Fox & J. H. Gao. 2003. Neural systems of second language reading are shaped by native language. *Human Brain Mapping* 18：158—66.

Tan，L. H，Laird，A. R.，Li，K.，& Fox，P. T. 2005. Neuroanatomical correlates of phonological processing of Chinese characters and alphabetic words：A meta-analysis. *Human Brain Mapping* 25：83—91.

Siok，W. T.，C. A. Perfetti，Z，Jin & L. H. Tan. 2004. Biological abnormality of impaired reading is constrained by culture. *Nature* 431：71—76.

Siok，W. T.，Z. Niu，Z，Jin，C. A. Perfetti & L. H. Tan. 2008. A structural-functional basis for dyslexia in the cortex of Chinese readers. *PNAS* 105：

5561—5566.

Wang, M., K. Koda & C. A. Perfetti. 2003. Alphabetic andnon—alphabeticL1 effects in English word identification: A comparison of Korean and Chinese English L2 learners. *Cognition* 87: 129—249.

Wilt, M. 1950. Miriam E. A study of teacher awareness of listening as a factor in elementary education. *Journal of Educational Research* 8: 626—636.

韩玉强:《英语学习者心理词库建构中的形音义关系与词汇学习》,《徐州师范大学学报》2012 年第 4 期, 72—76 页。

桂诗春:《新编心理语言学》, 上海外语教育出版社 2000 年版。

桂诗春:《认知与言语失误》, 参见杨惠中、桂诗春、杨达复,《基于语料库的中国学习者英语分析》, 上海外语教育出版社 2005 年版。

黄远振:《词的形态理据与词汇习得的相关性》,《外语教学与研究》2001 年第 1 期, 第 430—435 页。

刘思:《英语听力词汇量与阅读词汇量》,《外语教学与研究》1995 年第 1 期, 第 61—65 页。

孙蓝、许秋敏、赵新红:《二语词汇提取模式效应研究》,《中国外语》2006 年第 3 期, 第 45—49 页。

索绪尔:《普通语言学教程》, 商务印书馆 1980 年版。

王初明:《补缺假设与外语学习》,《外语学刊》2000 年第 1 期, 第 1—5 页。

文秋芳:《英语学习策略论》, 上海外语教育出版社 1996 年版。

杨亦鸣:《中文大脑词库形、音、义码关系的神经语言学分析》,《中国语文》1998 年第 6 期, 第 417—424 页。

【通讯地址】221116 徐州 江苏师范大学外国语学院

《费城，我来了!》中的叙事策略分析

朱荣华*

摘　要：在《费城，我来了!》中，爱尔兰剧作家布莱恩·弗里尔采取了使人物人格分裂外化和在叙述进程中巧妙使用音乐的叙事策略。人物人格分裂的外化在增强戏剧冲突效果的同时，书写了后殖民时期挣扎迷茫的爱尔兰文化。音乐在剧中则既具有推动叙述进程的形式功能，又有为帮助剧中人物疏解情绪、表达情感的主题意义。

关键词：《费城，我来了!》布莱恩·弗里尔 叙事策略

On Narrative Strategies of *Philadelphia*, *Here I Come*!**

Zhu Ronghua

Abstract: In *Philadelphia*, *Here I Come*!, Brian Friel has adopted narrative strategies including externalization of the protagonist's schizophrenia and integration of music in the narrative process. Externalization of the protagonist's schizophrenia, while enhancing the dramatic effects, is a metaphor of the confused Irish culture. On the other hand, music not only helps the development of the narrative progress but serves to express the character's feelings.

* 作者简介：朱荣华，文学博士，江苏师范大学外国语学院副教授，主要研究方向为英语语言文学。

** Author: Zhu Ronghua, Ph. D., is an associate professor at School of Foreign Studies, Jiangsu Normal University (Xuzhou 221116, China). His main research area is English language and literature.

Key words: *Philadelphia*; *Here I Come*!; Brian Friel; narrative strategies

1964 年在都柏林戏剧节亮相的《费城，我来了!》是爱尔兰剧作家布莱恩·弗里尔的成名之作。该剧不仅深受爱尔兰观众的喜爱，而且首次为弗里尔赢得海外声誉。应百老汇剧场老板大卫·梅里克的邀请，弗里尔于 1966 年携带着《费城，我来了!》来到美国，亲眼见证自己的作品连续 9 个月成为百老汇的主打剧。《费城，我来了!》主要以爱尔兰青年盖尔即将离开家乡前往美国费城谋生的心理活动为描述对象。盖尔一方面渴望到美国创造新的生活，一方面对家乡恋恋不舍。他与父亲之间难以逾越的隔膜、对生母早逝和恋人另嫁的回忆使他内心的冲突愈演愈烈，加剧了他人格的分裂。期间，他还与几位要好的朋友进行话别。在问及创作《费城，我来了!》的困难时，弗里尔认为最大的难题是如何为自己构思的内容找到合适的形式:"形式应该是内容的骨架，或者是内容的延展部门，或者应该是内容的一部分。这点对于我来说越来越重要。至于《费城，我来了!》，无论是人物塑造，还是对话，我都没有问题。如果我能为笔下的人物创设合适的情境，这些人物就活了"（Funke 58)。在此，本文拟从剧中人物人格分裂的外化和叙述进程中音乐的巧妙使用分析《费城，我来了!》的叙事策略，从中管窥弗里尔的戏剧创作艺术和他对爱尔兰人身份困境进行的思考。

一　人物人格分裂的外化

《费城，我来了!》塑造人物的一个重要特色在于对主人公盖尔进行了双角色处理，让观众在舞台上同时看见了"公开的盖尔"和"私密的盖尔"。为此，弗里尔专门使用一段文字解释为什么把盖尔分成了"公开的盖尔"和"私密的盖尔"两个角色："'公开的盖尔'和'私密的盖尔'是一个人的两种观点。'公开的盖尔'是人们可以看见、可以交谈和谈论的盖尔。'私密的盖尔'是不可见的，是人的内在心理，是意识，是另一个自我，是秘密的想法，是本我。'私密的盖尔'是精神世界，他人总是无法看见。除了'公开的盖尔'之外，没人能听见他讲话。但即使是'公开的盖尔'，虽然偶尔与'私密的盖尔'交流，也从来看不见他，从来也不看他。人无法看见另一个自我”（Friel, *Plays One* 27）。显然，弗里尔塑造盖尔时受到弗洛伊德理论的影响。另一方面，弗里尔汲取了戏剧传统中的独白和面具技巧，以揭示人物的心理状态。然而，不同于哈姆雷特似的独白，弗里尔把盖尔的心理活动角色化，使人物的心理活动游离于人物理性控制之外，为读者呈现了一个承受人格分裂痛苦的人物形象。这种创作手法既具有制造戏剧性反讽的效果，又具有布莱希特的陌生化效应，促使观众反思盖尔失去自我完整性的原因。

“私密的盖尔”与“公开的盖尔”在第一幕几乎同步登台。再过10多个小时就要离家远赴费城的盖尔兴奋地询问管家玛琪是否会想念他，同时埋怨父亲仍然像往常一样让他干活，但很快又边激动地唱着“费城，我来了!”这首歌，边回到了卧室。在这个相对封闭的空间里，“私密的盖尔”出现在了舞台。正时通过“私密的盖尔”与“公开的盖尔”之间的对话，观众逐步了解到促使盖尔决意离开爱尔兰的原因。首先，与父亲在一起的乏味生活让盖尔无法继续忍受。由于母亲早逝，对学业失去兴趣的盖尔在父亲的杂货铺里帮忙，希望有天接替父亲的生意。但他父亲平时不善于言谈，而且每天按部就班，盖尔几乎能够准确预测他的一言一行。盖尔不时地向玛琪询问当初母亲入嫁时的情景，觉得母亲一定是受骗上当才嫁给父亲的。但另一方面，盖尔渴望着父爱，他无法忘记幼时与父亲一起去钓鱼的情景。然而，无论盖尔如何提醒，父亲都想不起来，导致前者对家庭生活感到彻底地幻灭；其次，与凯特恋情的失败促使盖尔远离家乡。与生活在社会底层的盖尔不同，凯特的父亲杜甘先生是一名议员。悬殊的家庭背景使盖尔无比自卑，所以尽管在凯特的鼓励之下来到对方家里提亲，但吞吞吐吐话不成句。精明的杜甘先生看穿了盖尔的心理，暗示凯特将与名门子弟弗朗西斯·金喜结连理。懦弱的盖尔不仅没能识别杜甘先生的用心，而且觉得是凯特有意这样安排来羞辱他。在凯特与弗朗西斯·金结婚那天，恰逢盖尔的姨妈利兹从美国回来，有意收养盖尔为养子弥补他们没有子女的缺憾。盖尔冲动之下答应了利兹的请求：一是为了逃避与凯特分手的痛苦，二是希望到美国出人头地。他幻想着自己成为美国外事委员会主席，调查杜甘先生为了利益出卖自己女儿等丑闻。在离开家乡前夕，他在强迫自己忘记凯特和情不自禁地想念凯特之间痛苦挣扎。剧中盖尔人格分裂表现最为明显的一幕正是出现在凯特前来与他告别的时候。“公开的盖尔”极力表达自己对家乡巴里贝格小镇的憎恨，嘲弄凯特将像其他没有选择的人一样困死在这里，但“私密的盖尔”同时意识到这只是为了向凯特掩盖内心的虚弱而表现出来的夸张和扭曲的情绪，竭力想控制自己：

> 公开的盖尔：……我已经在这个洞穴里困得太久了。我告诉你：巴里贝格是个血腥的沼泽，一个愚昧落后的地方，一个死胡同。生活在这里的所有人迟早都会疯掉！所有人！
>
> 私密的盖尔：嘘……
>
> ……
>
> 凯特：情况没有那么糟，盖尔。
>
> 公开的盖尔：你困在这里了！你才这么说！
>
> 私密的盖尔：够了！（Friel，*Plays One* 79）

如果说人格分裂症患者的主要特征是“将引起内在心理痛苦的意识活动或记忆，从整个精神层面解离开来，以保护自己”（张晓云 94），盖尔在此试图通过挖苦自己的家乡和讥讽凯特与自己不如意的过去告别，弥补自己受到侮辱的男子汉气概。

然而，造成盖尔精神分裂的根源并不局限于他与父亲的不和及与凯特恋情的受挫，更主要是缘于爱尔兰文化身份长期遭受英国殖民统治造成的认同危机。在剧中，虽然只有盖尔的人格分裂被艺术性地展现在舞台上，但是盖尔的父亲与他的几位伙伴无不戴着人格面具。盖尔的父亲年轻时与盖尔一样对生活充满热情，但生活的重担让他变得沉默木讷。他内心对盖尔的出行充满关切，但却不知如何表达。有评论者指出，需要从一个“殖民政权尽管已经衰退，但仍然在发挥作用的社会”（Roche 43）语境理解弗里尔剧中的父亲形象。在后殖民的语境中，爱尔兰人仍然不知道如何表达自己的身份，仍然保留着对宗主国的迷恋。盖尔的三位朋友前来与他告别时，不停地夸口自己如何受到女孩们的欢迎。今天他们匆匆地与盖尔告别，因为巴里贝格来了两位英国女性，他们想前去试探机会。“公开的盖尔”鼓励他们行动，但“私密的盖尔”却在一旁激动地说：“他们是一群粗人，非常无知的粗人。你是知道这点的。不要假装吃惊；你根本就不奇怪。你很清楚他们今晚会做什么，不是吗？他们只会在旅馆的墙外瞎逛，偷偷地向窥视大厅里的英国女人，而英国女人根本不会抬头，而是继续冷漠地忙着手上的编织活。你自己多次也这样做过，伙计”（Friel, *Plays One* 77）。“私密的盖尔”此时不仅是盖尔的另一个自我，而且外化了他几个朋友内在的自我。长期的殖民统治使他们失去了文化之根，失去了创造新生活的勇气，只能徘徊在主流社会的边缘。

莫琳·霍金斯曾认为，同弗里尔其他剧作中精神分裂症患者一样，剧中盖尔的精神分裂是“几代爱尔兰人生活经历被否定的结果”（Hawkins 473）。乏味的家庭生活与失恋只是激发了盖尔心中长期以来因英国殖民统治在心中积累的对家乡的自卑和不满。《费城，我来了!》通过让剧中人物人格分裂的外化在增强戏剧冲突效果的同时，书写了后殖民时期挣扎迷茫的爱尔兰文化。

二　叙述进程中音乐的巧妙使用

在《费城，我来了!》出版不久，英国著名导演格思里爵士（Sir Tyrone Guthrie）在接受 BBC 的采访时认为该剧对主题意义的呈现方式足以证明弗里尔是一位“天生的剧作家”：“意义隐藏在剧本的‘字里行间’之中，隐藏在人物的沉默之中，隐藏在人物的思想和行为之中，而不是在人物的语言之中；不仅如此，剧中音乐所表达的意义并不输于词语表达的意义”（Friel，“Philadelphia” 41）。除了“费城，我来了!”这首不时被盖尔吟唱的歌曲之外，剧中还出现了门德尔松的小提琴协奏曲和几首爱尔兰民谣。巧妙的是，音乐在《费城，我来了!》中既具有推动叙述进程的形式功能，又有为帮助剧中人物疏解情绪、表达情感的主题意义。

《费城，我来了!》的一个重要特色在于它糅合了现代心理剧和古典三一律戏剧的双重风格。从表层叙述结构上讲，该剧叙述的故事发生在盖尔前往美国前的 10 多个小时之内，地点发生在盖尔的家中，情节服从于盖尔告别家乡时的情感。但是，由于该剧重心放在盖尔的心理波动上，故事时间的景深由于他对过去的回忆而不断拉长。这其中，音乐起了不小的催化作用。当盖尔在留声机上播放传统民谣时，“私密的盖尔”提醒“公开的盖尔”：“想想——那是凯特喜爱的曲子。你不要假装忘记了。这首曲子让你想起你俩制订各种计划的那个晚上，当时你觉得自己的心幸福地快要爆炸了”（Friel, *Plays One* 38）。在“私密的盖尔”的叨叨絮语中，“公开的盖尔”与凯特从左侧进入，缓步走上舞台。舞台上出现凯特鼓励盖尔上门求婚以及盖尔落败而回等一系列情景。音乐对叙述进程的推动作用在第二幕得到凸显和加强。这幕以“公开的盖尔”吟唱传统民谣开始，歌唱一对情侣对婚姻的憧憬。但“私下的盖尔”立刻意识到这首歌对自己的讽刺意义，连忙以一些幼稚的脑筋急转弯问题来分散自己的注意力，并开始与“公开的盖尔”畅谈美国梦和排演美国入关的情景。音乐拓展了该剧叙述的广度与深度，使该剧的故事情节摆脱了盖尔移民美国前的时间和空间限制，颠覆了传统戏剧单一情节线索的框架，使《费城，我来了!》形成一种多元故事情节镶嵌并置的叙述结构。

除引导叙述进程和增加叙述层次的丰富性之外，音乐为观众理解盖尔背井离乡前的复杂感情提供了重要线索。从上文分析已经看见，盖尔对民谣的热爱与他难以忘记凯特的情怀紧密相关。与此同时，音乐还用以表达盖尔难舍故土和渴望父爱的情感。观众发现，尽管盖尔不时唱起“费城，我来了!”这首歌，但他有时用的是标准英语，有时用的却是带有方言特征的英语。当他首次几乎全部使用方言唱这首歌时，“私下的盖尔”以审判的语气质问“公开的盖尔”是否确定要离开自己的祖国，去一个“渎神、没有宗教、崇拜粗俗的物质主义的异教徒国家”（Friel，*Plays One* 32）。盖尔的自相矛盾一方面源于爱尔兰文化对移民现象的反感，另一方面缘于他本人对家乡割不断理还乱的心理。在爱尔兰文化传统中，移民“对祖国政治和经济虽贡献良多，却不见容于偏狭的主流意识形态；卫道人士常抨击他们背诵祖国与天主教教会”（林玉珍 61）。剧中以利兹和丈夫带着朋友本·伯腾从美国回到阔别家乡后受到冷遇暗示了这一文化现象。不仅盖尔的父亲以参加凯特的婚礼为由，对这位多年未曾谋面的亲戚避而不见，而且管家玛琪也冷面相待。她拒绝与来访者照面，说话时有意凸出自己的口音，达到轻视他们的目的。除了受民族心理的影响之外，盖尔对美国的矛盾心理还缘于他对前途不太确定和对家乡充满依恋的原因。虽然利兹承诺盖尔将继续他们的丰厚遗产，但正如本·伯腾反问利兹时所说：“爱尔兰——美国——它们有区别吗?”（Friel，*Plays One* 64），美国并非人间天堂。对于家乡，盖尔虽然在他人面前极力贬低这块故土，但他内心仍然珍爱家乡的一草一木和珍藏着对家人和好友的不舍。该剧最后以盖尔在与玛琪互道晚安之后的徘徊犹豫生动地展示了盖尔面临究竟何去何从的艰难抉择：

公开的盖尔：晚安，玛琪。

玛琪：晚安。

（玛琪下。公开的盖尔和私下的盖尔看着玛琪蹒跚的脚步）

私下的盖尔：仔细地看，留意她的每一行、每一个手势、每一个细小的奇特之处：不要让照相机停下来；因为这是一卷你将反复播放的胶卷——我在家最后一晚时玛琪道晚安的情景……玛琪……（公开的盖尔和私下的盖尔走进卧室。）上帝，伙计，为什么你不得不离开？为什么？为什么？

公开的盖尔：我不知道。我—我—我不知道。（Friel，*Plays One* 99）

如果说爱尔兰民谣和方言体《费城，我来了!》分别传达了盖尔对凯特的念念不忘与浓浓的乡恋，门德尔松的《E小调小提琴协奏曲，作品64》则既体现了“盖尔从沉闷的环境中逃脱的想象，又表现了他希望在自己与父亲之间找到一种稳定和珍贵的记忆，以改变他们隔膜的关系，尽管这种希望一再受挫”（White 555）。当盖尔首次播放这首曲子时，他幻想自己是这场交响乐的指挥和小提琴独奏者，并且已经获得业内人士的高度评价。当盖尔再次播放这首舒缓浪漫的曲子时，他想起童年时与父亲划着一艘蓝色的小船在湖边钓鱼的情景。当时，父子俩有说有唱，快乐无比。盖尔希望门德尔松的曲子能唤起父亲的记忆，只可惜父亲即使在盖尔的追问之下，对这段快乐时光也毫无记忆。

爱尔兰剧作家托马斯·基尔罗1964年在观看《费城，我来了!》的首场演出时，兴奋地发现爱尔兰的戏剧传统在该剧中“重新被改造”（Kilroy 92）。独具特色的叙事策略让观众意识到，在约翰·米林顿·辛格、肖恩·奥凯西等老一辈爱尔兰著名剧作家之后，爱尔兰剧坛将迎来新的巨星。通过在剧中外化人物人格的分裂和巧妙地使用音乐，弗里尔既关注了爱尔兰民族身份的认同问题，又使该剧成为一部成功的艺术作品。

参考文献

Friel，Brian. *Plays One*. London：faber and faber，1996.

——. “Philadelphia，Here the Author Comes（1966）.” *Brian Friel in*

Conversation. Ed. Paul Delaney. Ann Arbor: The University of Michigan Press, 2000. 40—46.

Funke, Lewis. "Interview with Brian Friel (1968)." *Brian Friel in Conversation*. Ed. Paul Delaney. Ann Arbor: The University of Michigan Press, 2000. 51—71.

Hawkins, Maureen S. G.. "Schizophrenia and the Politics of Experience in Three Plays by Brian Friel." *Modern Drama* 3 (1996): 465—474.

Kilroy, Thomas. "Theatrical Text and Literary Text." *The Achievement of Brian Friel*. Ed. Alan J. Peacock. Colin Smythe: Gerrards Cross, 1993. 91—102.

林玉珍:《"明天他会很难过":"美国丧礼"与傅利耦的〈费城,我来也!〉》,《外国文学研究》2012 年第 2 期,第 60—67 页。

Lin Yuchen. " 'Tomorrow'll be Sore on him': 'The American Wake' and Brian Friel's Philadelphia, Here I Come!" Foreign Literature Studies (2) 2012: 60—67.

Roche, Anthony. "Family Affairs: Friel's Plays of the Late 1970s." *The Cambridge Companion to Brian Friel*. Ed. Anthony Roche. Cambridge: Cambridge University Press, 2006. 41—52.

White, Harry. "Brian Friel, Thomas Murphy and the Use of Music in Contemporary Irish Drama." *Modern Drama* 4 (1990): 553—562.

张晓云:《人格分裂的悲剧——论张爱玲笔下的曹七巧形象》,《浙江社会科学》2009 年第 5 期,第 94—106 页。

Zhang Xiaoyun. "Tragedy of Split Personality—Eilin's Cao Qiqiao." *Zhejiang Social Sciences* 5 (2009): 94—106.

当代美国妇女剧作家概观*

张生珍　司林榕**

摘　要：本文以当代美国妇女剧作家为研究对象，认为社会动荡和经济起落对美国戏剧文学的发展产生了重要影响。社会思潮的流变促成文学的繁荣。而文学作品中刻画的现实又促使人们对社会文化思潮进行再认识和重新认识。不同时代、不同族裔背景下妇女剧作家的艺术创作既具有惊人的一致性也形成了明显的差异。本文以时间为轴心来梳理妇女剧作家的艺术创作以及她们对文学史的贡献，并对她们的创作风格进行概括和评价。当代美国妇女剧作家的严肃思想和艺术魅力是对美国文学乃至世界文学的重要贡献。

关键词：妇女剧作家；女权主义；艺术思潮

A Survey of Contemporary American Women Playwrights***

Zhang Shengzhen　Si Linrong

Abstract: This paper argues that the upheavals in American society plays

---

* 本论文系江苏省2015年度高校研究生科研创新计划项目（KYLX15—1447）系列成果之一。

** 作者简介：张生珍，江苏师范大学外国语学院教授、博士，主要研究领域为美国文学；司林榕，江苏师范大学硕士研究生，主要研究领域为美国文学。

*** Authors: Zhang Shengzhen, Ph. D. in Literature, is professor at Jiangsu Normal University, specializing in American literature. Si Linrong is a graduate at Jiangsu Normal University, specializing in American literature.

a decisive role in the progress of American drama, which in turn propel people's reflection of contemporary society. Of which, the most prominent women playwrights have produced the most striking creative works which have contributed greatly to the American literature and world literature.

Key words: women playwrights; feminism; artistic thoughts

一 美国早期妇女戏剧史追溯

妇女戏剧的创作最早开始于古希腊公元前6世纪前后的女诗人萨福（Sappho）的创作，萨福被认为是迄今为止第一位从事戏剧创作的妇女作家。尽管萨福写作诗歌而不是严格意义上的戏剧作品，但是萨福创作目的是为公众演出服务，有些作品以合唱团的形式为妇女观众演出。萨福是最早为人们所熟悉的妇女作家之一，其作品和生活经历为后世学者、妇女演员和妇女剧作家所引证和借鉴。古希腊经典戏剧之后，直到中世纪，戏剧创作才得以发展。这一时期的创作主要是行会市民和教会创作的作品，如神秘剧和有历史记载的道德剧等。但是妇女作家在中世纪有历史记载的文献中几乎是隐身的，直到10世纪妇女才得以以人物形象的身份得到再现。这一时期重要妇女剧作家是生活并工作于德国萨克森州（Saxony），本笃会修道院院长罗斯维萨（Hrosvitha）。其剧本主要关注基督教历史和道德，有些作品再现了女修徒的生活。因此，我们从当代视角来看女修道院长的写作就是妇女把其他妇女写入文学史的实践。罗斯维萨的创作动机或许不是为了演出，但是其戏剧结构和人物塑造与后来的道德剧（morality plays）不谋而合。

自此之后妇女戏剧又进入完全的沉默时期，直到17世纪，艾芙·诺本（Aphra Behn）在舞台上展示了自己的作品，此后英国妇女剧作家才开始崭露头角。再后来，英国妇女戏剧出现空白期，只有男性剧作家以及非英国妇女作家的作品在舞台上演。18、19世纪早期，妇女戏剧基本处在被淹没的状态。直到19世纪情况才有所改观。在英美等国家，妇女剧作家以剧场作为表达其政治思想和艺术风格的舞台。由于前辈妇女们所开展的妇女解放运动的影响，妇女剧作家的创作也体现出鲜明的时代风格。这一时期的创作被称之为第一波妇女戏剧运动。这一时期的美国妇女剧作家譬如雷切尔·克罗瑟斯（Rachel Crothers）、苏珊·格拉斯佩尔（Susan Glaspell）和索菲亚·特雷得维尔（Sophie Treadwell）等已经进入经典剧作家行列。

美国妇女戏剧的发展与美国社会的发展紧密地联系在一起。美国女权主义运动正式开始于 1848 年的赛尼卡妇女权利大会（Seneca Falls Women's Rights Convention）①。伴随着女权主义运动发展，美国妇女戏剧文学也得到了发展。随着对妇女戏剧文学的研究，18、19 世纪的妇女剧作家逐渐被发现，关注的焦点是检视戏剧文学作品中的妇女形象。在 19 世纪 90 年代至 20 世纪 20 年代，美国社会、经济和政府等各个层面都在发生变化和改革的年代，妇女在各个领域逐渐发挥着重要作用。自然这一历史时期也促使美国职业妇女剧作家的产生，这一时期的妇女剧作家对后世作家产生了积极的引领作用。妇女剧作家的集体经历展示了 19 世纪末和 20 世纪初的戏剧艺术实践和她们在男性占主导的社会中所取得的成绩以及她们对美国社会的贡献。

在 19 世纪末妇女开始戏剧艺术实践，并参与世界变革。这得力于第一波妇女运动的影响。妇女作家，最为知名的包括雷切尔·克罗瑟斯（Rachel Crothers）等都旨在取得商业演出的成功。许多妇女作家在为小剧场运动的蓬勃发展而写作。爱丽丝·哥斯腾伯格（Alice Gerstenberg）和苏珊·格拉斯佩尔（Susan Glaspell）等的创作探索了妇女的个人生活和心灵创伤。在 1910 至 1940 年间，黑人妇女剧作家创作了关于非裔美国生活的剧本，并在社区剧场、教堂以及其他黑人聚集地演出。

---

① 纽约塞尼卡福尔斯女权大会是美国历史上第一届女性权利大会。此次会议在废奴运动的积极参加者、被后人称为“女权运动之母”的莫特（Lucretia Coffin Mott）、斯坦顿（Elizabeth Cady Standon）和安东尼（Susan B. Anthony）的组织下于 1848 年 7 月 19 日，在纽约州塞尼卡·福尔斯村的韦斯利安卫理公会教堂召开。会议发表了由斯坦顿起草的《陈情宣言》（又译作《苦情宣言》）（Declaration of Sentiments）这是美国妇女运动的第一个纲领性文件。它仿照《独立宣言》的形式，宣称“男女生而平等，人类的历史是男性对女性不断伤害和僭越的历史，其直接目的是建立男人对女人的直接专政。”宣言列举了女性不平等的证据，另外还提出了女权运动的几个目标如妇女和男人平等的受教育权，妇女能进入男人所在的公共领域，妇女的选举权等。历史学家认为这次大会的召开标志着美国女权运动的正式开始。

二　两次世界大战期间的艺术成就

20 世纪 20 年代妇女剧作家在商业演出领域获取了更大的成功。百老汇的商业主流戏剧创作和演出影响到包括梅·韦斯特（Mae West）、索菲亚·特雷得维尔（Sophie Treadwell）、佐伊·爱金丝（Zoe Akins）、佐纳·盖尔（Zona Gale）等在内的妇女剧作家。佐纳·盖尔于 1921 年成为首位获得普利策奖的妇女剧作家。

这一时期的杰出代表剧作家苏珊·格拉斯佩尔（Susan Glaspell，1876—1948）不仅经历了欧洲现代主义兴起的时期，也是经历了现代主义在美国的发展时期。她的传记成为时代的缩影，再现了个人生活和事业追求之间的紧张关系。此时的美国超越了维多利亚时期对妇女角色和身份的限定。妇女拒绝意识形态的划分，并由此导致了家庭、社会和政治领域的变革。对妇女问题的关注构成了格拉斯佩尔剧本的核心内容，其剧本也体现了妇女对美国社会和经济上的不平等地位的反抗。格拉斯佩尔支持女权运动，强调妇女的经济独立和保持差异性的重要性。作品妇女渴望挣脱男性中心的桎梏并逃离金钱主导的价值观念以及她们对男性的依赖和自我怀疑等。

格拉斯佩尔的另一主要贡献是普林温斯顿剧团（Provincetown Players）[①] 的成立，这一重要的组织能发展下去主要依赖格拉斯佩尔的努力。毫无疑问格拉斯佩尔比同时代的许多人付出得更多。格拉斯佩尔远非是戏剧史上的脚注。她创作的部分剧本跻身于美国文学史最富有原创性的作品行列。其作品《艾莉森的房子》（*Alison's House*）获得普利策奖是对她戏剧创作的肯定，也是对她富有创造力和不平凡人生的认可。

---

① 普林温斯顿剧团（Provincetown Players）始建于 1915 年，位于美国麻萨诸塞州科德角的普林斯顿，在美国妇女剧作家苏珊·格拉斯佩尔与奥尼尔、库克共同努力下创建而成。他们鼓励新兴和实验性的戏剧创作。1916 年，普林温斯顿剧团上演的第一部作品——尤金·奥尼尔的《东航加的夫》。1916 年，该剧团迁移到了纽约地格林威治村，在那里剧团又先后上映了尤金·奥尼尔、埃德娜·文森特·默蕾（Edna St. Vincent Millay）、威廉·卡洛斯·威廉斯（William Carlos Williams）、埃德蒙德·威尔逊（Edmund Wilson）和几十个其他剧作家的作品。虽然由于 1929 年美国股市崩盘，普林温斯顿剧团也不幸解散，然而普林温斯顿剧场从 1929 年至今一直在间歇性地上演戏剧作品。

20 世纪 30 年代后的美国剧坛继承了开始于 19 世纪 60 年代欧洲现代主义创作。现代主义在 19 世纪 90 年代，尤其是一战后对美国产生了深远的影响。一战后的国际形势对美国社会各个方面都产生了重要影响，尤其以经济萧条的影响最为严重。19 世纪后半期兴起的现代主义使得美国剧作家远离浪漫主义戏剧、感伤主义戏剧和情节剧，开始创作以易卜生、契诃夫、萧伯纳等为传统的严肃戏剧创作。美国的严肃戏剧创作源于自尤金·奥尼尔。奥尼尔的艺术成就激励着美国剧作家以现实主义手法创作严肃主题的作品。

20 世纪 30 年代的许多剧作反映了个人和社会对经济大萧条的抗争，而随着欧洲法西斯主义和纳粹分子日渐嚣张，人们与日俱增地关注战争阴云。这一时期的剧作在关注经济大萧条的同时也让公众面对困惑。因此这一时期的剧做出现逃避主义倾向。自 20 世纪 30 年代起现实主义创作进入了繁荣时期。20 世纪 30 年代戏剧文学的发展与世界经济和政治形式密切相关。20 世纪 30 年代的戏剧文学更多地刻画他人而不是个人欲望。这一时期的戏剧再现了变动中的世界，因为剧作家包含感情地演绎了当时的美国社会和美国文化。

出身富裕家庭的剧作家克莱尔·布斯·卢斯（Clare Booth Luce）成为这一时期妇女运动的领军人物。来自共和党的卢斯先成为大使，后来又变成了影视人物。卢斯的智慧和敏锐的表达在其个人访谈和剧作中都得到充分地体现。卢斯最知名的作品是《妇女》（*The Women*，1936）。该剧讲述了 20 世纪 30 年代发生在纽约上州关于通奸的故事。卢斯探讨了金钱、美甲师、按摩师、妇女时装设计师、里诺的离婚案以及妇女之间的争斗等，旨在批判美国社会中的某些阶层，讽刺美国的富人阶层。该剧对妇女真实情况的刻画为女权运动做出了重要贡献。卢斯敢于在艺术风格和剧本主题方面进行尝试，但是她 20 世纪 30 年代的作品却被人们误解和忽视。20 世纪 30 年代以后，卢斯转向政治领域。

另一位重要作家佐伊·艾金斯（Zoe Akins，1886—1958）也取得了令人瞩目的成绩。艾金斯的作品《希腊人有话语权》（*The Greeks Had a Word For It*，1929）得到了观众的广泛认可。艾金斯 1935 年以伊迪丝·华顿（Edith Wharton）的同名作品《老处女》（*The Old Maid*）改编而成的剧本获得当年的普利策奖。艾金斯以其智慧在纽约和好莱坞获得了极大的成功。她塑造的人物在舞台和银屏上获得新生。她的成功反映了人们渴望逃离艰辛生活的强烈愿望。人们渴望躲到剧作家浓墨重彩的情节剧之中，而不是去面对残酷的社会现实。其笔下人物经历的苦难比大萧条背景下人们的实际经历更为令人震惊。艾金斯代表了20世纪30年代有抱负、坚定而自信的新女性形象。

这一时期最有影响力的作家丽莲·海尔曼的戏剧文学创作就是对这一历史时期社会现实和文化思潮的再现。其作品是对20世纪30年代以后美国社会现实的认识和创造性再现。海尔曼作品所包含的深重的历史感和使命感，其对后世妇女作家的引领作用、对妇女戏剧文学的贡献成为学界研究的主要内容。

美国戏剧从20世纪40年代开始有了新起色。美国剧坛出现的新事件就是尤金·奥尼尔的复出。美国国内外发生的重大事件促使人们逐渐寻求认可，并进行批判性地回顾和反思。20世纪50年代是美国社会急剧变化的时代。与此同时，美国梦在人们的心目中日益萎缩、变味。这个时期的美国戏剧完全由百老汇垄断。

美国经济的萧条时期、第二次世界大战，以及对共产主义运动的冷战等社会变革导致20世纪妇女创作女权主义作品的社会土壤逐渐消逝。戏剧创作的活力也渐趋微弱。妇女的声音在逐渐减弱。但是此后，妇女再次让世界听见她们的声音。美国戏剧在艺术、社会和政治等领域的影响之下，形成自己独特的风格，其中妇女剧作家的贡献功不可没。美国剧作家从欧洲作家身上吸取创作形式和内容。创作新颖、轻视商业利益的作家迅速地反应并支持和帮助其他作家。此时的领军人物有梅根·特里（Megan Terry）、艾德里安娜·肯尼迪（Adrienne Kennedy）和玛丽亚·艾琳·福尼斯（Maria Irene Fornes）等。到20世纪60年代，剧场和妇女创作都面临着重大变革。

三 第二次世界大战后戏剧艺术的发展

20世纪60年代在美国是个政治大动荡的时期。民权运动、反对政府介入越南战争的斗争、黑人争取平等权利、反对种族和性别歧视的斗争等迫使作家要面对严峻的社会现实，从多角度看问题。随着实验性戏剧的盛行，这一时期的新形式迭出。20世纪60年代的文化和政治行为成为美国文化的重要组成部分，在很大程度上政治冲突成为常态。

20世纪美国早期妇女剧作家如佐纳·盖尔（Zona Gale）、雷切尔·克罗瑟斯（Rachel Crothers）、苏珊·格莱斯佩尔（Susan Glaspell）、佐伊·艾金斯（Zoe Akins）、露露·沃尔默（Lulu Vollmer）、爱德娜·福伯（Edna Ferber）、莉莲·海尔曼（Lillian Hellman）、卡森·麦卡勒斯（Carson McCullers）和洛兰·汉丝贝丽（Lorraine Hansberry）在她们的年代对美国戏剧做出了极大的贡献，但是直到20世纪60和70年代的女权运动以后她们的贡献才得以出现在美国戏剧舞台上。

20世纪60年代以来妇女剧作家的创作呈现出多元化趋势，剧作表演风格各异，并且在艺术和政治的方面具有较宽阔的视阈，这也正是黑人女性主义戏剧的主要特征。她们对主流文化范式的批评、影响和改变以及她们的艺术实践都对美国戏剧文学做出了重要贡献。妇女剧作家艾丽斯·奇尔德雷斯（Alice Childress，1920—），洛兰·汉丝贝丽（Lorraine Hansberry）和艾德里安娜·肯尼迪（Adrienne Kennedy，1931—）的作品运用丰富的表现形式来进行艺术创作。奇尔德雷斯运用现实主义手法来揭示非裔妇女意识，而肯尼迪用超现实主义和表现主义来进行艺术表现。评论家把肯尼迪和欧洲荒诞派作家联系起来，因为肯尼迪的剧本充满象征和重复性的语言等特征。肯尼迪借用历史人物形象并以此来营造剧本梦幻般的效果。20世纪60年代之后那些处在社会边缘、被剥夺了权利、被社会抛弃和遗忘的人群开始向社会中心移动。汉丝贝丽的《阳光下的一粒葡萄干》（1959）不仅获得了纽约剧评奖，也是一段时间内上演率最高的黑人作家的作品，其主要演员也由黑人承担。该剧的成功标志着美国戏剧史崭新的一页。

这一历史时期产生重要影响的剧作家梅根·特里（Megan Terry，1932—）于1983年被授予戏剧家协会年度奖，作为“对她这位有良知而又引起争议作家的作品和她对戏剧做出的多种永恒意义的贡献的认可。”① 始终关注妇女问题的特里是美国女权主义戏剧运动的领衔人物。她对女权主义戏剧的阐释思路非常宽阔，认为任何能给妇女信心，展示妇女自我并有助于分析出是正面还是反面形象的作品都是有益的。特里坚持不懈地通过戏剧创作探讨妇女面临的种种问题，抨击性别歧视，肯定女性的力量，

① Kolin, Philip C. *American Drama Since*, 1945. New York: Greenwood Press, 1989, p. 448.

坚定她们的信心，影响和哺育了不少美国女剧作家。

特里1964年写成的剧本《温室》（*Hothouse*）用现实主义手法探讨妇女问题。剧作以1955年西雅图附近的一个渔村为背景，生动地展示了妇女生活的世界。剧中主要人物都是女性，揭示了一个美国家庭三代女性在一个小房子里走过的人生历程。剧本流露出剧作家对不幸妇女人物的深切同情。《温室》依赖现实主义的细节描写和语言对话的力量，创造了一种有明显女性特色的生活氛围，即妇女生活的环境世界。剧中人物语言风格跟荒诞剧的开拓者塞缪尔·贝克特戏剧作品中的语言风格有些相似，动作性强，即只有通过表演才能让观众理解语言的潜在含义，靠语言的力量推动人物与人物之间关系的变化，借以推动剧情的发展。

开放剧院[①]倡导即兴演出，根据这种即兴演出的理论，人物、性别、年龄、阶级等都不是固定不变的，视剧情需要进行瞬间转换，这种模式给演员提供了一个能够充分发挥自己艺术才能的舞台场所。梅根·特里是在运用角色转换手段来“建构”自己的戏剧。富有开拓精神的特里大胆地进行戏剧试验，经常运用“转换”技巧来探讨妇女的人生历程，这也形成了特里自己的特色，即开创了“转换剧”的先河。

作为在舞台讲述故事的可选技巧，“转换剧”与传统的戏剧模式不同，转换剧不是以剧情发展作为心理发展和固定的现实表现为固定模式，而是以意象为主导，表现即兴的现实世界，可以把三维心理人物形象转换成为抽象的器官意象，譬如成为机器或者不为人所知的生灵的一部分。人物形象甚至会变成历史性的人物或动物意象。人们意识的不断转换目的在于揭示人们在特定历史时刻所不得不面对的人类生命经历的多元性和复杂性。

特里女权戏剧批评的首部重要作品《让母亲镇定下来》（*Calm Down Mother*）体现了开放剧院早期特里和约瑟夫·蔡金（Joseph Chaikin）采用

---

① 开放剧院，在外外百老汇戏剧中，开放剧院起着十分重要的作用。这个剧院成立于1963年，它最初由17个演员和4个剧作家组成。开放剧院的成员由演员、舞蹈设计师、画家和剧作家组成。他们从音乐、电影、雕塑等其他艺术中借用表现手法，并公然与文学提出挑战，强调将重点从戏剧文学转向舞台表演。在创作实践中，开放剧院成功地运用了转换（transformation）的表演手法。开放剧院强调声音和动作，然后在此基础上慢慢成行，创造出有力的意象。戏剧不单要通过语言，而且更要通过人的形体动作和声音来表达思想，形象大于语言，剧场性大于文学性，这是他们所追求的目标。

的即席手法。转换戏剧不仅更加睿智地抽象了在心理分析层面人格或身份的碎片化，而且有助于人们来表现自己所期待的身份角色。《让母亲镇定下来》中刻画的各式各样的人物就是这一技巧的浓缩。

《让母亲镇定下来》于1965年由开放剧院上演。它被赞誉为“第一部真正的美国女权主义剧作”，该著旨在写母女关系问题。剧作家让演员在不同的场景中扮演不同的角色，即演员不停地从一个角色转换成另一个角色，其目的是为了表明剧中人物不是“玩物”，而是一种“活思想”的体现，让观众看到演员的体形、声音和角色不断发生着的变化，并感知人物内心的复杂性。特里的另一典型的女权主义剧作《来来去去》（*Comings and Goings*，1966）由两位妇女演员（也可用两个男演员）来扮演，以此来探讨性别角色的重要性及其两性关系问题。剧作家在此剧中不是肯定或否定当代社会中的社会角色和性别角色的作用，而是通过角色转换来解释现代人之间思想感情难于沟通的现状。

梅根·特里不仅重视戏剧技巧的创新，而且也重视戏剧创作的思想内容。特里在关注妇女问题的同时，也关注其他社会问题，譬如政治、战争等方面的问题。《越南岩》（*Viet Rock：A Folk War Movie*）是她的一部力作。该剧于1966年5月25日在纽约市拉妈妈咖啡馆①由开放剧院剧团首演。这是第一部关于越南战争的戏，也是第一部摇滚乐音乐剧。剧本的主题十分明确，即抗议和揶揄美国政府介入越南战争的不人道和愚蠢行为，抨击了战争和某些人对战争持有的错误的价值观念，严正地指出了战争给

① 拉妈妈咖啡馆，20世纪60年代后，美国纽约原与百老汇商业戏剧相对抗的外百老汇戏剧也渐趋商业化，演出费用不断上涨，于是一些新剧作家便另辟蹊径，在格林威治村的咖啡馆、酒吧、顶楼、地下室或教堂以更低的成本演出各种更为新颖的实验剧，由此产生了外外百老汇运动。这项运动的主要创始人之一是爱伦·斯图尔特。她是一位黑人妇女，原是服装设计师，1962年同剧作家保罗·福斯特合作，在曼哈顿东区第九街租了一处地下室，内设25个座位，上演新剧作家的戏剧。次年，她在第二大道开设了一家拉妈妈咖啡馆内设74个座位，1965年上演的莫瑞·希斯格尔的《打字员》和1966年上演的L. 威尔逊的《爱尔德里奇的白霜》获得公众的好评。1966年，剧作家汤姆·奥霍根率领拉妈妈咖啡馆演员赴欧洲轮回演出，取得很大的成功，被誉为“新美国戏剧”并由此而获得国际声誉。斯图尔特在这段期间发现和培养了一大批新剧作家，1970年，拉妈妈咖啡馆改名为拉妈妈实验戏剧俱乐部，移至东区第四街一座新整修的大楼，内设两座剧场，由此成为一个世界性组织。美国《绅士》杂志把爱伦·斯图尔特列为世界最重要的百名妇女之一，她也被称为“外外百老汇之母”。爱伦·斯图尔特的实验戏剧俱乐部至今仍是美国一些希望在创作、导表演、舞美设计方面试行创新的戏剧艺术家向往的圣地。

普通人带来的只有苦难和无意义的死亡。剧作家娴熟地运用了即兴演出和角色自由转换技巧。作者运用即兴演出、角色转换和电影手法等成功地塑造了战争抗议者群体形象。

梅根·特里对评论界称她为“女权主义剧作家”颇有不满情绪，争辩道：“我不想被看作只为妇女写作，我是为全人类写作！我感到对过去、现在和将来都负有责任。”①特里的戏剧创作涉及的社会面相当广，但重点还是放在了对女性问题的关注上。《让母亲镇定下来》、《温室》和《来来走走》等是她早期女权主义戏剧创作的一个高峰。《狱中的姑娘：一部关于女子监狱生活的文献音乐幻想曲》（*Babes in the Bighouse*：*A Documentary Musical Fantasy About Life inside a Woman's Prison*，1979）是她最为成功的剧作之一。梅根·特里坚持不懈地通过戏剧创作探讨女性受到不公正对待的问题。特里是勇于开拓、风格多样的剧作家，她创作的戏剧多从妇女角度来探讨严肃的社会问题。特里是美国女权主义戏剧的代表人物，也是当今美国戏剧史上占有重要地位的剧作家，其作品体现出的政治意识比较晦涩也体现出一种虔诚的精神气质。

到了20世纪70年代受到第二波女权主义运动的影响，妇女剧作家著述颇丰，创作主题新颖而富有震撼力。妇女运动促使她们从女性群体中寻求力量和支持，也促使妇女去发现全新的自我和艺术创作源泉。在20世纪70年代，经历长期的沉默和隔离后，走到一起的妇女作家发掘自我意识，并彰显政治意识。这一切成就了妇女剧作家的艺术创作。妇女作家讲述自己的故事，并且也拥有自己的舞台和观众。到20世纪80年代，有些妇女剧作家开始为成立于20年之前的非营利职业剧团写作。有些妇女作家甚至进入由男性主导的商业创作领域。

从20世纪70年代中期开始，美国的社会动荡有所缓和，作家开始冷静下来，以更务实的心态看待世界，思考问题，即开始重视现实主义手法，写严肃主题。在现实主义戏剧创作中，“回头写实”成了一种新趋势。这一时期妇女戏剧的发展与女权主义运动密不可分。女权主义运动的宗旨之一就是妇女之间形成集体性的互助关系。妇女需要彼此扶持，共同培育自信，努力在社会中找准自己的位置。由美国全国妇女组织引领的开

---

① Betsko，K. and Koeing，R. *Interviews with Contempoary Women Playwrights*. New York：BeechTree，1987，p. 488.

始于20世纪70年代，持续到20世纪80年代的女权运动为争取平等权利修正案的通过所做的努力，激发了妇女作家探索女性身体的自主权以及性别不平等问题。而女性摆脱了对对立面的依赖之后向内在的转化，即是对身份的寻找。妇女剧作家对妇女问题的关注更加强烈。她们的创作以妇女为主体，探讨妇女所遭遇的性别压迫和歧视，诉说身份危机和身份认同的寻找。妇女剧作家的创作集中反映妇女所共同面临的问题。不仅如此，妇女剧作家探讨了妇女戏剧如何和妇女运动结合在一起，以及妇女戏剧如何划定自己的版图并寻求新的表现方式。妇女剧作家和同时代的其他剧作家一样具有共同的愤怒感，但是她们用不同的方式来表达自己的感情。

受到女权主义运动的鼓舞，并且参与到该运动之中的出色代表非裔美国剧作家恩托扎克·香格（Ntozake Shange）的剧本《彩虹艳尽半边天》（*For Colored Girls Who Have Considered Suicide/ When the Rainbow Is Enuf*）再现和反思了20世纪60年代的民权运动。贝思·亨利的《芳心之罪》（*Crimes of the Heart*，1977）、玛莎·诺曼的《晚安，母亲》（*'Night Mother*，1983）、蒂娜·豪（Tina Howe）的《绘画教会》（*Painting Churches*，1983）和温迪·温瑟斯坦（Wendy Wasserstein）的《海地编年史》（*The Heidi Chronicles*，1988）以及《罗森斯维格姐妹》（*The Sisters Rosensweig*，1992）等都是这一时期的典型代表作品。"在这些妇女作家的笔下，无论是妇女叙述的故事、塑造的背景、使用的栩栩如生的语言等都体现了妇女中心的世界。她们的剧本赞美女性的主体性地位而不被看作客体；妇女能够主宰自己的命运。许多剧本中妇女的自我探索经常以家庭生活为背景，她们寻找自我形象重塑并再现她们的本质身份，表达她们的身体和自我欲求。"①

20世纪七八十年代另一重要现象是妇女戏剧团体和妇女实验剧院的产生和发展。这些妇女戏剧团体和妇女实验剧院通过戏剧宣传提高妇女自我解放的意识，并通过剧院表达她们对生活的认识以及她们的希望、情感和梦想。她们用戏剧的形式把深埋在心中的东西展现在观众面前，也通过戏剧来认识自我，确立自己的价值。她们把妇女作为生活的中心、力图用新的手法和形式创造妇女自己的文化，并号召妇女把自己看作社会的中

① Mattew Roudane. *Amercian Drama Since*, 1960: *A Critical History*. New York: Twayne Publishers, 1996, p. 113.

心。女权主义运动为妇女剧作家提供了舞台，促进了妇女剧作家的创作，同时也反作用于女权运动的发展。妇女剧作家把时代、社会、文化精神等通过作品展示在观众面前。她们通过戏剧宣传提高妇女自我解放的意识，并通过剧院表达她们对生活的认识以及她们的希望、情感和梦想。她们用戏剧的形式把深埋在心中的东西展现在观众面前，也通过戏剧来认识自我，确立自己的价值。她们把妇女作为生活的中心、力图用新的手法和形式创造妇女自己的文化，并号召妇女把自己看作社会的中心。妇女剧作家把时代、社会和文化精神等通过作品展示在观众面前。

女性主义戏剧团体的产生促使了女性主义戏剧的迅速发展。这些由女性写作或关于女性的女性主义戏剧展现了妇女的身份危机以及她们如何应对困境并解决问题。女性主义戏剧的发展促使女权主义者认为戏剧为她们描述自己的情况提供了有力的帮助。反过来，这又进一步推动了女性主义戏剧的发展。“20 世纪所有的文化思潮和社会运动中女性主义与时俱进，一方面广纳博采、批判性地吸纳所有女性不平等地位与非正义待遇斗争的理论思想，不断地总结女性主义运动的实践经验，另一方面又因其对既成的文化和社会制度的广泛质疑、挑战和修正，从而在社会的各个层面产生了持久而深刻的影响。女性主义戏剧理论作为女性主义的重要组成部分和西方戏剧理论流派之一，虽然历史较短，但在戏剧理论和实践上发挥的重要作用和产生的广泛影响已为世人所瞩目和认可。始于 20 世纪 70 年代初西方妇女运动和实验戏剧的女性主义戏剧理论是对戏剧文本和演出进行批评的理论实践。”① 女性主义戏剧光彩博纳，并愈发呈现出多元性和含糊性的特点。

四 最新发展趋势和动态

20 世纪 70 年代中期至 20 世纪 80 年代初，女性主义戏剧研究除继续考察检讨西方戏剧史上的经典之作以及这些剧作之中的妇女角色等问题，女性主义戏剧批评的重心焦点转向了妇女剧作家。

进入 20 世纪 90 年代以来妇女剧作家的艺术创作越发成熟，并且呈现

① 周宁：《西方戏剧理论史》（下），厦门大学出版社 2008 年版，第 1275 页。

出多元化趋向。妇女剧作家既探讨性别问题的界定、性别和权力的关系、妇女平等、妇女用语和妇女经验，赋予妇女作家在父权社会和性别社会中的权力、对男性剧本中刻画的扭曲的妇女形象进行反击和纠正，同时妇女剧作家致力于用现实主义和独具特色的实验性创作手法对当代社会问题进行刻画和再现。

可以看到当代美国妇女戏剧总的趋势是向传统靠拢。剧作家更加贴近现实，注重表现人与当今社会的关系，关注诸如人类在发达社会的地位、种族关系、性别对抗等现实社会所面临的问题。当代美国妇女作家既写表现强烈女性意识的作品，也写具有重大社会与现实意义的作品，她们多从妇女立场出发，将视角投向婚姻、家庭、爱情和母女关系等方面。妇女作家多采用现实主义手法，但也进行多层面的艺术创新。

当代美国妇女剧作家掌握和顺应戏剧所固有的传统程式，以期获得接受和认可。她们有意识地以女性视角观察社会，关注女性生活和家庭关系，剧中的主要人物也多为女性。妇女剧作家的创作逐渐从边缘走向中心，发出自己的声音。尽管评论家科恩认为就作品的“深度和广度”而言，“妇女剧作家都不及同时代的雷勃（Rabe）、山姆·谢泼德（Sam Shepard，1943—）、戴维·马梅特（Mamet，1947—）等男性作家”[①]。不过，当代妇女剧作家积极探索和拓宽自己的艺术道路，呈向上发展的趋势。

值得一提的是美国妇女剧作家在不同时期的作品中塑造了不同类型的人物，她们各有独特的艺术风采。作为美国历史最悠久、影响力最大的奖项普利策奖自1917年设奖至今获奖的妇女剧作家数量稀少。在某种意义上，获奖妇女剧作家和她们的作品代表着妇女戏剧文学的主要成就。20世纪最终以普利策奖的第一个“首次”划上句点——妇女作家连续两年摘得“普利策戏剧奖”的桂冠：先是1998年保拉·沃格尔（Paula Vogel）凭借《我如何学会驾车》（*How I Learned to Drive*，1998）获奖，接着1999年玛格丽特·埃德森（Margaret Edson）又凭其《风趣》（*Wit*，1999）赢得这一奖项。两位剧作家都运用幽默的手法把原本十分恼人的主题变得令人乐于接受，甚至颇具娱乐性。沃格尔的剧作主要以恋童癖为主题；而埃

① Ruby Cohn. *New American Dramatists*, 1960—1990. London: the MacMillan Press Ltd., 1991, p. 58.

德森的作品则描绘了被卵巢癌击败的女人的故事。21 世纪之初的杰出妇女作家苏珊·洛瑞·帕克斯（Susan-Lori Parks）以《胜利者/失败者》（*Topdog/Underdog*，2002）获得普利策奖。当代妇女剧作家的创作已经被认可并逐渐成为进入经典的行列。

20 世纪美国社会动荡和经济起落对美国戏剧文学的发展产生了重要影响。社会思潮的流变促成文学的繁荣。而文学作品中刻画的现实又促使人们对社会文化思潮进行再认识和重新认识。不同时代、不同族裔背景下妇女剧作家的艺术创作既具有惊人的一致性也形成了明显的差异。本研究力图体现出美国当代妇女戏剧家的代表性和多样性。不同历史时期、不同种族、性取向有差异的妇女剧作家的艺术创作既是社会发展和历史变迁的产物，也是对社会历史语境的再现。她们创作的经久魅力和严肃思想是对美国文学乃至世界文学的重要贡献。本研究旨在对美国妇女戏剧文学进行较深入地解读和评价，并发掘她们对美国文学和世界文学的贡献。

参考文献

Betsko, K. and Koeing, R. *Interviews with Contempoary Women Playwrights*. New York: BeechTree, 1987.

Cohn, Ruby. *New American Dramatists*, 1960—1990. London: the MacMillan Press Ltd., 1991.

Kolin, Philip C. *American Drama Since* 1945. New York: Greenwood Press, 1989.

Roudane, Mattew. *Amercian Drama Since* 1960: *A Critical History*. New York: Twayne Publishers, 1996.

郭继德：《当代美国戏剧发展趋势》，山东大学出版社 2009 年版。

张生珍、金莉：《当代美国戏剧中的家庭伦理关系研究》，载《外国文学》2011 年第 5 期。

周宁：《西方戏剧理论史》（下），厦门大学出版社 2008 年版。

基于语料库的当代散文翻译规范研究*

张继光**

摘　要： 文章通过分析自建的当代散文英汉平行语料库和当代汉语原创散文语料库及 LCMC，探讨当代散文翻译规范。研究发现：在具体词语使用上，译者采取的操作规范主要体现的是传统化期待规范趋向，在句子、段落、篇章等结构形式上，译者采取的操作规范主要体现的是陌生化期待规范趋向。另外，研究还发现译文的确是“第三符码”，拥有自己的独特特征。同时，还发现，当代散文翻译的主要翻译单位是句子。

关键词： 语料库翻译研究；翻译规范；散文；翻译单位；第三符码

A Corpus-based Study on the Norms Governing Contemporary Prose translation

Zhang Jiguang

Abstract: By analyzing a self-built parallel corpus consisting of 50 contemporary English-Chinese prose, a comparable corpus composed of 50 contemporary Chinese original prose and LCMC, the paper tries to explore

---

* 本研究获得教育部人文社会科学研究基金项目“基于语料库的当代英语散文汉译文本研究”（12YJC740137）和江苏省省高校哲学社会科学研究基金项目“基于语料库的当代英语散文汉译研究”（2011SJD740024）的资助。

** 简介：张继光，北京师范大学博士生，江苏师范大学讲师。主要研究领域为语料库翻译学。

the norms governing the contemporary prose translation. The research finds that: in the usage of specific words, the operational norms the translators adopt indicate a trend toward conventional expectation norm, while in the structure of sentences, paragraphs and textual arrangement, they indicate a trend towards foreignness expectation norm. Besides, the research also finds that translation is indeed a "third code", which has its distinctive features. What's more, the paper finds the basic unit of translation is sentence.

Key words: corpus-based translation study, translation norms, prose, translation unit, the third code.

一 引言

从20世纪50年代以来，西方翻译研究的范式逐渐发生转变，由传统的规定性研究转向描述性研究。这种转变的最突出表现是90年代末由语言学派诞生的语料库翻译研究方法和几乎同时产生的文化学派所主张的描述翻译学。传统的规定性翻译研究侧重于文本的对照，强调译文与原文的“等值”，是以原文为取向的研究，而描述性翻译研究“突破了单纯文本构成的封闭空间，将翻译视为一种历史和文化行为，在目的语社会文化这个大环境中研究翻译、考察翻译与译入语文化的互动关系”（韩子满、刘芳 2005：111）。它是目的语取向，客观地描述实际发生的翻译现象。描述性翻译研究和语料库研究都是采取自下而上、描写性的研究方法，这使得二者能有机地结合在一起。学派之间的借鉴和融合是当代翻译学独立发展的必然趋势，语言学派的语料库研究和文化学派的描述性研究融合在一起形成的语料库翻译学已成为翻译研究的新范式（王克非，2006）。语料库翻译学通常都称为“基于语料库的翻译研究”。语料库语言学的工具和方法为描述翻译学提供了实证的基础，而描述翻译学可以为语料库语言学提供研究的对象和理论框架。本文就将用语料库的方法来研究当代散文翻译规范，属于语料库翻译研究。文章将借助语料库对当代散文翻译语言的特征进行系统研究，继而发现制约译者们决策的翻译规范。同时，还要通过实证性研究，去回答以下问题：翻译语言是否是一种“第三符码”？在具体翻译过程中，当代译者主要是以什么为翻译单位的？

二　翻译规范及相关研究

翻译规范是描述翻译学的重要概念，国外的图里（Toury，1995），切斯特曼（Chesterman，1997），赫曼斯（Hermans，1999）等人对此进行了深入的研究。Toury 认为翻译是一种社会行为，翻译规范是内在化了的规则，体现某一社会共享的价值观念对行为的制约，翻译规范是"译者在特定的时间、在特定的社会文化环境下所做出的有规律性和习惯性的选择"（廖七一 2001：314）。Toury 对翻译规范的研究方法做出了非常重要的贡献。他提出，规范无法直接观察到，因为它们已经内化为译者的行为模式，但是我们能够观察到在一定规范制约下的翻译行为和产品的某些规律。翻译规范的存在使特定时期的翻译文本总体呈现某些规律性和倾向性的语言特征。这种特征只能通过对大量翻译文本的分析来加以识别。通过研究这些规律，我们可以重构翻译规范。Toury 在区分翻译行为（translation act）和翻译事件（translation event）时指出，从译文语言特征就可以推测出译者遵守的操作规范，进而反映出对译者行为进行制约的社会文化情景因素（Chesterman，2007：93）。

贝克（Baker，1993）等人在用语料库研究翻译中发现译文具有一些"翻译普遍性"特征，即"在译文中而非原文中展现的典型特征，这种特征不是特定语言系统相互作用的结果"。也就是说，译文具有自己固有的特征，被视为与原文或目的语原创文本不一样的"第三符码"（Cowie，1997）、第三种状态（杨晓荣）或韩子满（2005）、孙会军（2005）等人提出的杂合语。这些研究者的成果都表明译文拥有自己的独特语言特征，因此也就有了研究的意义和价值。

Toury 把翻译规范分为三类：初始规范，初步规范以及操作规范。Chesterman，诺德（Nord）等人又提出了期待规范、专业规范、组成规范等等。这些规范有些涉及内容基本相同，只不过名称不一致。胡显耀（2006）在把握它们的本质内容的基础上，把这些学者的不同规范归纳为两种规范：外部规范和内部规范。外部规范包括期待规范和选择规范，指读者和社会机构制定的翻译政策和对翻译总体性质的期待和社会群体如何"选择"翻译文本、源语语种等的规范，这两种规范都不涉及翻译的具体操作过程。内部规范包括操作规范，是关于翻译的具体策略的规范或者翻译的过程规范，它与翻译行为的关系更直接。

期待规范又分为“陌生化期待”和“传统化期待”（胡显耀 2007：219）。陌生化期待是指读者对作品中异质性材料的期待，希望看到译文中的“洋气”和“洋腔洋调”，为目的语语言带来新鲜成分。许钧、袁筱一和姜秋霞、张柏然的调查都表明，当代读者偏爱“等值”的译文，即尽量保留原文语言文化特色的译文（韩子满 2005：138）。这就说明当代读者有陌生化期待，希望在译文中看到在本土文学中看不到的东西。但是，陌生化期待不是无限制的，正如秦洪武（2000）所言“任何语言系统都有自身的结构规律，语言结构具有一定的伸缩性和结构张力”。传统化期待是指期待译文符合目的语表达习惯和文化传统，至少在语言上要符合目的语的基本特征，容易理解。因为“可理解”是翻译的必要前提。这就说明，当代社会这两种期待规范是并存的。

选择规范包括对翻译文本、原文语种、译者等的选择，主要跟各个时期的经济、政治、文化状态有关，它不直接决定翻译的操作。

在两种外部规范的制约下，译者的操作规范必然是有规律可循的。根据 Baker 等语料库翻译学研究者关于“翻译普遍性”的研究和连淑能（1993）等对比语言学者的研究，研究者提出关于当代散文翻译的四种操作规范的假设，即：（1）意合或形合；（2）简化或繁复；（3）明确与暗含；（4）常规或变异。如果译文中表现出意合、简化、明确或常规的语言特征，那就说明当代社会存在传统化期待规范趋向，反之就说明是陌生化期待趋向。

操作规范共分为词语操作规范、句法操作规范和篇章操作规范三个层次。文章将用语料库逐一来考察这些规范，并验证在不同层次上采用的上述关于操作规范的假设。

三　翻译语料库的创建

贝克（Baker，1995）指出可以用于翻译研究的语料库主要有两种：平行语料库和可比语料库。平行语料库和可比语料库都可用于翻译研究，前者用于比较原文与译文语料库，后者用于比较翻译文本与非翻译文本。平行语料库可以帮助我们解决从特定原语译入译语的语言转换规范；可比语料库的意义在于识别翻译行为不同于原创性文本的特征。

本研究建立了一个平行语料库和一个参照语料库，另外在有些地方还参考了胡显耀（2006；2007）研究发现的当代汉语平衡语料库（LCMC）中的相关数据。

平行语料库由50篇英语散文及其对应译文组成，参照语料库是50篇当代中国散文组成。选用的平行语料来自陶洁（2008）。“所选篇目均为脍炙人口的名篇佳作”（陶洁）。“所有译文均出自名家手笔”，由李文俊、施咸荣、陶洁、黄源深等21名知名译者在20世纪90年代翻译的，他们的译文应该能较好的代表当代散文翻译的现状。英语原文和中文译文总字数分别是67087和118742。参照语料库入编的语料主要选自丛培香等（2004）。选择的都是1949年以后的散文，主要创作于20世纪80年代至20世纪末，这些作品也都是名家名作，以大陆作家为主，总字数是109927。两个语料库的汉语部分规模大致相同。英国Lancaster大学语言学系建设的“兰开斯特汉语语料库”（LCMC），也将作为本研究的一个参照语料库。LCMC选用的语料是1989—1993年的，涉及各种体裁的文本，和本研究中的原创散文和译文几乎是在同一时间段产生的，因此可以作为本研究的参照语料库。

在建立好语料库之后，研究者利用wordsmith工具箱的相关工具，就可以分析出译文的各种语言特征，进而反映译者们遵守的各种翻译规范。

四 当代翻译散文的词语操作规范

拉维奥萨（Laviosa，1998）提出并验证了英语翻译叙事文的四个词语使用模式：（1）翻译文本中实义词相对于语法功能词的比例较低。（2）翻译文本中高频词相对于低频词的比例较高。（3）翻译语料库的词表表头覆盖语料库的范围较大。（4）翻译文本的表头包含的词目较少。这四个模式都与翻译文本“简化”和“常规”特征的假设有关。本文将主要围绕三个模式来考察当代汉语翻译散文的词汇使用特征。

（一）用词的丰富性

用词的丰富性是指相同长度的语料中不同词语的数量大小。可通过语料库的类符形符比（TTR）来衡量。一般说来，语料库规模越大，类符/

形符比越小。若语料库规模相同，TTR 越大，就说明用词越丰富，反之则说明词汇比较贫乏。通过 TTR 值的大小可以比较不同语料库中词汇量变化的大小。但由于在一定时期内语言的词汇量有限，因此语料库容量不断扩大，形符数持续增加，但类符数却不一定会随之增加；语料库容量越大，形符类符比反而会越来越小，因而不同容量的语料库的形符类符比不具备可比性。故语料库语言学一般用标准类符形符比（Std. TTR）来衡量语料库的词汇变化。表 1、表 2 是原创散文 50 篇、英语散文 50 篇、中文译文 50 篇（下文简称为原创、英文、译文）和 LCMC 的相关统计数据。

表 1　　各语料库的形符类符统计

	英文	译文	原创	LCMC
TTR.	13.19	2.84	3.47	3.58
Std. TTR	44.27	39.6	41.18	43.35

表 2　　翻译散文语料库 Std. TTR 总体情况

≥43.35	≥41.18	≥40	<40
7 篇	13 篇	23 篇	27 篇

从表 1 和表 2 可以发现：绝大多数译文的 Std. TTR 都低于原创散文及汉语平衡语料库的数据，反映出译文词汇量变化较小。

在标准形符/类符比上，汉语翻译文本比汉语原创文本上低了 1.58 个百分点，低于英语原创文本 4.67 个百分点，也比 LCMC 低 3.75 个百分点。汉语翻译语言在用词丰富程度上明显低于英语源语和汉语原创语言。这一差异说明，汉语翻译散文在用词丰富程度上低于汉语原创散文和英语源语散文。该项统计结果支持翻译语言较原创文本用词简单这一假设，也证实了 Baker 等人提出的翻译普遍性中的“简化”假设。

（二）词类分布情况

为了考察不同语料库的用词特点，研究者采用词性标注软件对各语料库进行了词性标注。中文语料库采用 ICTCLAS1.0 版。汉语通用语料库 LCMC 也是采用此软件进行标注的，所以这几个中文语料库的数据可以进行有效对比分析。英语散文语料库使用 CLAWS7 进行标注。

借助这两个软件完成语料库词性符码之后，研究者还要认真校对，然后利用 Wordsmith 的 Wordlist 等工具统计出这三个语料库的用词情况，见表 3：

表 3　　各语料库不同词性单词使用情况统计表

分布 / 词类	英文		译文		原创		LCMC
	词数	%	词数	%	词数	%	%
动词	11590	17. 28	17629	24. 76	16322	24. 06	24. 77
名词	13951	20. 79	12789	17. 96	14174	20. 89	27
形容词	4573	6. 82	3642	5. 12	4183	6. 17	5. 14
副词	4792	7. 14	6352	8. 92	6004	8. 85	6. 94
介词	6438	9. 6	3355	4. 71	2807	4. 14	4. 31
连词	4680	6. 98	2372	3. 33	1618	2. 38	2. 91
代词	7579	11. 3	8635	12. 13	5531	8. 15	5. 89
冠词	5718	8. 52	0	0	0	0	0
数词	724	1. 08	2489	3. 49	2677	3. 95	6. 42
量词	0	0	1972	2. 77	2046	3. 02	
助词	0	0	7203	10. 12	7345	10. 83	8. 97
总数及%	60046	89. 5	66438	93. 32	62707	92. 44	92. 35

从表 3 可以清楚地看出：（1）从总体上来说，中文翻译文本和英文散文原文词类分布的差距比较大，和中文原创文本的情况基本差不多，当代散文翻译语言符合当代汉语的基本特征。翻译语言和汉语原创语言的共性要远远多于二者之间的差异，但还是有部分词类差别较大。例如，英语代词、介词和连词等虚词的使用频率远远高于汉语原创散文。受这一差异影响，汉语翻译语言在这些词类的使用上明显高于中文原创文本使用的语言。译文中名词的比例是各语料库中最低的，但动词比例接近最高的，可能是翻译过程中发生了词类转化。在研究中，研究者的确发现了很多这样的现象。

（2）译文中，连词和介词之类功能词的增加，可以使句子之间或短语间的逻辑关系更明确，语法关系更清楚，逻辑关系外显化，反映了译者们遵守了“形合化”的操作规范，这也是一种“简化”的操作规范。代词可以使指代关系更明确。译文中，代词的频率比原创散文高近 4 个百分点，比 LCMC 多 6.24 个百分点，甚至比英语原文的代词还要多出 0.83 个百分点。翻译散文词表前 30 位中出现了 6 个人称代词，所占比例是 6.99%，原创散文中只有 4 个，所占比例是 3.82%，LCMC 中也仅 4 个，所占比例是 2.28%。英语原文共八个人称代词，所占比例是 6.29%。与英语及其他印欧语言相比，汉语代词的类型较少，使用频率较低。汉语常规的指代方式主要以“名词复现”和“零代词”为主，显性代词的使用频率一般较低。这反映了另一个操作规范，明确化规范。

（三）个案研究

1. 个案研究 1：译文中动词增加、名词减少的语料库考察

There_ EX were_ VBDR a_ AT1 number_ NN1 of_ IO people_ NN all_ RR around_ II spending_ VVG the_ AT winter_ NNT1 unexpectedly_ RR in_ II the_ AT country_ NN1, _ , so_ CS we_ PPIS2 had_ VHD plenty_ PN of_ IO society_ NN1 and_ CC we_ PPIS2 talked_ VVD about_ II the_ AT war_ NN1, _ , but_ CCB not_ XX too_ RG much_ DA1, _ , and_ CC we_ PPIS2 had_ VHD hired_ VVN a_ AT1 radio_ NN1 wireless_ NN1 and_ CC we_ PPIS2 listened_ VVD to_ II it_ PPH1, _ , but_ CCB not_ XX too_ RG much_ DA1, _ , and_ CC the_ AT winter_ NNT1 was_ VBDZ all_ DB too_ RG soon_ RR over_ RP. _ .

没/d 想到/v 会/v 在/p 乡下/s 过/v 冬天/t 的/u 人/n 还/d 颇/d 有/v 一些/m，/w 所以/c 我们/r 交往/v 甚/d 多/a，/w 我们/r 谈/v 战争/n，/w 不过/c 谈/v 得/u 不/d 很/d 多/a，/w 我们/r 租/v 了/u 一/m 架/q 收音机/n 听/v 广播/v，/w 但/c 也/d 听/v 得/u 不/d 很/d 多/a。/w 冬天/t 实在/d 过/v 得/u 太/d 快/a 了/y 。（陶洁 2008：30—31）

原句中标注为动词的有 8 个，译文有 12 个，其中一个应该是名词（广播）。Unexpectedly 副词译成两个动词“会”及“想到”，名词 society 与助动词 had 合译为动词“交往”。原文两个 but not too much 之前的动词 talked 和 listened 都省略了，但在译文中补译出来了，这反映出汉语多重复，英语避免重复的语言特征。“we talked about the war, but not too much, and we had hired a radio wireless and we listened to it, but not too much”被译成“我们谈战争，不过谈得不很多，我们租了一架收音机听广播，但也听得不很多”原文的排比句式、原文的节奏得到了很好的保

留，通过排比加强语气，反映了人们在战争期间郁郁寡欢，因为前途不明朗而担忧的情绪。原文完成时态 had hired 译成动词“租”并添加助动词“了”表明完成时态的语法特征。代词 it 译成“广播”，应该是名词，却被标注成动词，这反映出标注有些地方不是太准确。副词、名词转译成动词，增译，标注问题等导致译文中动词大大增加。

原文 9 个名词，译文中仅有 3 个词标注为名词。原文的名词 number 被译成“一些”标注为“量词”，两个 winter 被译成“冬天”标注为“时间词”，country 被译成“乡下”标注为“处所词”，原文两个名词 radio wireless 被译成了一个名词“收音机”。词类转换、省略等导致了名词数量在译文中减少。

2. 个案研究 2：“虽然”，“尽管”的用法语料库考察。

陆俭明、马真（1985：212—213）指出，现代汉语中的连词一般按意义分为两大类：表示联合关系的连词和表示主从关系的连词，后者又可进一步按意义分成表示让步转折、假设让步转折、假设结果等七类。由于连词的类型和数量较多，限于篇幅，本文仅抽样考察连接让步从句的两个最常用连词“虽然”和“尽管”在几个语料库中的使用情况，见表 4。

表 4　　连词“虽然”和“尽管”使用情况统计

	原创			译文		
	总数	前置	后置	总数	前置	后置
虽然	24	20	4	31	26	5
尽管	9	9	0	27	11	16

从表 4 可以看出：（1）数量差别大。译文中这两个连词的数量要明显多于原创散文。（2）用法不大一样。在译文中，这两个词都可以做后置连词，而且“尽管”后置用法比前置用法还多，而在原创散文这种用法比较罕见，“尽管”在原创散文中后置现象一次都没出现。

朱德熙（1982）和陆俭明、马真（1985）根据主从连词在汉语复句中的不同位置，将其分为前置连词和后置连词，它们分别以后面或前面出现的另一分句或句子为条件。他们认为“虽然”和“既然”是前置连词。《现代汉语词典（汉英双语）》（2002：1837，1008）也指出这两个词应该“用在上半句”。这就说明“虽然”和“尽管”在译文中后置的用法就是不规范的用法，违反了汉语的习惯。对照英文原文，研究者发现这些后置现象大多是模仿原文 though 等词的用法而来。Though 作为让步从句连词，既可以前置又可以后置，比汉语这两个词的位置灵活。从译文中这两个连词的使用频率和用法来看，反映了译者们采用了变异的操作规范。

（四）高频词

Laviosa（1998）用高频词的范围来考察英语翻译叙事文中词语的使用模式。她提出并验证了翻译英语中高频词所占比率高于非翻译英语，词频最高的表头占更高的比率，但词目数量却更少。她用这一现象来说明翻译文本简化特征。那么汉语散文翻译是否也有这样的特点呢？利用 wordsmith 的 wordlist 可以统计出各语料库的词频。表 5 显示的是分别以词频高于 1%，0.5%，0.3% 和 0.1% 的各语料库词表中词语数量的比较。可以看到词频在 0.1% 到 1% 之间的高频词数量分布：译文语料库的高频词数都要高于 LCMC 和原创语料库。这一点与 Laviosa 所说的有所不同——汉语翻译散文倾向于使用更多的高频词而不是更少。

表 5 **高频词数量**

	≥1%	≥0.5	≥0.3	≥0.1
英文	11 个	25 个	46 个	132 个
译文	8 个	21 个	41 个	125 个
原创	7 个	18 个	35 个	108 个
LCMC	6 个	17 个	28 个	—

高频词的使用频率占各语料库总词频的比例有何差异呢？研究者分别统计了三个语料库词表中排名第 10 位、20 位、30 位、60 位、80 位、100 位和 150 位的类符在总词频中的比例。从表 6 可见，译文语料库的各阶段高频词使用比例都明显高于汉语原创散文和 LCMC。

表 6 **高频词所在位置占据百分比**

	10	20	30	60	80	100	150
英文	1.15	0.62	0.44	0.23	0.16	0.12	0.08

续表

	10	20	30	60	80	100	150
译文	0.8	0.51	0.39	0.20	0.15	0.12	0.08
原创	0.71	0.47	0.36	0.18	0.13	0.1	0.07
LCMC	0.74	0.47	0.29	—	—	—	—

表 7　　各语料库表头 30 个单词所占百分比

英文	译文	原创	LCMC
37.29	31.93	29.41	26.18

表 5、6、7 的数据说明，翻译散文中使用的常用词不仅数量较多而且使用频率较高，即重复的次数多。这证明了翻译散文词语操作的简化假设——当代汉语翻译散文与汉语总体及非翻译散文相比，倾向于重复使用一定数量的词语，常用词更多，频率更高。为什么译语语言会出现这些特征？认真观察这 3 个表中的数据，我们发现英文散文的数值都是最高的。虽然翻译散文的数值都跟原创散文的数值更接近，但还是在往英语语言特征方向上有所偏移，这就反映出译文的“杂合性”特征，可以说是“第三符码”。

语料库统计语言特征的比较说明：与当代原创散文相比，汉语翻译散文的类符形符比更小，高频词的数量更多而且比例更大。这在一定程度上证明了翻译散文的用词范围较小，反复使用一定数量的词语等假设。这些词语使用的特征反映出当代译者翻译散文在词语层面上主要采取的是简化的操作规范，反映了传统期待规范趋向。但有些词，如“尽管”、“虽然”用法和原创散文的不一致，这又体现变异的操作规范，反映了陌生化期待规范趋向。

五　当代翻译散文句子层次操作规范

（一）英汉语句对应情况

当代翻译散文句子层次有什么特征呢？是否以句子为翻译单位呢？

研究者采用许伟（2006）的方法，采用手工的方式把平行语料库的前30篇文章的每句变成一段并分别加上编号。通过对照英文的段落编号和中文译文的段落编号所代表的句子内容就能发现句子对齐情况，是原文的一句对应译文的一句（1:1），还是原文的两句合译成了译文的一句（2:1）等等。研究发现：

（1）1:1对应的句子频率最高，从53.2%到100%不等，而且这三十篇文章中八成的1:1句子对应率都在70%以上，还有3篇完全对应，低于60%的仅4篇。这三十篇1:1句子平均对应率为80.9%。

（2）除了1:1对应的句子之外，第二个常见的是1:2句对。这两者相加之后，九成的文章句子对应率都超过了80%，接近三分之一的文章达到100%，这三十篇文章1:1和1:2之和的平均句子对应率为89.5%。

（3）“由于英汉思维习惯和表达方法的差异，改变语序、重组结构便成了翻译中的一种常用手段”（王恩科等2007）。本研究发现，虽然在句子内部顺序调整，结构重组的现象很普遍，但是在句子之间打乱原文结构，重组新句子的频率非常低，在这三十篇文章中，像2:2，3:2这样的重组句非常少，总共只有14处（原文共3335句）。

（4）语句对应关系间接反映翻译转换单位（王克非2003：414）。对“翻译单位”的选择和把握是翻译理论与实践的重要组成部分，一直受到许多翻译工作者的重视。国内外很多学者表达了自己对翻译单位的看法，涉及以词、词组、小句、句子、句群、语篇、文化等为翻译的单位，如巴尔胡达罗夫、罗选民、葛校琴、司显柱、张梦雅、韩江洪、Bassnett和Lefevere等。但从本研究的上述数据看，在英汉散文翻译过程中，句子是翻译的一个主要转换单位，译者们基本以句子为翻译单位，原句太长的就翻译为两句或更多的句子。

（5）“音乐美是英汉语散文语言的重要美学特征。对于散文而言，其音乐美主要体现在节奏上”（童兆升、卢志宏2009）。节奏是散文的脉搏，高健先生认为：停顿是散文节奏的最主要的因素（同上）。句子长短繁复体现了原文的风格，断句是节奏的主要实现方式。从句子对应情况看，当代散文译者力图再现原文的节奏，保持原文的风格特征，保存了原文的风貌。

（二）句长

用各个语料库的总字数除以各自的总句数，可算出各语料库的平均句长。

表 8　各个语料库平均句长

	英文	译文	原创
<20 字	18 篇	0 篇	2 篇
20—30（不含 30）	28 篇	12 篇	23 篇
30—40（不含 40）	4 篇	27 篇	20 篇
≥40 字/句	0 篇	11 篇	5 篇
平均句长	20.1 字	33.5 字	30.9 字

上表中的数据表明，译文的句长要明显大于原创散文。原因是多方面的：上文分析已得知译文主要是以句子为翻译单位，源语英语句子长，译语的句长也自然就变长了。虽然上表中英语散文的句子并不是太长，但考虑到英语转换成汉语，要充分翻译，汉英词数比应该在 1.7—1.8（王克非 2003：415），译文和英文语料库的词数比是 1.77。所以，英语原文的句长看似不长，但是翻译成汉语就变长了很多。除此以外，在译文中连词、代词等虚词使用频率明显高于原创散文，这一方面使得原文句子关系更明确，反映了简化和形合的操作规范；但另一方面，这些词的添加，又使得译文句子变得更长，明显违背了汉语句子较短的常规，这又反映了变异的操作规范。

总的说来，在句子层次上，译者们主要采用了形合化、变异的操作规范，保留了英语原文的节奏美和语言特色，使得译文句子形式和长度与原创散文有显著区别，反映了陌生化期待规范趋向。

六　篇章操作规范

经过人工认真对照分析，研究者发现译文的篇章结构、段落顺序、段数和原文的都几乎一样。英文原文 50 篇共 744 段，中文译文 50 篇共 743 段，其中有两篇段落减少一段，还有一篇段落增加一段，其他 47 篇译文的段落结构、段落顺序和段数都和原创散文一样。原创散文字数比译文少，但是却有 1014 段，比译文数据库段落多出 36%。因此译文段落长度必然要比原创散文长。

表 9 **各个数据库段长统计表**

	英文	译文	原创
<100 字/段	25 篇	8 篇	26 篇
100—150（不含）字/段	12 篇	12 篇	9 篇
150—200（不含）字/段	7 篇	8 篇	4 篇
≥200 字/段	6 篇	22 篇	11 篇
平均段长	90.2 字	159.8 字	108.4 字

从表中可以看出，译文平均段长比原创散文多 51.4 字，长度是它的近 1.5 倍。这体现出异化的操作规范。

从段长、段数、段落结构等方面考察，研究者发现译者们采用的是异化的操作规范，再现了原文的段落特征，把“洋味”保留下来带进了译入语——汉语之中。

七 结语

从上述 9 个表中的统计数据，我们可以得出结论：当代译者在英汉散文翻译过程中采取的策略的确很有规律性，这反映出他们受到了规范的制约。有些操作规范反映了陌生化期待规范的趋向，有些操作规范反映了传统期待规范的趋向。总的来看，在句子、段落、篇章等形式，节奏方面，译者们的操作规范明显体现出了陌生化期待规范的趋向，但在词语等具体语言使用方面，主要体现的是传统化期待规范的趋向。这正如 Vanderawera（1985）所说的那样，“外来文本只能在包装上显得奇异而不是语言特征的奇异”。

另外，本研究还发现译文的确是处于“中间状态”，是“第三符码”，是个“杂合体”，虽然总体形式更接近目的汉语，但还是在向着源语英语的方向倾斜，体现出受到源语较大的干扰，但是并没有偏离汉语基本语法规范。因此，译文虽然读起来感觉有些洋味，但总体来说，还是比较易懂的。研究中，我们还发现译者的主要翻译单位是句子，如果句子太长或太短，就裁句或合句，但打乱句子结构，重组新句子的情况很罕见。这就反映出在当代散文翻译过程中，译者们比较注重保留原文的形式美和原文的节奏感。

散文翻译中美学因素的保留，除了句子层次的节奏美外，还有音调的节奏美，意境美等，但这些美学因素用语料库的方法不太容易发现，只有借助传统的方法去人工阅读，去感悟。人工阅读和电脑软件各有各的应用领域，不能厚此薄彼。我们期待着学者能将二者结合起来，进行更为深入、全面的研究，揭示译者在散文翻译过程中遵守的一些更为微妙的翻译规范。

参考文献

Baker, M. 1993. Corpus Linguistics and Translation Studies: Implications and applications. In Baker, G. Francis and E. Tognini-Bonelli (eds.). *Text and Technology. In Honor of John Sinclair* . Amsterdam: John Benjamins. 233—250.

Baker, M. 1995. Corpora in Translation Studies: An Overview and Some Suggestions for Future Research. *Target* 7: 223—243.

Bassnett, Susan & Lefevere, Andre. 1990. Translation, History and Culture. London & New York: Pinter.

Chesterman, A. 1997. *Memes of Translation: The Spread of ideas in translation theory* . Amsterdam: John Benjamins.

Cowie, M. 1997. *Dictionary of Translation Studies* . Manchester: St. Jerome. 172—173.

Hermans, T. 1999. *Translation in Systems: Descriptive and System-oriented Approaches Explained* . Shanghai: Shanghai Foreign Language Education Press.

Laviosa, S. 1998. Core Patterns of Lexical Use in a Comparable Corpus of English Narrative Prose. *Meta* 4: 557—570.

Nord, C. 1991. Scopos, Loyalty, and Translational Conventions. *Target* 1: 91—110.

Toury, G. 1995. *Descriptive Translation and Beyond* . Amsterdam/Philadelphia: John Benjamins Publishing Company.

Vanderawera, R. 1985. *Dutch Novels Translated into English: The Transformation of a "Minority" Literature* .

Amsterdam: Rodopi.

巴尔胡达罗夫:《语言与翻译》, 中国对外翻译出版公司 1985 年版。

丛培香等:《中华散文百年精华》, 人民文学出版社 2004 年版。

葛校琴:《句群——翻译的一个单位》,《中国翻译》1993 年第 3 期, 第 28—30 页。

韩子满、刘芳:《描述翻译研究的成就与不足》,《四川师范大学学报(社会科学版)》2005 年第 1 期, 第 111 页。

韩子满:《文学翻译杂合研究》, 上海译林出版社 2005 年版。

胡显耀:《当代汉语翻译小说规范的语料库研究》, 华东师范大学博士论文, 2006 年博士论文。

胡显耀:《基于语料库的汉语翻译小说词语特征研究》,《外语教学与研究》2007 年第 3 期, 第 214—220 页。

连淑能:《英汉对比研究》, 高等教育出版社 1993 年版。

廖七一:《当代英国翻译理论》, 湖北教育出版社 2001 年版。

陆俭明、马真:《现代汉语虚词散论》, 北京大学出版社 1985 年版。

罗选民:《论翻译的转换单位》,《外语教学与研究》1992 年第 4 期, 第 32—37 页。

秦洪武:《翻译中的句法异化与归化》,《外语教学与研究》2000 年第 5 期, 第 368—373 页。

孙会军:《普遍与差异》, 上海译文出版社 2005 年版。

陶洁:《名家美文精译 50 篇》, 译林出版社 2008 年版。

司显柱:《论语篇为翻译的基本单位》,《中国翻译》1999 年第 2 期, 第 14—17 页。

童兆升、卢志宏:《散文语言的音乐美与翻译》,《山东外语教学》2009 年第 × ×期, 第 89—93 页。

王恩科等:《文化视角与翻译实践》, 国防工业出版社 2007 年版。

王克非:《英汉/汉英语句对应的语料库考察》,《外语教学与研究》2003 年第 6 期, 第 410—416 页。

王克非:《语料库翻译学——新研究范式》,《中国外语》2006 年第 3

期，第 8—9 页。

王克非、胡显耀：《基于语料库的翻译汉语词汇特征研究》，《中国翻译》2008 年第 6 期，第 19 页。

许伟：《平行语料库在翻译批评中的应用》，《外语研究》2006 年第 2 期，第 55 页。

杨晓荣：《二元对立与第三种状态——关于翻译标准问题的哲学思考》，杨自检（编），《英汉语比较与翻译》，上海外语教育出版社 2000 年版。

张梦雅、韩江洪：《关于十年来翻译单位问题研究的述评》，《合肥工业大学学报（社会科学版）》2008 年第 2 期，第 90—93 页。

中国社会科学院语言研究所词典编辑室：《现代汉语词典（汉英双语）》，外语教学与研究出版社 2002 年版。

朱德熙：《语法讲义》，商务印书馆 1982 年版。

通讯地址：221116 徐州 江苏师范大学外国语学院

西方文学中的旅行书写

张　林*

摘　要：旅行书写是正在兴起的一种文学类型，题材广泛，包括勘探记录、探险日记、导游指南、旅行日记、旅居海外回忆录等。旅行书写历史悠久，在不同的历史阶段呈现出不同的存在状态，与人们的旅行活动紧密相连。在欧美国家，旅行是人们生活中的重要部分，是生活中必不可少的活动，与之相应的旅行书写已经成为一种传统，一种文化现象，值得我们进一步探索和研究。本文将梳理西方旅行书写历史，尤其是英国的相关材料，理清不同历史时期旅行书写发展状况及原因，探求文学与旅行书写的关系，以期引起人们对日益兴起的旅行书写这一文学类型的关注。

关键词：英国文学；旅行书写；旅游；探索

The Travel Writing in English Literature

Zhang Lin

Abstract: Travel writing is a newly – rising literary genre, including exploratory records, adventurous diaries, guide books, itineraries, and memoirs of travelling abroad and so on. Travel writing has a long history and exists with different forms in different historical stages, which is closely related to people's travelling life. In European and American countries,

* 张林，江苏师范大学外国语学院副教授，硕士生导师，主要研究英国现当代文学。

travelling is one of the most important parts in daily life and the travel writing results from the travelling activities. Gradually, travel writing becomes a kind of tradition, a kind of cultural phenomenon, which is worthwhile for us to further explore and study. This article tries to sort out the history of western travel writing, especially British literary history, clarifies the developing situation and reasons of such writing, analyze the relationship between literature and travel writing, so as to arouse people's attention to such promising genre.

Key words: British literature; travel writing; travel; exploration

旅行书写是正在兴起的一种文学类型。欧美国家每年发行大量的旅行方面的出版物，其中作者来自外交官、学者、传教士、士兵、医生、探险家、海员等各种社会群体。旅行书写题材广泛，包括勘探记录、探险日记、导游指南、旅行日记、旅居海外回忆录等。旅行书写历史悠久，最早资料记载始于埃及。公元前 12 世纪，埃及传教士威勒蒙（Wenamon）从古希腊城邦底比斯（Thebes）出发去黎巴嫩购买建造庙宇用的雪松木材。不幸的是，威勒蒙在路上遭遇了海盗的抢劫追赶，差一点被杀死。后来，威勒蒙将其冒险经历记录下来。尽管记录残缺不全，但历史学家莱昂内尔·卡森（Lionel Casson）认为这是“现存最早的比较详尽的旅行记录”（Casson 39）。

到了公元前 6 世纪，古罗马诗人荷马的作品史诗《奥德赛》开创了西方旅行书写传统的先河，这是首部对后来旅行文学产生影响的作品。史诗中松散的结构、冒险的题材、归家情结、丰满鲜活的人物形象等都为后来的作家提供了丰富的创作原型。从公元前 5 世纪开始，旅行书写流传下来的作品逐渐增多。古希腊历史学家希罗多德（Herodotus）被称为“历史之父”，也是一位旅行作家。他根据其在地中海、黑海的旅行经历于大约公元前 431—425 年间创作了《历史记录》（*The Histories*），描述了有关“波西战争”的历史事件。古希腊地理学家斯特波（Strabo）于大约公元 7 年到 24 年间创作了《地理杂记》（*Geography*），记录了他个人的旅行经历以及其他旅行者的相关信息。这些作品主要记录作者本人的旅行经历及相关细节，不具有娱乐性。这也是远古时代旅行书写的一个重要特征。

基督教早期记录朝圣之旅的作品《爱洁丽娅的朝圣之旅》（*Pilgrim-*

age of Egeria c. 381—384 A. D.）也是重点记录旅行者的经历和相关细节。主人公爱洁丽娅是一位修女，从西班牙的高卢出发去耶路撒冷。游记以爱洁丽娅给国内熟人写长信的方式展开，后来，该游记又被以手稿的方式流传开来。因此，该部作品被认为是“西方传统中最早的以第一人称写成的非虚构题材的旅行作品”（Thompson 37）。当然，这个时期的作品也有一些虚构成分。如荷马史诗《奥德赛》有虚构的故事情节；希罗多德创作的希腊浪漫史描写了主人公在地中海一带遭遇了沉船、海盗的绑架等一些虚构事件；卢希恩（Lucian）创作的《真实的历史》（*True History*, 160—185 A. D.）详细叙述了旅行者去月球探险的旅行经历。

中世纪产生了大量与旅行有关的作品。这些作品记录了中世纪的地理环境、自然历史、动物寓言故事及奇遇等。旅行作者很少以第一人称视角记录旅行中的所见所闻，与远古时期的旅行书写不同。通常，这些作品中浓缩了各种信息资讯，将远古时期的考察资料与当时的各种报道融合起来，巧妙地将事实与神话熔为一炉，用以描述欧洲丰富多彩的活动，如希腊神话中的半人半马怪物、狗头人形动物等在作品中得到淋漓尽致的体现。当然，这个时期也有一些描写朝圣之旅的作品是以第一人称写成的。由于朝圣之旅在人们的心目中一直是神圣不可侵犯的，到了中世纪后期，组织朝圣之旅的旅行机构不断涌现，他们组织朝圣者远行参观罗马和巴勒斯坦圣地。杰佛利·乔叟的《坎特伯雷故事集》（*Canterbury Tales*, c. 1387）就是生动描述这个时期朝圣之旅的经典作品。由于受到当时强势的基督教文化影响，这些旅行书写作品大多记录朝圣的具体过程，没有记录实际旅游中发生的种种事件，也没有记录旅行者主观的情感体验，更没有人敢于记录自然界中各种有趣的现象以及旅行中遇到不同地区形式各异的文化习俗。对人们进行说教和教化成了这些作品的主要内容。

除了朝圣之旅的作品外，也有其他一些优秀的游记被创造出来。在欧洲，男人们可以作为商人、外交官、士兵和学者远行从事与教堂相关的各种事务；女人们有时候也可以陪同家人去远行。十字军东征的时候，很多欧洲的基督徒来到了近东和远东地区，他们随后将亲身经历以编年史的形式记录下来。一些传教士和外交使臣被派送到中国、印度及非洲等地，他们随后将亲身经历记录下来，如举世闻名的《马可·波罗游记》（*Travels of Marco Polo*, c. 1300）。马可·波罗（Marco Polo, 1254—1324）是世界著名的旅行家、商人。《马可·波罗游记》是影响极大的一部书，记录了中亚、西亚、东南亚等地区的许多国家的情况，以大量的篇章，热情洋溢的语言，记述了中国无穷无尽的财富，极好的交通设施，以及华丽的宫殿建筑。这些叙述在中古时代的地理学史，亚洲历史诸方面，都有着重要的历史价值。马可·波罗之后最具影响力的游记是《约翰·曼德维尔游记》(*Travels of Sir John Mandeville*, c. 1356)。这无疑是一部比较特别的著作，因为书中所有的描述均是作者坐在书桌前的“幻想文学”，但是该部作品影响了西方几代人。马可·波罗的写实游记与曼德维尔的虚构游记被认为是欧洲人了解世界的百科全书。

从 15 世纪开始，航海事业迅猛发展，也促进了旅行书写的发展。从1492—1504 年间，克里斯托弗·哥伦布先后四次出游，成为欧洲旅行书写史上重要的里程碑。在马可·波罗和约翰·曼德维尔的影响下，哥伦布航海授命于西班牙国王向远东进发，寻求奇珍异宝，先后到达巴哈马群岛、古巴、海地、多米尼加、特立尼达等岛，在帕里亚湾南岸首次登上美洲大陆。哥伦布远航探险，开辟了横渡大西洋到美洲的航路，在航海史上具有非常重大的意义。至此，航海时代和远洋航行事业发生了质变和飞跃，进入了一个崭新的阶段。1487 年，葡萄牙航海家迪亚士奉葡萄牙国王若奥二世之命，自里斯本出发，探索绕过非洲大陆最南端通往印度的航路，但没有到达目的地。1497 年，葡萄牙航海家达·伽马再率船队探索直通印度的新航路，次年 5 月驶抵印度西海岸重镇卡利库特。又经历了千辛万苦之后于 1499 年 9 月返回里斯本。从 1577—1580 年间，英国航海先驱弗朗西斯·德莱克（Francis Drake）多次探险远航，沃尔特·瑞勒(Walter Ralegh）和亨利·亨德森（Henry Hudson）等人随后也进行多次远航探险。在航海热潮的影响下，与旅行有关的写作和文献资料纷纷涌现，成为政治家、商人、海员青睐的对象。一些编辑和出版商为了牟取利益大量发行旅行书写作品，如乔瓦尼·瑞缪西欧的《航海和旅行》(*Voyages and Travels*, 1550)，理查德·哈鲁特的《探索英语民族》(*Discoveries of the English Nation*, 1589）等。航海和旅行也成为一时的热门话题。天文学家、数学家托马斯·哈瑞特著作《发现弗吉尼亚新陆地的真实简报》(*A Brief and True Report of the New Found Land of Virginia*, 1588）描述了旅行的过程及各种发现，详细记录了殖民地各种商业活动，以及阿尔冈昆人的文化习俗，被认为是“伊丽莎白时期英格兰最富有内涵的、最有影响力的旅行作品”(Sherman 26)。这个时期的人们不仅关注新大陆的旅行冒险，而且开始关注欧洲、中东地区、亚洲和非洲等地区的风土人情、文化习俗。基督教宗教改革之后，天主教和新教分道扬镳，从大不列颠岛到欧洲大陆旅行受到了严格控制。尽管如此，但仍然有人冒险出游。托马斯·考亚特作品《考亚特五月之旅》（*Coryat's Crudities*, *Hastily Gobled up in Five Months Travels*, 1611）记载了这个非常时期的冒险经历。费因·莫瑞森作品《旅行日记》（*Itinerary*, 1617）记录了在欧洲和中东地区的冒险历程。威廉·里斯荀作品《奇遇与痛苦旅程》（*Rare Adventures & Painful Peregrinations*, 1632）描写了从欧洲到北非、巴勒斯坦、埃及行程中发生的事情。这些丰富的旅行书写材料也影响到了当时的文学创作。如英国空想社会主义者托马斯·摩尔模仿旅行书写的内容创作了不朽巨著《乌托邦》（*Utopia*, 1516），书中描绘了一个美好社会，那里一切生产资料归全民所有，生活用品按劳分配，人人从事生产劳动，有充足的时间从事科学研究和娱乐，那里没有堕落和罪恶。摩尔开创了空想社会主义学说，其思想也成为现代社会主义思潮的来源之一。西班牙作家米盖尔·塞万提斯根据旅行书写写作风格创作了举世闻名的文艺复兴时期的现实主义杰作《唐·吉珂德》（*Don Quixote*, 1605）。当时的戏剧创作也深受旅行书写的影响，如莎士比亚的作品《暴风雨》（*The Tempest*, 1611）也是围绕主人公的冒险远行展开的。

从17世纪开始，旅行书写发展迅速，逐渐获得了人们的认可和喜爱，这种发展趋势一直延续到19世纪。旅行书写的迅速发展与当时的社会环境密切相关。欧洲封建主义走向衰亡，新兴的资本主义促进了商业活动的展开，人们相互交流的机会逐渐增多。同时，科学技术的进步也使得人们远行更加便利。1765年，约翰·哈瑞丝设计了一种航行表，使得人们在航海中能够确定所在的经度；19世纪早期蒸汽机的发明也提高了航海轮船的动力和陆地上火车的动力，加快了这些交通工具的运行速度。因此，越来越多的人参与到远行的行列当中，包括欧洲殖民者对海外的大肆殖民扩张，也就有越来越多的人出版发行他们的旅行经历和所见所闻。

探险和旅游成为当时人们关注的两大焦点。人们最初旅行的目的就是开阔视野，增长知识，旅行成为人们获取知识的重要手段。英国经验主义哲学家代表人物约翰·洛克的著作《人类理解论》（*Essay Concerning Human Understanding*, 1690）主张人所经历过的感觉和经验才是形成思想的主要来源。洛克认为：旅行应被视作“一个有良知的人的义务，用以拓宽思维，积累知识”（Fussel 130）。洛克对旅行事业的发展产生了积极影响。1660 年成立于伦敦的英国皇家学会为发展旅行事业做了大量的工作，影响深远。威廉・丹皮尔著作《环球新航程》（*New Voyage Round the World*，1697）在当时最有影响力，是最受欢迎的旅行作品。丹皮尔去加勒比海地区和南太平洋地区探险，沿途记录了大量的各个地区的自然历史和居民的风俗习惯。在皇家学会主席的支持下，他将这些丰富的资料整理成册，也开创了旅行书写新的写作风格，因为他的文字平铺直叙，没有任何修饰的语言，只是用朴实的语言将所见所闻详尽记录下来。从 1768—1780 年间，詹姆士・库克船长三次到太平洋探险，激发了世界各地旅行者对科学的追求。他们勇于向未知的世界进发，以寻求新的科学发现。大多数的航海探险是由一些机构资助。他们要求受资助的探险者时刻注意科学发现，以便于将来能带来更大的商业价值。如英国探险资助者约瑟夫・班克斯要求探险者详细记录沿途的各种植物物种，极力鼓动将澳大利亚植物园湾设为犯人的流放地。班克斯随后也出版了大量记录植物的书籍，丰富了旅行书写的内容。

除了探险以外，新兴的旅游群体在 18 世纪开始出现。英国一些贵族子女被送到欧洲大陆游学，作为他们接受教育的一种方式。约瑟夫・安蒂森一书《意大利旅行记录》（*Remarks on Several Parts of Italy*，1705）生动描述了这些贵族子女接受旅行教育的情况。多年来，该书成为贵族子女接受旅行教育的参考手册。从 18 世纪 60 年代，一些中产阶级也开始在英国本土或去欧洲大陆游玩。18 世纪 70 年代，英国国内旅游开始流行起来。塞缪尔・约翰森作品《苏格兰西部游记》（*Journey to the Western Isles of Scotland*，1775）记录了苏格兰高地逐渐消失的传统生活方式。阿瑟・杨从 1776 年开始出版一系列“农民游记”，许多旅游者随后效仿阿瑟・杨也开始关注农村风光和农业实践，类似的游记也随之出版。多萝丝・华兹华斯评价他们把 18 世纪晚期到 19 世纪早期变成了“旅行书写和旅行出版时期”（Thompson 48）。

英国本土所有地方和欧洲大陆著名地区都在这个时期的作品当中被一一描述。然而，旅行作品丰富的同时也给人们带来了困惑。他们再次旅行时也没有什么地方可以描述，因为所有地方已经有人进行了很好的描写。后来，有些人开始将关注的目光从外在的景物描写转移到内在的人物心理刻画方面，以表达游客对旅行的真情实感。劳伦斯・斯特恩作品《感伤之旅》（*A Sentimental Journey*，1768）就是著名一例。作品以人物的心理描写见长，书中旅行人物多愁善感，常常为一些不足挂齿的小事而悲叹，在诙谐幽默之中流露出一种哀婉的情调，成为感伤主义文学的代表作品。丹尼尔·笛福的《鲁滨逊漂流记》（*Robinson Crusoe*，1719）成功描写了主人公鲁滨逊丰富多彩的内心世界。鲁滨逊所在航船在途中遇到风暴触礁，船上水手、乘客全部遇难，唯有他一个人幸存下来，只身飘流到一个杳无人烟的孤岛上，在他克服最初的悲观绝望情绪后，立即投入到征服大自然的斗争中，这种征服自然的无限勇气使鲁滨逊的形象产生了巨大的艺术魅力。乔纳森·斯威夫特的《格列佛游记》（*Gulliver's Travels*，1726），亨利·菲尔丁的《约瑟夫·安德鲁斯传》（*Joseph Andrews*，1742），托比亚斯·斯摩莱特的《亨佛利·克林克》（*Humphrey Clinker*，1771）等都以旅行为小说创作主题，生动刻画了各种旅行人物形象。

在诗歌方面，塞缪尔·泰勒·柯尔律治的《古舟子咏》（"The Rime of the Ancient Mariner"，1798），威廉·华兹华斯的《序曲》（*The Prelude*，1805）、《远足》（*Excursion*，1814），乔治·拜伦的《恰尔德·哈罗德游记》（*Childe Harold's Pilgrimage*，1812—1818）等等都在写景的同时将重点放在刻画旅行人物的内心世界方面。

从 19 世纪开始，欧洲列强向海外大肆扩张，很多人也因此被派送到海外殖民地，包括探险者、士兵、海员、测量者、外交官、传教士、商人、科学家、殖民地管理者、新闻记者、艺术家等。这些人根据自己的海外经历书写了大量与旅行有关的作品。他们的视角不同，兴趣点也不同，因此众多作品形式各异，多种多样，使得旅行书写在 20 世纪早期达到了繁荣阶段。许多游记都是以殖民者的姿态审视海外地区，认为欧洲是文明的国度，被殖民国家或地区文明程度较低，应该臣服于殖民者。因此，这个阶段的旅行书写多了白人至上的种族主义内容，白人文化成为主流文化，美国原住民文化和非洲黑人文化都被视作未开化的、低等的文化。查尔斯·达尔文的《贝格尔号航行日记》（*Voyage of the Beagle*，1839），阿尔弗雷德·华莱士 1853 年关于亚马逊盆地的描述等都将欧洲和美国置于帝国主义至高无上的地位，种族主义、民族主义成为旅行书写关注的焦点。这些作品代表了殖民者的利益，宣扬帝国主义扩张的合理性，深受国内读者的喜爱，他们将海外殖民扩张经历视作英雄行为进行宣扬传播。

除了殖民扩张外，这个时期的大众旅游业也得到了蓬勃发展。与旅游有关的交通设施、安全措施、餐饮住宿等配套设施都日趋完善，游客们能够更加方便舒适地出行。火车的发明使得出行更加便捷，游客们很容易乘车从巴黎到达伊斯坦布尔。游客们也有了全新的旅行体验，他们记录旅途见闻的风格、内容各不相同。人们出行还有另外一个原因，有些游客不满维多利亚时期令人窒息的社会体制，希望到国外寻求理想之所，尤其是意大利和中东地区被认为是最为理想的去处。亚历山大·威廉·金雷克作品《日出之处》（*Eothen*，1844）描写中东地区的年轻人没有维多利亚统治下的繁文缛节，能够快乐自由地享受生活。维多利亚时期的旅行书写作家将写作重心放在挖掘人物的内心世界，关注他们的情感变化，与以往作家的创作风格不同。

这个时期的小说家也开始借用旅行书写的模式进行文学创作，如查尔斯·狄更斯的《美国纪行》（*American Notes*，1842），马克·吐温的《傻子国外旅行记》（*The Innocents Abroad*，1869）等。这些文学游记注重描写旅行感受，表达作者想要阐述的内心世纪。他们注重描述一个地方独特的文化，及其在精神层面对旅行者的影响，其中旅行细节的描写也是为了烘托旅行地区给人们带来的心灵震撼，借景抒情，表达作者的某种思想。这种文学游记当时深受读者和评论家的喜爱和作者的认可。有些作者将文学作品的主题定位为旅行书写，用他们极其丰富的想象力描写旅行地区的风景、人物。这种创作不再仅仅停留在描写所见所闻的层面上，更注重刻画人物的内心世界，更注重描写故事情节背后发人深省的一种现象或一个道理。约瑟夫·康拉德的小说《黑暗的心》（*Heart of Darkness*，1902）将旅行的重点放在对人性的剖析方面，对欧洲列强的帝国主义优越感和文化至上主义进行了无情的鞭策和批判；赫尔曼·梅尔维尔的《泰比》（*Typee*，1846）重点描写南太平洋地区独特的文化及当地居民纯朴的性格特征；拉迪亚德·吉卜林的《基姆》（*Kim*，1901）是作家最后一部以印度为题材的作品，将印度人的文化生活惟妙惟肖地展现在欧美读者面前，被批评家公认为是吉卜林最出色的长篇小说。

除了小说之外，这个时期的诗歌创作也借鉴了旅行书写的一些手法和写作技巧，如英国诗人、教育家亚瑟·休·克拉夫的《出航》（*Amour de Voyage*，1848），美国著名诗人、人文主义者沃尔特·惠特曼的《草叶集》中的一首诗“康庄大道之歌”（“Song of the Open Road”，1856），英国诗人爱德华·利尔的“猫头鹰和猫咪”（“The Owl and the Pussy Cat”，

1871）等。这些文学作品的创作不仅借鉴了旅行书写的内容和写作风格，也借鉴其创作形式和修饰手法。反过来，由于这些文学作品内容富含丰富的旅行主题和写作手法，后来的旅行书写作者也会借鉴文学作品的某些内容，注重描写旅行人物对旅行中见到的人和景的反应。

从19世纪中期开始，铁路建设进一步加速发展，欧美大陆铁路网初具规模。乘坐火车旅行既省时又省力。普通人也很容易出去旅行，游客的数量不断增加。到了20世纪初，火车、飞机、汽车等交通工具已经广泛用于人们的旅行当中。这些交通工具给人们的旅行带来了全新的旅游感受，旅行也成为普通大众的主要活动之一。交通便利使得人与人之间越来越容易，人们的生活方式、价值观念等呈现一体化、全球化的趋势。此外，19世纪晚期到20世纪早期是帝国主义文明高度发达时期，帝国主义国家不断扩建新的海外市场，通过贸易往来获取最优化的产品和资源。因此，国内外人员的流动量也大大增加。

20世纪出现的现代主义思潮也是在这样的大背景下产生的。T. S. 艾略特、埃兹拉·庞德、詹姆士·乔伊斯、约瑟夫·康拉德、帕布洛·毕加索等现代主义作家、艺术家都是旅居海外人士，了解帝国主义本土和殖民地的风土人情。他们将现代主义社会所体现的政治、经济和精神文化生活融入到作品当中，反映了这个时代人们极其复杂、丰富的思想感情。现代工业的兴起，人与人之间的关系越来越疏远、冷漠、孤僻，社会变成了一种异己的力量，作为个体的人感到无比的孤独。两次世界大战期间，人类历史上出现了用人类发明的枪支弹药屠杀自己的同类，西方所谓的自由、博爱、人道主义理想的观念被战争蹂躏得体无完肤，西方的文明被抛进了一场深刻的危机之中。这期间出现了很多现代主义旅行文学作品，包括T. E. 劳伦斯的《七根智慧之柱》（*The Seven Pillars of Wisdom*，1922），D. H. 劳伦斯的《大海与撒丁岛》（*Sea and Sardinia*，1921）及《墨西哥的早晨》（*Mornings in Mexico*，1927）。20世纪30年代被认为是文学旅行书写的黄金时代，在英国尤为如此（Thompson 58）。这个年代，全球经济大萧条，欧洲极权主义横行，最终导致第二次世界大战爆发。战争给旅行书写提供了丰富的创作素材，作品比起传统的旅行书写又多了关于战争、政治、极权，国际事务等内容。乔治·奥威尔、格雷厄姆·格林、厄内斯特·海明威等人都参与到其中的旅行书写行列。罗伯特·拜伦的《穿行内陆亚洲》（*The Road to Oxiana*，1937）是根据其在波斯与阿富汗的旅行经历创做出来的，由不完整的记录、小插图、各种文献资料、报纸剪报等组成，历经三年的倾心打造，为读者奉献出集浪漫与古典风格为一体的游历精品，被认为是 20 世纪 30 年代，甚至整个旅行书写历史上的经典之作。

两次世界大战结束以后，英国旅行书写传统得到进一步传承，作品形式多样，兴趣点各不相同，涵盖了多个领域。如诺曼・刘易斯的旅行书写以新闻报道的形式呈现出来；考林・修布朗的游记情感充沛，语言热情洋溢；很多作品中的主人公喜欢自嘲、贬低自我，给读者呈现滑稽可笑的小人物，不同于维多利亚时代对英雄人物的书写。当然也有作品描写贵族情结，因其作者出生高贵，受过良好的教育，作品中自然会流露对美好岁月的怀念。

除了以文学游记和新闻报道形式创作作品外，20 世纪的旅行书写还以科学考察记录的形式呈现出来。艾普斯雷・薛瑞－葛拉德的《世界最险恶之旅》（*The Worst Journey in the World*，1922）就是关于科学考察的作品，记录了罗伯特・斯科特 1910—1913 年间南极地区考察的种种遭遇。二战以后，世界上未知的地区越来越少，考察人员也再是像以往一样的探险家，而是一群科学家或专业技术人员。他们的旅行记录也不同于旅行作家的作品。20 世纪最著名的人类学家克劳德・列维－斯特劳斯在其作品《忧郁的热带》（*Tristes Tropiques*，1955）开篇直截了当指出：“我不喜欢旅行和勘探者”（Lévi-Strauss 1）。他的意思是指这些勘探者总是发挥想象记录旅行过程，远离事物的本来面目，旅行书写应该以严格的科学态度进行准确严谨的记录。因此，他的大多数考察记录没有多余的奇闻逸事，没有主观武断的话语，是为一些专业领域、专门人员准备的，普通大众也未必能看得懂。

旅行书写到了 20 世纪 70 年代末期已经逐渐成为一种被人们认可的文学类型，大量出版物随之发行，如保罗・赛洛克斯的《繁荣的铁路商店》（*The Great Railway Bazaar*：*By Train through Asia*，1975）及《老巴塔哥尼亚快车》（*The Old Patagonian Express*，1979），彼得・马修伊森的《雪豹》（*The Snow Leopard*，1975），布鲁斯・查特温的《巴塔哥尼亚》（*In Patagonian*，1977）等。

近年来，电脑的使用以及网络技术的普及极大地推动了旅行书写的发展。旅行书写也出现了新的表现形式，如旅行日志，网络博客等。比起传统印刷的旅行作品，这种形式更便于旅行材料的传播和普及。旅行者之间的交流也更加方便迅速。21 世纪的今天，旅行书写继续发展壮大，不断革新，将传统与现代熔为一炉。在政治、经济、文化全球化的大背景下，旅行书写在我们的生活中一定会继续发挥其不可或缺的作用。

参考文献

Casson, Lionel. *Travel in the Ancient World*. London: Allen and Unwin, 1974.

Fussel, Paul. *The Norton Book of Travel*. New York: W. W. Norton & Co., 1987.

Lévi-Strauss, Claude. *Tristes Tropiques*. London: Jonathan Cape, 1973.

Sherman, William H. "Stirrings and Searchings (1500—1720)", in Hulme and Youngs (eds), *The Cambridge Companion to Travel Writing*. Cambridge: Cambridge University Press, 2002.

Thompson, Carl. *Travel Writing*. London and New York: Routledge, 2011.

《第二十二条军规》中的悖论研究

邱　蓓*

摘　要：约瑟夫·海勒的《第二十二条军规》是二十世纪以悖论为核心的黑色幽默文学典范之作。黑色幽默文学中的悖论是由各自暗含否定和抵消另一命题的意义的两个命题组成的怪圈，这是一种无法排除的非理性主义的悖论。这种悖论将喜剧因素和悲剧因素混融起来，既滑稽可笑，又令人恐惧，以此确立其在文学中的美学价值。

关键词：悖论；《第二十二条军规》；荒诞

A Study of Paradox in *Catch 22*[**]

Qiu Bei

Abstract: As a representative work of Black humor, *Catch* 22 takes paradox as the core. In Black humor literature, paradox is a strange circle composed of two propositions, with one denies and counteracts the meaning of the other. Irrational as it is, this kind of paradox cannot be eliminated. Combining the elements of comedy with those of tragedy, the paradox is both ridiculous and frightening. This is the way paradox establishes its

---

* 作者简介：邱蓓，江苏师范大学外国语学院讲师，主要从事现当代英美文学研究。本文是江苏省高校哲学社会科学基金阶段成果，项目编号：2013SJB750025.

** Author: Bei Qiu, Master in English Language and Literature, is a lecturer at School of Foreign Studies, Jiangsu Normal University (Xuzhou 221116, China). The research area is American literature. Email: qiu-bei@163.com.

aesthetic value in literature.

Key words: Paradox; *Catch* 22; Ridicule

悖论，亦作吊诡或诡局，是指在逻辑上可以推导出互相矛盾之结论，但表面上又能自圆其说的命题或理论体系。悖论的英文 paradox 一词，来自希腊语“para + dokein”，意思是“多想一想”。如果承认它是真的，经过一系列正确的推理，却又得出它是假的；如果承认它是假的，经过一系列正确的推理，却又得出它是真的。悖论的成因极为复杂且深刻，它的出现往往是因为人们对某些概念的理解认识不够深刻正确所致。自公元前 6 世纪古希腊哲学家爱匹门尼德提出“说谎者悖论”以后，人类就开始了悖论研究。此后，新的悖论不断被提出来，尤其是希伯索斯悖论、贝克莱悖论、罗素悖论三个悖论的提出震撼了逻辑和数学的基础，激发了人们求知和精密的思考，带来了数学理论的三次危机和三次革命。解决悖论难题需要创造性的思考，悖论的解决又往往可以给人带来全新的观念。对悖论的深入研究不仅推动了自然科学的发展，而且推动了社会科学思维方式和观念的更新，有助于数学、逻辑学、语义学等理论学科的发展，因此具有重要意义。

目前，悖论的研究已渗透到物理学、生物学、环境学、生态学等多种学科领域，然而在文学领域的研究还不多。但是悖论也出现在文学中，为文学作品的主题服务。约瑟夫·海勒的《第二十二条军规》就是 20 世纪以悖论为核心的黑色幽默文学典范之作。约瑟夫·海勒（1923—1999）是美国黑色幽默派及荒诞派代表作家，他的小说取材于现实生活，通过艺术的哈哈镜和放大镜，反映了美国社会生活的若干侧面，具有一定的认识价值和审美价值。1961 年，长篇小说《第二十二条军规》问世使约瑟夫·海勒一举成名。《第二十二条军规》以其内容和形式的创新而成为美国小说史上的一个里程碑：它开创了美国 20 世纪 60 年代荒诞小说的先声。

《第二十二条军规》全书共 42 章，讲述的是在第二次世界大战期间，美国第二十七飞行大队的故事。大队驻扎在地中海的“皮亚诺扎”岛上。本书主人公约塞连（也译作尤索林）就生活在这个绕着战争怪物旋转的光怪陆离的世界里。他是这个飞行大队所属的一个中队的上尉轰炸手。他满怀拯救正义的热忱投入战争，立下战功，被提升为上尉。然而慢慢地，他在和周围凶险环境的冲突中，亲眼看见了那种种虚妄、荒诞、疯狂、残酷的现象后，领悟到自己是受骗了。他变严肃诚挚为玩世不恭，从热爱战争变为厌恶战争。他不想升官发财，也不愿无谓牺牲，他只希望活着回家。看到同伴们一批批死去，内心感到十分恐惧，又害怕周围的人暗算他，置他于死地。他反复诉说“他们每个人都想杀害我”（37）。他渴望保住自己的生命，决心要逃离这个“世界”。于是他装病，想在医院里度过余下的战争岁月，但是未能如愿。根据第二十二条军规，疯子才能获准免于飞行，但必须由本人提出申请；同时又规定，凡能意识到飞行有危险而提出免飞申请的，属头脑清醒者，应继续执行飞行任务。第二十二条军规还规定，飞行员飞满上级规定的次数就能回国，但它又说，你必须绝对服从命令，要不就不准回国。因此上级可以不断给飞行员增加飞行次数，而你不得违抗。如此反复，永无休止。最后，约塞连终于明白了，第二十二条军规原来是个骗局，是个圈套，是个无法逾越的障碍。这个世界到处都由第二十二条军规统治着，就像天罗地网一样，令你无法摆脱。他认为世人正在利用所谓“正义行为”来为自己巧取豪夺。最终，他驾机向中立国瑞典逃去。

一

海勒在《第二十二条军规》中表现荒诞的独特手法成功地将我们从表层的幽默带到了深层的恐惧，为我们塑造了一个疯狂、混乱、怪诞不经、瞬息万变的美国社会。小说所传达的荒诞观念与20世纪60年代美国人心目中的恐惧和焦虑心情相吻合，它透彻地表现了第二次世界大战后美国人理想幻灭、价值观崩溃的现实，“第二十二条军规”也成了“无法摆脱的困境”的代名词。《第二十二条军规》不仅轰动美国文坛，而且在美国社会掀起了一股崇拜海勒的热潮，海勒本人则被尊奉为“黑色幽默的泰斗”。小说的成功，主要在作者以一种反传统的黑色幽默手法勾画出了一幅荒诞、疯狂、混乱、无序的美国社会图画。可以毫不夸张地说，以悖论为核心的黑色幽默，是海勒《第二十二条军规》美学大厦的基石，其中的悖论大体上可以归纳为以下三个类别：自毁命题的悖论、上下矛盾的悖论、客观环境与内容反差构成的悖论。

第一，自毁命题的悖论。自毁命题是“由 A 可以推导出非 A，但由非A并不能推导出A”（柏拉图273）。自毁命题具有自毁性质，自毁命题本身是不能成立的，但它的否定却没有约束。比如克里特哲学家说："克里特人总是说谎"，这就是一个自毁命题。假设这句话是真话，那么由它所指及这个哲学家是个克里特人的事实，可以推出这个哲学家也总是说谎，这个哲学家现在当然也是在说谎，即这句话是谎言；再看另外一个方向，假设这句话是谎话，也就是“克里特人并不总是说谎”，由此并不能推出矛盾。再看“世上没有绝对的真理”，这也是一个自毁命题。假设这句话是真的，那么世上就有了绝对的真理，这与话语所指矛盾；假设这句话是假的，也就是“世上有某些绝对的真理”，这并不能产生矛盾。自毁命题也还有很多，比如“真理是不可言说的”，“墙上不准写字”等。《第二十二条军规》中大量使用自毁命题的悖论，即本身包含着悖论的命题。飞行大队那个一心想当将军的卡思卡特上校，他的性格处处是自毁命题的悖论，最为典型的是他十分自负，因为才不过三十六岁就成了一名上校指挥官；他又感到沮丧，因为他虽然已经三十六岁，还不过是名上校。按常理如果他为自己三十六岁当上了上校而感到自负，就不会感到沮丧；如果他为自己已经三十六岁，才不过是名上校感到沮丧，就不会自负。三十六岁当了上校感到自负为A，已经三十六岁才当上上校感到沮丧为非A，A和非A是相互矛盾的命题。这种A↔非A的逻辑形式不为理性逻辑思维所容许。作者在这里用自毁命题的悖论，刻画出了美国社会里一个既野心勃勃又垂头丧气的军事官僚的形象。

第二，上下矛盾的悖论。这是指由相邻的语言层面联结成一体，产生上下矛盾，即构成悖论。按形式逻辑的思维规律，如果仅仅有第一个语言层面上的内容，只单独夸矛，是行得通的，可以令人信服，反过来只单独夸盾也是行得通的。但是如果把两个语言层面的内容联成一体，经过逻辑推导则会发现其中隐含的悖论。《第二十二条军规》最为广泛地使用了这种悖论。第二十二条军规规定患有精神疾病的人可以停止飞行，约塞连就想请丹尼卡医生帮助证明他疯了。但是军规同时又规定凡要停止飞行必须由本人提出书面申请，而能写书面申请的人，说明是神志清醒、神经正常的，必须继续飞行。第二十二条军规还规定，飞行员飞满32架次就能回国，但它又说，你必须绝对服从命令，要不就不能回国。因此上级可以不断给飞行员增加飞行次数，而你不得违抗。如此反复，永无休止。卡思卡特上校根据军规的附加条件不断给他增加任务，由32次到40次，到70

次。他感到自己非死不可，就公然拒绝飞行要求回国。上级答应了他，但指定他必须“作为英雄送回国去”，去为五角大楼进行忠于部队、献身战争的宣传。只要他接受这一条件，就可提为少校，再得一枚勋章，否则便送他上军事法庭。“活下去”是约塞连生活的唯一目的和“最高准则”，但是第二十二条军规无疑是要置他于死地。第二十二条军规是个怪圈，这个怪圈是由悖论构成的，它包括两个命题，后一个命题暗含有否定、抵消前一个判断的意义。小说就是这样广泛使用不同语言层面之间隐含的悖论，对美国专制机器造成的普通人的难堪处境进行巧妙的揭露。

第三，客观环境与内容反差构成的悖论。客观环境与内容的反差是指言辞外语境和语义之间的矛盾。在《第二十二条军规》中，约塞连完成了轰炸桥梁的任务，德里德尔将军要嘉奖他，但自从约塞连执行轰炸任务回来之后，他把衣服全部脱光，赤条条地到处溜达。在发奖那天，德里德尔将军走到他面前，替他戴勋章，却发觉他一丝不挂地站在队伍里，静等着颁发勋章。发奖仪式是严肃、隆重、肃穆的，而约塞连居然赤身裸体领奖，分明是放荡不羁的亵渎、轻蔑和反抗。在这里，海勒借环境即言辞外语境（发奖仪式）与内容即语义（领奖仪式）的反差形成悖论，不仅把约塞连这个“反英雄”形象活生生地刻画出来，而且用嬉皮士的反抗方式，对人们视为正义的反法西斯战争予以嘲讽。丹尼卡医生的故事也是此类悖论的典范模式。在一次空难中，飞机坠毁，机上全体成员遇难。军医丹尼卡并未登机飞行，但因为他的名字在机组成员的名单上，因而被宣布为已经死去。军士从花名册上划掉他的名字。他去医务室量体温和血压，他手下的士兵说：“你已经死了，大夫。”（298）他向军士抗议，军士劝他在当局安置他的遗体前尽可能不露面。此时远在国内的妻子收到陆军部发来的丈夫阵亡的电报，她伤心地痛哭，失魂落魄。可是一星期以后，她收到军人保险金、抚恤金、人寿保险金、丧葬费十几万美元……她对事情的变化感到高兴，她的女友们的丈夫开始同她调情，她居然染了头发。此刻军营里的丈夫为使自己不被火化所作的努力都是白费。现在他唯一的希望是请妻子出面提请陆军部注意丹尼卡的困境，证实他还活着。丹尼卡太太收到丈夫的信的同一天，又收到丹尼卡所在大队卡思卡特上校的来信，信中确认丹尼卡已牺牲，并表示慰问。不久，丹尼卡太太带孩子移居到别处，连转信的地址都没有留下。丹尼卡找不到妻子和孩子，无法证实自己是活人，成了活着的死人。这个故事中的人物、事件都是荒诞不经的，滑稽可笑的，有很强的喜剧效果。但面对活生生的丹尼卡即将被火化的危险处境，整个故事又令人恐怖、惊骇，因而又具有阴森的悲剧效果。在丹尼卡的故事里，可笑的后面是可悲，可怜的背后是滑稽，或者滑稽可笑本身就是可怜可悲，可怜可悲本身又滑稽可笑。

二

黑色幽默文学中的悖论是建立在非理性主义哲学基础上的不可排除的非理性主义悖论。海勒在《第二十二条军规》中创造出了难以计算的形形色色的悖论，每一个悖论就是一个怪圈。这个怪圈有无穷的魔力，其能量远远超过各个悖论的简单相加，或者说组成了一个超级悖论：它是一个神秘的存在，它自己规定自己，自己解释自己，一贯正确，永远有理，又无懈可击，因而具有无边的法力；它颠倒黑白，混淆是非，“使罪恶变成美德，使诽谤变成真理，使阳痿变成禁欲，使傲慢变成谦卑，使掠夺变成善良，使强盗变成荣誉，使亵渎变成智慧，使暴力变成爱国行为，使残暴变成正义”（哈桑 351）。在作品中，海勒采用独特的语言技巧，再现疯狂而荒诞的世界，达到病态的幽默效果，使人们深切感受到逻辑丧失感和恐慌感。作者就是用这种不合常理的语言将读者带到一个荒诞无比的世界，他似乎在嘲弄揶揄我们：世界是荒诞的，是没有因果关系的，谁也把握不了。在这个世界中，正常的逻辑是为大家所耻笑的，荒诞离奇才是正常的表现。海勒用这种反逻辑的语言再次宣布了世界的混乱，也使作品在不断的重复中始终处于一种新鲜的状态。

黑色幽默文学的悖论无法就其本身排除，其根本原因在于这种悖论深深扎根于美国社会。美国著名文学社会学家莫里斯·迪克斯坦认为：《第二十二条军规》就“像一部肯尼迪时代的秘史”。他举例说：“……六十年代人们普遍厌恶包括军队在内的我们的许多最神圣不可侵犯的社会机构；而我们的领导人对此做出的回答却是强化那些恰恰首先激起这种厌恶的东西，特别是我们社会生活中的欺诈、虚幻和操纵的性质。正如对反战抗议的回答是战争和升级，而解决轰炸的办法是更多的轰炸一样，人们要求在公开辩论中多讲真话！得到的结果却是更多的舆论控制和更大的谎言。约翰逊政府顽固不化地坚持颠倒黑白，说战争升级实际上是寻求和平，并且胜利在望……”（汤姆森　124）。从迪克斯的评论中看出《第二十二条军规》所描写的混乱、疯狂的美国社会是孕育黑色悖论的温床。

海勒认为世界是荒谬的，人生是荒诞的，抛弃了对理性主义的信念。在文学上，为了求得批判和探索适当的方法，也完成了向非理性文学的转变。文学上的转变主要在于面对荒诞的主题，采用荒诞的非理性主义的悖论来处理，因而开出的是荒诞离奇的花朵，我们姑且称之为“恶之花”：它是具有悖论性质的一种爆发力，既滑稽可笑，又令人恐惧，给我们以悖论性质的美感。

三

《第二十二条军规》通过对空军官兵之间荒诞滑稽的人际关系的描写，展示了美军内部的专制和腐败，从而揭示了美国社会中非理性、无秩序、梦魇式的各种怪诞现象。作者透过滑稽的表面现象揭露了一个极端自私、残酷无情、草菅人命、价值颠倒、道德沦丧的世界。在海勒的世界里，具有无上权力和随意性的第二十二条军规并不存在而又无所不在，是一种有组织的混乱和制度化疯狂的象征。它是神秘的代名词，象征了一种具有超自然的、能操纵人类命运的神秘力量。第二十二条军规既是一项具体而荒谬的法律条文，更是一种抽象的专制现实。它永远对，你永远错；它总有理，你总没理。它总是与灭绝人性的官僚体制如影随形，使你永远无法摆脱，无法逾越。这里既有现代官僚机器的异己力量，也包含了某些神秘，即海勒自己所感到的不可捉摸、无力把握的异己力量。对于海勒来说，美国政府只是一个穷兵黩武、对外进行侵略扩张的军事官僚集团。这样的集团无论对国内百姓还是对海外士兵都实行严密的控制。谁也摆脱不了那如同魔力般军规的约束。可见，第二十二条军规所造成的意境明显带有超验的、永恒的色彩。

海勒在《第二十二条军规》中采用的独特的语言技巧及悖谬的情节设计，成功地展现给我们一个荒诞不经，疯狂混乱的世界。小说中所表达的荒诞观念也正体现了当时的精神领域危机四伏的社会背景。海勒不仅是一位伟大的作家，同时也是一位伟大的哲学家。一部看似荒诞的小说蕴含了太多的哲理，留给读者太多的思考，所以人们对它的研究与探讨一直在进行。作为现代文学的精品，这部小说的价值有待被继续研究。

参考文献

Davis, Gary W. "*Catch - 22* and the Language of Discontinuity." *NOVEL: A Forum On Fiction*, Vol. 11, No. 1 (Autumn, 1998), pp. 66—77.

Green, Danie. "A World Worth Laughing at: *Catch - 22* and the Humor of Black Humor". *Studies in the Novel*, July 1995, Vol. 27 (2), pp. 186—196.

柏拉图:《文艺对话录》，朱光潜译，人民文学出版社 1983 年版。

菲利普·汤姆森:《论怪诞》，昆仑出版社 2002 年版。

伊哈布·哈桑:《当代美国文学》，陆凡译，山东人民出版社 1985 年版。

约瑟夫·海勒:《第二十二条军规》，上海译文出版社 1981 年版。

《谁害怕弗吉尼亚·沃尔夫?》的伦理意旨析评

邹惠玲　李渊苑*

摘　要：本文运用文学伦理学批评方法，将当代美国剧作家爱德华·阿尔比的代表作品《谁害怕弗吉尼亚·沃尔夫?》置于20世纪五六十年代的伦理现场之中，考察当时的社会与文化如何成为伦理混乱的滋生地，导致男女主人公乔治和玛莎的斯芬克斯因子失衡，使得他们在兽性因子驱动下迷失理性、放纵动物性本能；进而分析男女主人公在斯芬克斯因子重归平衡的过程中所经历的“生子”与“弑子”两次伦理选择——前者符合伦理却使他们在伦理失衡中越陷越深，后者原为伦理禁忌却使他们重归伦理自觉。通过以上论证，本文试图揭示阿尔比在该剧中所表达的伦理关怀，以及他为男女主人公设计的“生子”与“弑子”两次伦理选择之中所蕴藏的伦理意旨。

关键词：爱德华·阿尔比；《谁害怕弗吉尼亚·沃尔夫?》；斯芬克斯因子；伦理选择

---

* 作者简介：邹惠玲，毕业于山东大学，获文学博士学位，江苏师范大学外国语学院教授，主要从事美国文学研究；李渊苑，江苏师范大学外国语学院硕士研究生。

On the Ethical Implication of *Who's Afraid of Virginia Woolf*?

Zou Huiling Li Yuanyuan *

Abstract: Adopting the strategy of ethical literary criticism, this article interprets *Who's Afraid of Virginia Woolf*?, masterpiece of Edward Albee, a modern American playwright, in the particular ethical context of the 1950s and 1960s, exploring how the society and culture at that time breed ethical disorder which results in the hero and heroine's unbalanced Sphinx factor. Driven by the inflated animal factor, they lose their rational will and indulge themselves in their irrational will. Furthermore, this article analyzes the two ethical choices made by the hero and heroine in the process of recovering the balance of their Sphinx factor—— "childbirth" and "filicide" ——the former is in conformity with ethics but worsens their ethical imbalance, while the latter is an ethical taboo but recovers their ethical consciousness. Based on the above argument, this article attempts to reveal the ethical concern expressed by Albee in this play and the ethical implication embodied in his design of the two ethical choices for the hero and heroin.

Key words: Edward Albee; *Who's Afraid of Virginia Woolf*?; Sphinx factor; ethical choice

* Author: Zou Huiling graduated form Shandong University with a doctorate in English Language and Literature and is now professor of English at the School of Foreign Studies, Jiangsu Normal University (Xuzhou 221116, China). Her research area is American literature; Li Yuanyuan is a postgraduate student at the School of Foreign Studies, Jiangsu Normal University.

一 引言

当代美国剧作家爱德华·阿尔比（Edward Albee，1928—）一向被视作荒诞派戏剧在美国的代表人物。然而，尽管阿尔比“沿袭了荒诞派戏剧的主题和风格”（Esslin 267），他的剧作却超越了荒诞派戏剧对现代人生的形而上探索，传达出他对现代人伦理困境的冷峻思考。

在其代表作品《谁害怕弗吉尼亚·沃尔夫?》（*Who's Afraid of Virginia Woolf?*，1962）中，阿尔比大胆摒弃以叙事功能为主体的传统戏剧结构，借助荒诞派艺术手段，融“寓言、形而上学式的陈词滥调、荒诞的讽刺、歇斯底里式的幽默、对白中的睿智、文字上的隐喻、弗洛伊德精神分析学的妙用、讽刺中的再讽刺”为一体（赵杰 34），形象地再现了美国中产知识分子空虚无聊的生存状态。有关这部剧作，国内学者主要关注其中蕴含的社会批评主题、存在主义思想、幻想与现实的关系等，国外研究则集中于该剧辛辣尖刻的语言、游戏的仪式呈现和对西方社会价值观念的背弃和否定等。但假如我们从文学伦理学批评的视角出发研究这部剧作，就会发现阿尔比不仅在剧中揭露了现代美国社会伦理混乱的现状，而且为摆脱这种现状设计出一种有悖常理、却行之有效的伦理选择。

本文以聂珍钊教授的文学伦理学批评理论及其对斯芬克斯因子的阐释为依据，探讨阿尔比在《谁害怕弗吉尼亚·沃尔夫?》中所展现的伦理混乱状态，分析男女主人公乔治和玛莎所经历的斯芬克斯因子的失衡与重归平衡的过程，探讨剧中“生子”与“弑子”两次伦理选择的不同结果——前者符合伦理却使男女主人公在伦理失衡中越陷越深，后者原为伦理禁忌却使他们重归伦理自觉。通过上述分析与论证，本文试图揭示阿尔比在该剧中所表达的对身处伦理混乱环境之中的现代美国人的伦理关怀，以及剧作家为乔治和玛莎设计的“生子”与“弑子”两次伦理选择之中所蕴藏的伦理意旨。

二 历史的伦理现场与斯芬克斯因子的失衡

聂珍钊教授在“文学伦理学批评：基本理论与术语”一文中指出，“文学伦理学批评是一种文学批评方法，主要用于从伦理的立场解读、分析和阐释文学作品、研究作家以及与文学有关的问题”。然而，文学伦理学批评并非仅仅是从某种道德立场对文学作品进行道德评判，相反，这种批评“强调回到历史的伦理现场，站在当时的伦理立场上解读和阐释文学作品，寻找文学产生的客观伦理原因并解释其何以成立，分析作品中导致社会事件和影响人物命运的伦理因素，用伦理的观点对事件、人物、文学问题等给予解释，并从历史的角度做出道德评价”（聂珍钊 14）。据此，我们可以把《谁害怕弗吉尼亚·沃尔夫?》置于20世纪五六十年代美国的伦理现场之中，考察当时的社会与文化如何成为伦理混乱的滋生地，使得男女主人公摒弃传统道德价值观念，听凭潜藏于他们内心的兽性因子占据上风，成为支配他们行为的主导。

20世纪50年代，臭名昭著的麦卡锡主义席卷了整个美国，政治迫害遍及社会生活的各个方面。“虽然后来麦卡锡主义逐渐衰退，但政治迫害的阴影直到60年代初期依然时隐时现”（邹惠玲 114）。慑于保守政治势力的淫威，一向标榜独立人格的美国知识界怯懦地放弃了自己的政治和历史使命，“成为依附在美国专制社会肌体上的一个驯服细胞，为了成功不得不违心地循规蹈矩”（Mailer 305）。与此同时，随着战后消费文化的发展，以金钱为中心的价值体系逐渐渗透到美国社会的各个角落，物欲主义成为社会人际交往的主导。“家庭成员的关系也受到这一主导性消费的影响。在家庭关系中，金钱成为衡量人的价值的尺度，家庭成员不再看重对方的内在价值，而是把彼此定位为生产者和消费者之间的关系，人的内在价值被逐渐剥离”（张生珍 金莉 59）。在这样一种历史背景之下，当时的知识分子群体逐渐丧失传统的社会责任感，转而沦为物欲主义的奴仆，一心追求高收入、舒适生活和稳固的社会地位，听凭个人创造力的毁灭和精神的衰亡。另一方面，嬉皮士的兴起和女权运动又强烈地撞击着传统道德观念。嬉皮士彻底摒弃了所有传统意义上的道义与责任，奉行一种酗酒、吸毒、崇尚暴力、追逐肉欲的嬉皮生活方式，他们的一切行为都“只是为了达到自我满足这个目标”（Mailer 309）。女权运动在促成女性获取自由和平等的同时，将女性的性解放“作为女性解放的目标之一”（胡晓红 42），这在帮助女性摆脱传统禁锢的同时，“也带来一定的社会问题”，使得“一些人改变了对性的严肃态度，把性作为游戏”（张红 219）。嬉皮士、性解放以及其他各种社会文化运动的兴起，导致“美国社会道德的下滑、宗教价值观被世俗价值观所取代以及传统核心家庭的解体”（姚桂桂 85)。从根本上动摇了美国社会传统的道德意识与伦理观念，造成一种传统道德体系分崩离析的伦理现场。

《谁害怕弗吉尼亚·沃尔夫?》中的乔治与玛莎都是上述混乱伦理现场的牺牲品。从剧中的描写我们可以知道，乔治与玛莎的结合是以渗透美国社会生活的物欲主义为出发点，以追求金钱和社会地位为主要目标的。乔治之所以娶玛莎为妻，是因为她的父亲是大学校长，他以为这将有利于他的职业生涯。然而，在乔治所任职的这所“保守的高等学府”（135）里，他的理想和独立人格遭到扼杀，无法施展自己的才干，在事业上一无所成。而玛莎之所以嫁给乔治，是因为她以为乔治将来能够继承她父亲的事业，从而满足她对社会地位和财富的渴求。但二十三年过去了，她与乔治的结合不仅没有收获任何物质利益，甚至没有给她带来普通夫妻生儿育女的幸福。婚姻的悲剧使得这对夫妇看不到人生的希望，而传统道德体系的分崩离析又诱使他们放弃精神追求，转而到酗酒、互相谩骂、家庭暴力和婚外性自由之中去寻求暂时的快感。可以说，社会的伦理混乱引发他们自身的伦理危机，最终导致他们“斯芬克斯因子”的失衡。

三　兽性因子的爆发与失控

聂珍钊教授在“文学伦理学批评：伦理选择与斯芬克斯因子”一文中详细论证了斯芬克斯因子这一文学伦理学的基本概念。他指出，作为文学作品内容的基本构成之一，斯芬克斯因子“由两部分组成的——人性因子（human factor）与兽性因子（animal factor）。这两种因子有机地组合在一起，其中人性因子是高级因子，兽性因子是低级因子，因此前者能够控制后者，从而使人成为有伦理意识的人”（聂珍钊 5—6）。人性因子是理性意志的体现，兽性因子则源于人的动物性本能，两者必须处于平衡状态才能维持人的健康发展，如果一个人的兽性因子过度膨胀，他将会变得“不能自控也不能他控”，最终陷入伦理混乱、甚至走向毁灭（聂珍钊 10)。从文学伦理学批评的这一基本概念出发审视《谁害怕弗吉尼亚·沃尔夫?》中乔治与玛莎之间的冲突，我们可以看出，在混乱的社会伦理环境之中，他们体内人性因子与兽性因子相互对立、相互争斗，后者渐渐压倒前者，最终爆发出来。

乔治兽性因子的最初发作源于保守主流文化的压制。前文曾经提到，

20世纪五六十年代，美国知识界普遍违心地顺应保守主义主流文化。乔治就是一个典型的例子。他年轻时曾经雄心勃勃，试图借助文学创作实现自己的人生理想。然而，他那部关于“淘气的小男孩杀死了他的母亲和父亲”（136）的处女作被以玛莎父亲为首的保守派视作大逆不道，他们威胁乔治，“要是你敢发表这本邪书，你马上卷铺盖滚蛋!”（75）面对保守势力的高压，乔治放弃了自己的文学梦想，同时也放弃了“施展创造力的唯一机会，或许也是表现自己独立人格的唯一机会”（Rutenberg 104）。虽然此后他表面上心甘情愿地“在历史系的泥潭里”（50）做一个循规蹈矩的教书匠，但那种违心的放弃使他的内心充满怨恨与绝望，在这种心理之下他的兽性因子渐渐膨胀，一旦受到某种外界刺激就会发做出来，驱使他诉诸残暴的、危险的行为。在剧中我们看到，当玛莎当着客人的面嘲笑乔治二十多年前在拳击比赛中被她打倒时，乔治感到颜面扫地，其兽性因子瞬间爆发。他取出一支猎枪，瞄准玛莎的后脑勺扣动了扳机。虽然从枪口里射出的不是一颗能够终结玛莎性命的子弹，而是一把中式阳伞，但乔治那潜藏的杀人欲望已经昭然若揭。如果说这一次乔治的兽性因子仅仅以一种象征性的暴力杀戮表现出来，剧中的另一情节则更为真切地揭示出乔治体内斯芬克斯因子的失衡。玛莎不顾乔治的一再警告，向来访的尼克和哈妮夫妇揭露出乔治那部小说所描述的其实是乔治本人的亲身经历，甚至模仿着乔治的语调说：“不，先生，这根本不是小说……这是真的……这真的发生过……发生在我身上!”（137）这种“深重的屈辱”（138）使得乔治的兽性因子又一次冲破伦理禁忌，演变成杀戮的暴行。他扑向玛莎，扼住了她的脖子。如果不是尼克及时出手制止，玛莎很可能就要被他掐死。压抑个性的社会环境以及不幸的婚姻生活造成乔治人生的失败，也导致他体内人性因子与兽性因子的失衡，变得“不能自控”，一次次在冲动中将自己的杀戮欲望付诸实施。

玛莎兽性因子的膨胀则是由于她与父亲的畸形关系、婚姻的不幸以及性解放运动的误导。玛莎自幼对父亲怀有特殊的情感，“我钦佩那个人，我崇拜他，我全心全意崇拜他”（77）。虽然父亲从未重视过她，但他崇尚物欲主义的言行尤其是他为了金钱财富而续娶一位长着瘊子的老富婆的做法，深深地影响了玛莎道德价值观念的形成。在对父亲的依恋得不到回应的情况下，玛莎禁不住肉欲的诱惑，上大学时与莫夫女子学院的割草工发生了“小查泰莱夫人式的”（78）恋情，但这段身份悬殊的恋情仅仅维持了一个星期，就被她的父亲拆散了。玛莎大学毕业后，父亲又把她的婚姻当作谋取利益的工具，借此为自己寻找一个接班人，从而保住家族的权势和地位。起初他们觉得乔治与玛莎的“这桩婚姻似乎还挺般配的”（82），但事与愿违的是，乔治在保守主流文化的压抑之下逐渐变成一个“废物、书呆子，只知道坐在那里发呆，什么事也干不成”（85）。亲情的冷漠，婚姻的失败，对玛莎无疑是个巨大的打击，加之女权主义尤其是性解放运动的影响，玛莎的自由意志渐渐失控。按照聂珍钊教授在“文学伦理学批评：伦理选择与斯芬克斯因子”一文中的说法，自由意志“是兽性因子的意志体现……其主要表现形式为人的不同欲望，如性欲、食欲等人的基本生理要求和心理动态”（聂珍钊 8）。在玛莎身上，兽性因子的失控主要表现为情欲的放纵。曾经有女权主义者主张，“只要我愿意就可以每天换一个情人”（张红 147）。玛莎则把这种主张变成了自己的实际行动。如她自己所坦白的，她曾勾引过许多有妇之夫，“在龌龊的、毫无意义的婚外恋情中度过我的人生”（189）。阿尔比在剧中详细描写了玛莎勾引尼克的场面。见到既帅气又健壮的尼克后，玛莎换上暴露的礼服，用暗含性欲的玩笑挑逗尼克，在跳舞时紧紧贴着尼克扭动身躯，进而引诱尼克跟她到厨房去做爱。如果说玛莎是乔治“兽性因子”爆发的导火线，乔治同样也是玛莎“兽性因子”发作的原动力之一。乔治对玛莎的冷漠加剧了她斯芬克斯因子的失衡，致使她无法控制自己的自由意志，情不自禁地引诱来访的男客和自己玩起“与女主人性交”的荒诞游戏（139），在婚外的情欲放纵中排遣自己的忧伤和孤寂。

四 “生子”与“弑子”的伦理选择

著名美国戏剧研究专家毕格斯比曾经指出，阿尔比在戏剧创作中表现“困惑、孤寂与精神衰竭”等主题，是为了“呼唤精神的新生”（Bigsby 125—126）。那么，阿尔比不惜笔墨描写乔治和玛莎因斯芬克斯因子失衡而陷入的伦理混乱状态，又是为了表达什么样的伦理诉求呢？聂珍钊教授在“文学伦理学批评：伦理选择与斯芬克斯因子”一文中指出，“文学作品中描写人的理性意志和自由意志的交锋与转换，其目的都是为了突出理性意志怎样抑制和引导自由意志，让人做一个有道德的人”（聂珍钊 8）。同样，阿尔比在《谁害怕弗吉尼亚·沃尔夫?》中着力表现男女主人公兽性因子的失控，并非是为了渲染他们自由意志的放纵及其后果。相反，在展现他们身陷伦理混乱的同时，阿尔比为乔治和玛莎设计了两次伦理选择——“生子”与“弑子”，通过他们试图让斯芬克斯因子复归平衡的努力，传达出他对身陷伦理混乱状态的现代人的伦理关怀。

由于斯芬克斯因子的失衡，乔治与玛莎在自由意志的驱动下，一个放任自己的杀戮欲望，另一个沉迷于肉欲享受。为了恢复理性意志对自由意志的控制，重归正常生活，他们做出了第一次伦理选择——在幻想中虚构出一个“漂亮、聪明、完美的”儿子（222）。在他们的内心深处，这不是一个虚假的幻影，而是一个有血有肉的生命。他带给他们快乐，也渴望得到他们的亲情：“他用手一边牵着我们一个，希望我们能够给予他支持、爱抚、教诲、甚至爱”（221）。这样看来，这个孩子曾经一度为乔治与玛莎充斥着龃龉与冲突的生活带来难得的温情，似乎会成为他们重归伦理平衡的转机。然而，这个寄托着他们全部希望的孩子却渐渐从他们的生活中消失了：

> 玛莎：他不写信……暑假从来不回家……找各种借口……因为他无法忍受这幢房子周围有一个男人的阴影在游荡……
>
> 乔治：他不回家过暑假……是因为这个充满了空酒瓶子、谎言、许多陌生男人和一个悍妇的家里没有他的空间……（226）

从他们的对话中可以看出，乔治和玛莎清楚地意识到自己行为的有悖伦理，知道这些行为甚至会剥夺他们在幻想中回归伦理自觉的机会，但他们无法控制自己的自由意志。尤其是玛莎，她过分地依赖这份幻想，不仅期盼从这个虚构的儿子那里得到从冷漠的父亲、丑陋的继母、无能的丈夫那里都没有得到的亲情，而且竟把这个儿子当做自己性幻想的对象：“你穿着睡衣闯进他的卧室，不停地抚弄他，……你的双手摸着他的……”（120）原本为了抑制兽性因子而虚构出来的儿子不仅不能帮助他们从伦理混乱中解脱出来，反而愈发刺激了他们的自由意志，使他们更加悖逆人伦，而这又反过来切断了这对夫妇与幻想中的儿子的最后一点联系。显而易见，“生子”的伦理选择违背了乔治和玛莎最初做出这一选择的初衷，造成了更为严重的后果。

为了恢复他们人性因子对兽性因子的约束，阿尔比为他们设计了第二次伦理选择——“弑子”。与“生子”伦理选择由乔治和玛莎共同实施不同，这一次阿尔比让乔治单独实施“弑子”的计划。按照阿尔比的设计，看到玛莎在幻想中把虚构的儿子当做自己的性伴侣，乔治意识到他们臆造的这个儿子只能使他们夫妇二人愈加沉沦。为了救玛莎、当然也为了救自己，乔治决定结束这个儿子的性命。在剧中我们看到，乔治开始构思“弑子”计划时“不慌不忙、神态自若”（180），当计划完全形成时“他唇边浮现出怪异的似笑非笑”，而当他最后说出“我们的儿子死了”时，“他开始大笑……这是掺杂着哭泣的笑”（180—181）。可以看出，在构思“弑子”计划的过程中，乔治的理性意志逐渐恢复了力量，但当他做出“弑子”决定时，他那种“掺杂着哭泣的笑”又意味着这一次伦理选择对他而言是一次极为痛苦的抉择。他作为父亲参与了这个儿子的创造，对这个儿子寄予了美好的愿望，因而亲手“扼杀”这个儿子对他的打击绝不亚于对玛莎的。但是，乔治的理智告诉他，虽然这个儿子曾经寓意着他们对美好人生和道德完善的向往，但后来却渐渐成为他们回归伦理自觉的障碍，因而他们若要摆脱目前所处的伦理困境，就必须彻底摧毁这个他与玛莎共同幻想出来的儿子。后来的结局证明了“弑子”伦理选择的必要和必须。在乔治宣布儿子死于车祸之后，玛莎虽然一再歇斯底里地叫喊“你不能杀死他！你不能让他死！”（233）但最终恢复了平静并投向乔治的怀抱，这在某种意义上象征着他们将互相搀扶着走向伦理和谐的新生活。

在一般意义上，“生子”与“弑子”这两个伦理选择，前者是符合伦理的，而后者则打破了伦理禁忌。然而，《谁害怕弗吉尼亚·沃尔夫?》的绝妙之处却在于阿尔比设计这两个选择的别出心裁：“生子”没有能够让乔治与玛莎失衡的斯芬克斯因子重归平衡，“弑子”却重新实现了人性因子与兽性因子的有机整合，帮助他们在彼此的怀抱中找到人生的依托与希望。通过这两次伦理选择，阿尔比向我们传达出一个颇具讽刺意味的启示：对于处在斯芬克斯因子失衡之中的人们来说，有时不得不打破伦理禁忌，诉诸于荒诞的、甚至是背离道德范式的伦理选择，才能恢复理性意志对自由意志的约束和控制，才能实现个人的道德完善，并进而构建起人与人之间的和谐伦理关系。

五 结语

阿尔比在《谁害怕弗吉尼亚·沃尔夫?》中用荒诞的手法表现了乔治和玛莎这对夫妻的荒诞一夜，虽然只是一夜却映射出他们的整个人生。在阿尔比的另一部代表作《动物园的故事》中，主人公杰瑞这样评价人生："有时一个人不得不走很长一段距离的弯路才能返回到正路上来"（742），乔治和玛莎也是如此。在几十年的婚后生活中，他们听凭自由意志掌控自己的行为，沉沦于原欲泛滥。他们也曾试图通过"生子"的伦理选择压抑兽性因子的发作，但这一选择竟然加剧了他们的伦理危机。耐人寻味的是，在走过了充斥着辱骂、憎恶、仇视和背叛的漫长弯路之后，最终是"弑子"这一貌似违背伦理的选择使他们重归伦理自觉的正路，在对方身上找到了自己的人生依托，相互偎依着去面对残酷的现实。这样一个结局表明，表面上阿尔比展现给我们一出荒诞的闹剧，但在荒诞的表层之下蕴含着他对"获得救赎可能性的信念"（Bigsby 125）。阿尔比之所以在剧中把乔治与玛莎斯芬克斯因子失衡之后产生的暴力或肉欲冲动展现得淋漓尽致，是为了让现实中的人们正视自由意志挣脱理性意志约束之后将会导致的伦理危机，认识到失去伦理自觉的危害性，从而通过伦理选择获得救赎。正如阿尔比在接受斯蒂芬·鲍托姆斯的采访时所说，他在戏剧创作中"决心要做的是，让人们感到震惊，促使他们改变"（Bottoms 249）。换言之，阿尔比不仅深切地关注美国社会中灵肉背离、原欲泛滥的现象，而且期望能够通过自己的创作为改变伦理混乱现状尽到一份责任。然而，对于借助怎样的伦理选择去化解伦理危机，阿尔比有他的独到见解。从《谁害怕弗吉尼亚·沃尔夫?》中乔治和玛莎斯芬克斯因子复归平衡的过程我们可以看出，在阿尔比看来，为了改变因伦理混乱而充满荒诞的人生，有时不得不采取极端手段，通过似乎违背伦理禁忌的伦理选择来成为"一种伦理的存在"。（聂珍钊，"文学伦理学批评：伦理选择与斯芬克斯因子"6）这可以说是阿尔比精心设计的"生子"与"弑子"两次伦理选择传达给我们的伦理意旨。

参考文献

Albee, Edward. *Who's Afraid of Virginia Woolf?*. New York: Penguin, 1983.

——. *The Zoo Story*. American Drama: Colonial to Contemporary. Stephen Watt and Gary A. Richardson, eds. Fort Worth: Harcourt Brace & Company, 1995. 739—752.

Bigsby, C. W. E. "Edward Albee: Journey to Apocalypse." *Modern American Drama*, 1945—2000. New York: Cambridge University Press. 2000. 125—153.

Bottoms, Stephen. "Borrowed time: An Interview with Edward Albee." *The Cambridge Companion to Edward Albee*. Ed. Stephen Bottoms. New York: Cambridge University Press. 2005. 231—250.

Esslin, Martin. *The Theatre of the Absurd*. New York: Double & Company, 1969.

胡晓红:《"女性之'性解放'与'女性解放'"》,《社会》2004 年第 3 期,第 42—45 页。

Mailer, Norman. *Advertisement for Myself*. Cambridge: Harvard University Press, 1992.

聂珍钊:《文学伦理学批评:基本理论与术语》,《外国文学研究》2010 年第 1 期,第 12—22 页。

聂珍钊:《文学伦理学批评:伦理选择与斯芬克斯因子》,《外国文学研究》2011 年第 6 期,第 3—13 页。

Rutenberg, Michael E. *Edward Albee: A Playwright in Protest*. New York: DBS Publications, 1970.

姚桂桂:《试论 20 世纪后期美国反女权运动》,《妇女研究论丛》2013 年第 2 期,第 84—95 页。

张红:《从禁忌到解放:二十世纪西方性观念的演变》,重庆:重庆出版社 2006 年版。

张生珍、金莉:《当代美国戏剧中的家庭伦理关系探究》,《外国文学》2011 年第 5 期,第 59—64 页。

赵杰：《评当代美国戏剧〈谁害怕弗吉尼亚·沃尔夫〉》，《山东外语教学》1994 年第 1 期，第 34—38 页。

邹惠玲：《论〈谁害怕弗吉尼亚·沃尔夫?〉的社会批评主题》，《外国文学研究》1999 年第 4 期，第 112—115 页。

伊丽莎白·毕晓普旅行叙事中的政治意涵*

顾晓辉**

摘　要：美国著名女诗人伊丽莎白·毕晓普一生辗转漂泊的迁移经历使她亲眼看见了不同地区和国家的社会状况。她探寻旅行的真正意义，将个人生活扩展到诗学领域，在旅行叙事中包含了对社会与政治的书写。她的作品关注贫困、种族、阶级、社会不公以及战争与殖民等问题，表达了对边缘人的同情。她的社会良知在其作品中得到了充分的证明。

关键词：伊丽莎白·毕晓普；旅行；社会意识

Title: Political Implications in Elizabeth Bishop's Travel Narratives***

Gu Xiaohui

Abstract: During her life, Elizabeth Bishop drifted and removed from place to place and therefore witnessed the social conditions in different regions and countries. She probed into the true meaning of travel and expand-

---

* 项目编号：教育部人文社科项目“多元文化语境中的20世纪美国女性诗歌研究”（编号10YJC752010）阶段性成果。

** 作者简介：顾晓辉，江苏师范大学外国语学院副教授，硕士生导师。博士主要研究英美诗歌。

*** Author: Gu Xiaohui is an associate professor at School of Foreign Studies, Jiangsu Normal University (Xuzhou 221000, China), specializing in British and American Literature. E-mail: 1789942850@qq.com.

ed her private life to the realm of poetry with her writings about society and politics in the travel narratives. Her works show concern for poverty, race, class, social inequality as well as war and colonialism and sympathy for the marginalized people. Her social conscience is amply demonstrated in her poems.

Key words: Elizabeth Bishop; travel; social consciousness

美国著名女诗人伊丽莎白·毕晓普（Elizabeth Bishop，1911—1979）曾说过："地理比我们想象的更神秘"（Giroux 249）。她的诗歌话语展示了地理在自我建构过程中的塑形作用，表露了她独特的空间感受。她一生都在漫游和流浪：童年时寄居在加拿大的外祖父母家；大学毕业后到欧洲游历近两年；之后在美国多座城市短暂居住；20 世纪 50 年代起在巴西客居了 18 年。这就不难理解为何"旅行"在她的人生和诗作中一直占据重要位置。同时，这些辗转迁移的经历使她亲眼看见不同地区和国家的社会状况，有着切身的体验与认知。她将个人生活扩展到诗学领域，在旅行叙事中总包含对社会与政治的书写（Fortuny ix），向我们揭示了空间具有的历史性和人文性。但她避免表现公开的政治态度，以致很多人认为她是无政府主义者。她对此解释道："就作家本身而言，我反对政治性的思维。这能写出什么好作品呢?"（Ellis 112）她认为诗歌应紧跟生活细节，而不是意识形态的口号。她的创作美学涵具或明或隐的政治性，并对当代时事具有深刻的洞察力，只是她采用了一种更客观微妙的方式来进行表述。

玛格丽特·狄克依（Margaret Dickie）认为，毕晓普的作品"关注了贫困、种族、阶级、社会不公等问题。当战争发生时，她也将战争作为主题。在巴西生活时期，她和一群整天谈论政治的革命分子住在一起……她用传统诗歌形式表达对边缘人的同情，包括女仆、醉汉、贫苦的孩子们等。"她称赞毕晓普"将自己奉献给'伟大的观察'原则（principle of 'heroic observation'）"（14—16）。诗人自己在 1937 年致友人的信中也说过："关于'社会意识'等方面的创作……我不确定我这方面尝试是很好的，但我想让你看到并告诉我你的看法"（Giroux 55—56）。

一

毕晓普尊敬马克思，在维萨学院（Vissar College）学习时曾受俄国马克思主义思想影响，之后成为纽约激进派（New York Radical）的一员（Curry 83）。她对社会不公怀有一种人道主义的怜悯之心。幼时在贫困外祖母家与富裕祖父家的生活对比使她很早就认识到阶层差异。她曾经历的经济困境和20世纪30年代美国大萧条时期的社会生活让她感慨："我和穷人一起生活过，了解什么是贫穷"（转引自 Ellis 112）。而她最美好的回忆、最亲近的家庭关系却来自贫穷的加拿大亲人。这使得她与穷人关系更为密切。20世纪30年代美国的社会运动也进一步铸造了毕晓普的美学观念：她对社会责任的关注，对左翼运动的态度，对美国党派政治的反对，对个人正直品行的看重都始于这一时期。

四处漂泊的经历也使她的社会意识得以确立。旅行在她诗中"成为一种找寻与我们所生存的世界之关系的隐喻"（Fortuny 17），地理空间成为她新的自我认知的媒介。她以惊人的敏感表达自己的思考，并在作品中自觉添加更多社会分量与意义。她虽不喜欢公开讨论社会问题，但一直关注着国内外情势。她清楚看到美国社会将少数族裔看做"外来者"（outsider）。由于儿时在加拿大的经历以及成长过程中的不断迁徙她也自视为"外来者"。她与这些人产生共鸣，参与到与之息息相关的边缘化、背井离乡（exiled）、贫困（dispossessed）等问题中去（Dickie 116）。艾德里安娜·里奇（Adrienne Rich）对此给予高度赞扬："她（毕晓普）尝试去承认其他的外来者……这种意识远远早于民权运动（Civil Rights Movement）"（131）。

毕晓普对阶级与种族问题的关注主要体现在两方面：对穷困潦倒的人物形象塑造和对主与仆、白人与黑人等关系和冲突的描写。她笔下勾画出形形色色社会替罪羊形象（scapegoat），或讽刺或怜悯或感同身受他们的生活。第一部诗集《北与南》（*North and South*）中的《人蛾》（"The Man-moth"）曾为她赢得最初声誉。这首诗以超现实主义手法巧妙传达了人身处纽约大都市的茫然失措。人蛾是异化的生物个体，如卡夫卡笔下的甲虫，卑微地独自居住在"苍白的混凝土地铁"里。每天大部分时光在隧道中不停穿行，每晚做着“重复的梦”（*CP* 14）[①]。他孤独、缺乏交流，渴望逃避但又无处可去，被现实的欲望压得喘不过气来。诗人通过人蛾对现代人的怪诞生活进行了精准描摹，探索了隐匿在现代文明的喧嚣与浮躁中人存在的意义。

20世纪30年代中期毕晓普迁至美国南部佛罗里达州的基韦斯特市(Key West)居住四年，描写了这里的人生百态。《杰若尼莫的房子》(“Jeronimo's House”)主人公是一个典型社会底层小人物。他本有一座“易腐木板所造”的房子，物品简陋但充满温暖，是挡风遮雨的“爱的小巢”(love nest)，更是他眼中的“梦幻宫殿”(*CP* 34)。然而这个蜗居最终被飓风摧毁。诗人采用内心独白形式，让主人公沉浸在回忆过去、带着自嘲的喃喃自语中，令人深切感受到其无家可归的辛酸与无奈。

《库奇》(“Cootchie”)向我们展示了一个默默无闻的女子生平。库奇是毕晓普房东卢拉小姐的黑人女仆，后自杀身亡。她活着时没有存在感，直到身份的消除（死亡）才使别人注意到她。诗人以短短九行建构出这个女孩的一生，纪念她短暂生命的消失：在“abcbcdefe”构成的奇特韵律中，我们仿佛看到库奇活着和死去时的各种场景，意识到她原来在诗人和卢拉小姐的生活中起到重要作用，她的死是无法弥补的损失。没人知道她为何自杀，但诗人写到，她如今“躺着泥土里/黑皮肤被水泡成白色，(black into white she went)/栖身在珊瑚礁下面”(*CP* 46)，此处“白色”似乎彰显了种族同化思想在库奇身上的烙印。

毕晓普在佛罗里达的创作常涉及美国的种族斗争。这些作品的核心词是“暴力”(violence)(Dickie 116)。1965年，毕晓普写信给她的姑妈，批评她对马丁·路德·金的指责：“别忘了我曾住在南方。——我年迈的黑人洗衣女工的儿子被基韦斯特的警察杀害只因他们中的一个看上了他的妻子。这儿的人都知道，但没人采取任何行动。他们直接从监狱把装着她儿子尸体的棺材交给女工——她说：‘我看着他的胳膊——毕晓普小姐——那已经不是胳膊了。’”（转引自Ellis 138）。毕晓普在此居住期间至少发生80起私刑处死案件——这些也许构成这些诗的写作背景。

《给一位有色歌手的颂歌》(“Songs for a Colored Singer”)禁忌之处不

---

① CP：*Elizabeth Bishop*：*The Complete Poems*，1927—1979的缩写。文中引用作品除标注外均为本文作者翻译。

在于诗人的白人身份，而在于她揭露的政治冲突。诗人以黑人女性的视角描写了她们痛苦的生活。尤其在第三首歌中，她写道：“摇篮曲/ 成人和儿童/沉入睡眠中/ 海上的大船沉了，死了/ 胸中载着铅块/ 摇篮曲/ 让国家愤怒/ 让国家陷落/ 婴儿床栅栏的影子造就巨大的牢笼/ 在墙上。/ 摇篮曲/ 睡吧睡吧/ 战争即将结束。/ 丢下傻乎乎、无害的玩具，/捡起月亮”（*CP* 47）。与毕晓普许多其他作品一样，诗中的内在与外在世界混淆起来。诗人不断重复“沉了”（sink）一词，指向在看似平静睡眠之外的战争背景。她没有指明到底是哪场战争，考虑到诗的主题，也许她意指黑人在世界范围内反抗种族歧视的斗争。“摇篮曲”式的战歌以矛盾修饰方式进一步增强了感染力。里奇称她赋予边缘者诗意的声音：“这是一位白人女性的尝试——我相信是怀有敬意的——来以黑人女性的声音进行表达”（转引自 Ellis 137）。

《芙丝蒂娜，岩蔷薇》（“Faustina or Rock Roses”）是一首张力内化的诗，描写了阶层与种族观念下人们间的信任与怀疑。其中诗人似乎逆转了富与穷、主与仆、白与黑之间的权力对立。富有戏剧性场景中的三个人：黑人女佣芙丝蒂娜、生病的白人雇主和探病的访客都处于微妙而尴尬的境况中。前六节描写了访客眼中病房的景象，“白色”意象反复出现：生命垂危的女主人银白的头发、漂白的床单、惨白的灯光、白色皱巴巴的外套。但白色在此不再是白人阶层统治身份的象征，反而代表脆弱、不完美和死亡。第七节中芙丝蒂娜“赤着脚”出现在病房中。她服侍病人，并抱怨雇佣条款中的问题。她的到来给死气沉沉的病房带来活力，呼应了标题中的“岩蔷薇”——其花语是“对抗恐惧”——表明她在整个情境中的核心作用。当她照看病人时，作者故意用“他者”（the other）来指代白人雇主。以往作为种族和阶层中“他者”的芙丝蒂娜占据了主导地位，与未提及姓名、虚弱无力的白人雇主形成鲜明对比。然而这种权力关系的逆转并不完全：“她（芙丝蒂娜）俯身看着她”，表明她处在优越与屈从的双重地位；她“阴沉而和气的脸（sinister kind face）/ 呈现出一种残酷的黑色的/难解的谜题”。“阴沉”与“和气”并置表达了一种情感矛盾：芙丝蒂娜与雇主彼此依赖，但又彼此憎恨。她既是雇主“无法想象的梦魇”（unimaginable nightmare）也是“保护与安眠之梦”（dream of protection and rest）。最终，作为旁观者的“访客”感到“尴尬”，因她看穿了伪装于平静表面下的现实，从两者间的微妙关系发觉在社会不公的境况中人们关系的不稳定性以及真正关心的消失，而她也参与到其中，成为这种伪装的一分子（Dickie 117），从而感到不安、无力和绝望。但这一切“却无法言说”（There is no way of telling）。

然而，毕晓普并不希望以暴力形式解决种族和阶级冲突。她在诗中总强调一种人与人之间互相依存的情感联系。不同于《芙丝蒂娜》中压抑的氛围，《马努埃尔兹诺》（“Manuelzinho”）以另一方式探讨了工人与雇主的关系问题。诗人通过对话形式建立起叙述者、听者与读者的关联，语气轻松、诙谐，带着调侃和无奈，使人似乎看到一幕幕情景剧。然而不容忽视的是诗中表达的深层内涵。马努埃尔兹诺是一个奇特的人物：他虽为佃农却不通农务，“是该隐以来最差的园丁”（*CP* 96），但他具有艺术家的天赋，爱做梦，有各种奇思妙想，却因他所处的阶层得不到发挥。他以自己的方式进行无声对抗，让他的女主人束手无策。诗人以一种家庭喜剧而不是社会悲剧的方式戏剧化描写了种族与阶级的冲突。在最后一段中，叙述者（雇主）面对自己并不轻松的权威，态度在轻视与敬畏之间摇摆，最终意识到她与马努埃尔兹诺之间的共生关系（symbiosis）（Fortuny 17—18）：他们之间通过土地而联结，“我们一起做梦/温顺的人应如何继承土地/我的那几亩土地”（*CP* 97），在感情上也彼此依赖：她忍受他做的傻事，在他面前屈服，发火时“冲他大喊，嘲笑他，纵容他，爱他”；而从他那里她得到了信心、需求和家庭。这种彼此依存是建立成熟稳定关系的基础认知，并将等级制度转换为一种特殊的民主。（Schwartz & Estess 187）

二

在叙事层面上，毕晓普并不只是停留在观察者的主体位置。她也将对所见的世界产生的道德感受和情感认知投射到创作中。她生活在充满战争的世纪。战争成为她叙述的主要背景。但她常常将战争主题与各种冲突——文化的、性别的、种族的和阶级的——交织在一起。这种写作策略使得她成为一个与众不同的战争诗人（Dickie 105）。

早年游历欧洲途径巴黎时，那里林立的纪念碑在她眼中充满了战争意象。《巴黎，早上七点》（“Paris，7 a. m.”）直指拿破仑战役，以历史的维度思考战争。凯旋门象征着拿破仑的胜利，但“一将功成万骨枯”，下面隐藏了无数不知名士兵的死亡。她也亲身经历了 1936 年的西班牙内战（The Spanish Civil War）。在给玛丽安娜·穆尔（Marianne Moore）的信中她说："西班牙战争真可怕。我想你是否看到了前几天《时代周刊》（*Times*）上的图片——那些各朝各代、木制的、塑料的神像和十字架被拖出巴塞罗那的教堂，倒在地上，乍一看还以为是死去的士兵。"（Bishop *One Art* 45）《鼠的绞刑》（"The Hanging of The Mouse"）这首寓言诗让人联想到当时的屠杀，其中"流泪的猫"是诗人自身写照。这只猫再次出现在《猫的摇篮曲》（"Lullaby for the Cat"）中。诗中的政治意味更为明显，其中"让人惊喜"的"事件"讽刺了西班牙内战时政客们的"不干涉主义政策"（non-interventionist policy）。这种无所作为最终带来了法西斯主义和第二次世界大战（Ellis 129）。

描写第二次世界大战的《公鸡》（"Roosters"）意图展示"战争的卑劣本质"（Bishop *One Art* 96）。它以寓言形式揭示了战争的残酷以及女性在男权社会战争中所受的双重伤害："在那蓝色的薄雾中，/瑟瑟发抖的妻子在赞美/公鸡，它们冷酷地站着，以麻木的眼神/冷冷地旁观；同时，/从它们的喙那儿升起/ 不受约束、代代相传的啼鸣。"（*CP* 35 马永波译）公鸡此起彼伏的鸣声像两军对垒的叫阵，它们摩拳擦掌，兴奋异常。反观母鸡，恐惧颤抖，公鸡不但没有安慰，反而"在突起的胸脯深处/策划着……对受轻视的/妻子们的恐吓和命令"（*CP* 36）。公鸡的自大冷酷和不可一世跃然纸上。而它们"英勇战斗"的结果是两败俱伤，"一只在飞/带有英雄主义的愤怒挑战……另一只已倒下/但他撕毁的血迹斑斑的羽毛/仍在小镇上空飘摇"。无辜的母鸡更成为战争的殉葬品，"……死去的妻子们/睁着血红的眼睛/那些金属般的羽毛同时在氧化"（*CP* 37）。这些描述赤裸裸表现出战争的罪恶，而女性成为其中最大的牺牲品。虽然毕晓普拒绝被冠以"女权主义者"称号，但在无意识中她表达了对男权社会的愤懑与嘲讽。在访谈中她也不得不承认"这种（抗拒）的想法源于女权主义的理念——可能比我了解的还要极端。"（Starbuck 90）

1949 年毕晓普被指命为美国国会图书馆诗歌顾问。在华盛顿任职期间她创作了一系列寓言和诗歌。在创作《从国会图书馆眺望国会山庄》（"View of the Capitol from the Library of Congress"）时她评价国会山庄圆顶如同一个"给喜欢糖的国家制作的精致糖奶头"（an elaborate sugar-tit）（Roman 124），这一哺育意象暗指美国军队从国会中得到的财政支持。当时资料表明，五角大楼在1948—1953年短短5年间财政预算增长4倍，从10.9亿美元增至49.6亿美元（124）。诗的最后她听到办公楼隔壁的音乐声不禁回想起二战时空袭与炸弹爆炸的场景："巨大的阴影，一点点/占据了音乐室/ 成堆的铜管乐器想要发出/ 隆隆声—隆隆声"（*CP* 69）这种隆隆声（boom）不止一次出现在毕晓普诗中。《北与南》里随处可见对军国主义与战争的描写："在我们沉睡时"世界充满"危险"和"死亡"，到处是隆隆的"装甲车"和"丑陋的坦克"（《站着入睡》"Sleeping Standing Up"）。这一声音与"危险"、"死亡"联系在一起，表达出诗人对战争的焦虑与恐惧。

正因如此，诗人对美国政府发起越战感到愤怒。《12点的新闻》（"12 O'Clock News"）对那些战争崇拜者进行了批判。这是一场发生在"世界上最落后的国家之一"，几乎不存在"任何工业以及工业产品的地方"的战争。每天美国国内广播几乎从未谈及战争状况，只汇报死亡人数（Dickie 123），愈发凸显了战争的荒谬与无意义。而写于巴西的《犰狳》（The "Armadillo"）也因献给强烈反对越战的罗伯特·洛厄尔（Robert Lowell）具有了深层政治意义。诗中描写了巴西节日放热气球的风俗：气球升空美丽如星，但一旦破裂掉落，就会给地面造成灾难：猫头鹰、幼兔，犰狳等容身处被摧毁，惊恐"逃离大火"。诗人并未大肆渲染这些小动物的脆弱无助，而以冷静客观的描写与机智的讽刺衬托人类对自然的破坏。最后一段中美与暴力并存："太美妙了，这梦幻般的模拟！/ 哦，坠落的火，刺耳的尖叫/ 和惊恐，那残弱的武力威胁着/ 无知地与天空扭打成一片！"（*CP* 103 马永波译）使人不禁想起面临战争等灾难时人类自身与小动物们所陷入的相同困境。身披铠甲的"犰狳"意象也让人联想到士兵形象。从"ignorant"（无知的）一词可以看出诗人借用了马修·阿诺德（Matthew Arnold）《多佛海岸》（"Dover Beach"）中的"无知的军队在暗夜里交兵"（Monteiro 57）：战争使人互相残杀，暴力导致自我毁灭，从而将诗的主题延伸至对战争的谴责。

三

对毕晓普而言，旅行的意义还在于对一个区域的历史与文化进行反思，并从中发展出对经验世界的结构和意义的感知与建构。1951年她抵达巴西并决定长期定居。这里的独特经历使她对自身与创作进行了深刻思考。一战后许多美国作家开始热衷描写美国工业和文化在世界范围内的影响，毕晓普对此保持冷静与沉默。保罗·福赛尔（Paul Fussell）曾写道："旅行书写是关于观察者与被观察者之间的相互作用（interplay），关于旅行者自身观念的偏见，以及这些偏见在旅行中所经受的测试。"（126）以往男性白人作家总倾向将外国风景当作一种博物馆式的"背景"，并故意将之与日常生活隔绝。这种浪漫主义式的写法略去了与"人类生存的物质、社会、政治条件"（Bohl 10）相关的现实，使旅行书写成为殖民扩张中加强殖民统治的工具，与帝国主义产生和维持的方式成为一体（Fortuny 27）。

毕晓普独特之处在于她的旅行叙事关注的正是后殖民理论家所关注的艺术创作与人类生存物质条件之间的关系。她的作品探讨了政治与经济权力关系造成的国与国间的彼此认知，探讨了文化傲慢（cultural arrogance）态度导致的伦理后果（Fortuny 28）。她清醒意识到文化旅行的重要之处在于见证一种更复杂的对历史和政治的理解。在与评论家安·史蒂文森（Anne Stevenson）的一次谈话中，她说："我认为我们仍是野蛮人，每天都做着成百件无耻冷酷的事，而我们的后代也许看的一清二楚"（转引自Curry 2）。她将对殖民问题的深入认识写入《旅行问题》（*Questions of Travel*）的"巴西"组诗里。

《巴西，1502年1月1日》（"Brazil, January 1, 1502"）描写了早期的殖民侵略。这一天是葡萄牙人发现并命名"里约热内卢"的日子。新大陆使其震撼，"人间天堂"般的美景促发了狂热的开发与殖民："刺绣上的自然/挂毯上的风景/符合了/昔日对财富与奢华的梦想"（*CP* 91）。殖民者认为他们在文化与宗教上远优于当地土著人，因而更疯狂地将一切作为消费对象。毕晓普把他们的入侵比作丛林大蜥蜴捕食，他们找到了"丰饶，还有新的欢愉"（*CP* 92），贪婪掠夺和摧毁这里的土地与妇女。诗中的印第安女性如同被狩猎的动物，遭到白人入侵者的追捕。讽刺的是，诗人特意将这种行为放在教堂仪式后："弥撒之后，出现了嗡嗡声，也许是/武士歌，或类似的曲调，/他们撕破悬挂的布匹，/个个开始为自己寻找印第安猎物——"诗的结尾只余下"一群发疯似的小女人不断哭叫/对着彼此哭叫/退缩着，不停退缩。"（*CP* 92）

与之相对，《抵达桑托斯》（"Arrival at Santos"）写的是现代游客到达巴西的场景。这些人带着“对不一样的世界/与更好生活的要求”（*CP* 89），仿佛殖民者在异域发现新世界，用手杖四处挥指，豪情万丈：“这儿是……，那儿是……”，渴望建立一种新兴的秩序。但随着越来越深入内陆，他们初来的兴奋渐渐消退，取而代之的是信仰与怀疑并存：“颜色不明的肥皂，或邮票/前者消耗太快，后者/在我们寄出船上写的信件时滑落/或许是这边的胶水质量糟/或者是因为这热……”他们将带着个人色彩的梦想与文化期待投射于异域中，但现实是这种期待与实际不符。这使得他们原本点燃“帝国之梦”的自我中心主义瞬间破灭（Ellis 115）。

这两首诗恰好构成过去与现在的对比，而现代旅游者事实上带着与以往殖民者同样的索求。毕晓普深刻洞察出了旅行本身之外的政治文化涵义，将其与后殖民时期的特点联系起来。1961 年她应邀撰写一本关于巴西的书。但她与出版商就书的写法不断争执。她不愿迎合消费至上的趣味，希望以不同于以往杂志对“发展中国家”（developing world）的描写方式来实现“对外国文化的完整再现”：“（美国的读者群体）没人觉得把巴西人看成‘疯狂的人们’或把南美国家的腐败当成好事这些想法是多么可恶，多么居高临下……也许我至少能做到客观点……当然我不必说巴西是完美的……只要我不按他们说的那种方式来写”（转引自 Fortuny 69）。

毕晓普在巴西生活的年代正值工业化和现代化快速发展之时，同时伴随着通货膨胀、政府腐败、贫困文盲的大众与封建地主和世袭贵族间矛盾日益加深的社会状况。此外，发达国家的商业入侵也给巴西带来巨大伤害。在《巴西》（*Brazil*）一书中，毕晓普以广泛的历史纵向度大胆清晰地表述了殖民主义物质残余以及后殖民时代巴西社会真实的生活状态：“富有国家很难或无法理解贫困国家……外国人对巴西提出的任何质疑——从贫穷到肮脏，从未上漆的房屋到粗鲁的司机，从恶劣的交通状况到缺水的生活条件——他总会谴责为‘国家特点’或政府对人民福利缺乏关心等。但在质疑前他应该问问自己，这只能用贫穷来解释吗?”（Bishop *Brazil* 147）第二次世界大战后欧美国家以新的形式对巴西进行掠夺，经济殖民带来无法负担的环境灾难。许多美国人甚至无法想象他们洁净的生活也许正来自其他国家经济与社会状况的恶化（Fortuny 94）。

另一方面，毕晓普也看到了外国文化对巴西文化生活的侵略：

> 消费主义与那些如何吸引游客的错误观念毁掉了巴西狂欢节……好莱坞也带来严重后果。比如，几年前的狂欢节好像成了一个电影的噩梦。当时流行一部关于圣经的大片，于是街上出现了成千上万个缺乏创意、单调乏味的大卫与所罗门王装扮……电台与广播也有负面影响。狂欢节的优点在于所有音乐和舞蹈都直接来自人民自发的表演，但那些商业化的歌曲作者开始为之写歌，不断播放……使其所有魅力都消失殆尽（Bishop *Brazil* 88）。

《去面包房》（“Going to the Bakery”）描写了毕晓普眼中的巴西。也许它原来题目更能清楚表达诗人心境：《再见，里约热内卢》（“Good-bye to Rio”）。诗中极其相似的场景描写让人想起布莱克的《伦敦》（“London”）：乞丐、妓女等徘徊街头，到处是如同夜间幽灵般虚弱、不安、病痛的人们。诗人的感受在一首她曾翻译的巴西歌谣中得到了抒发：“里约热内卢，/我的快乐与幸福/白天我没水喝/晚上我没灯照”（Bishop“On the Railroad Named Delight”443）。诗人买面包的路程由此成为一种精神寻求过程的戏仿（parody of a spiritul quest）（Monteiro 70）。

事实上，毕晓普总带着一种温柔的怜悯看待巴西穷人。《寮屋的孩子们》（“Squatter's Children”）描写了贫民窟生活。在诗人看来，这些孩子尽管贫穷，但他们无忧无虑地嬉戏，就像阳光下的“小黑点”（speck-like）。他们是自然之子。诗人似乎想向他们表明在自然律法面前人人平等，都可拥有阳光、雨水等自然赋予的权利。“孩子，暴风雨的门槛/踩在你沾满泥巴的鞋子下/浑身湿漉漉，你目眩神迷，站在/那比你家大得多的房子间，/按照法律，/这些楼房你可从中挑选。/那些湿乎乎的文件保存了/你的权利，在落雨的屋里”（*CP* 95）。自然如大房子，属于每一个人，无论贫富。但她要指出的不仅是自然给予所有人的权利，更暗示了这些孩子在生活中也应拥有同样的权利。

然而，在穷困落后之外，毕晓普也看到巴西日常生活中存在的力量以及其中值得学习和借鉴的地方，并与美国文化进行对比，目的是让读者能重新思考自身的民主与法律制度、道德观念和婚姻关系等（Fortuny 76）。在20世纪60年代的一次访谈中，当被问及写作中她是否“除外观之外能从巴西得到其他东西”，她回答说：“在这里生活……有巨大不同，对我当然也有很大作用，我觉得自己学到很多东西。大多数纽约知识分子对

‘欠发达国家’的观念都是有些错误的。和那些与我们文化完全不同的人生活在一起改变了我很多既有看法”，“对今日民主的含义有了更广泛了解”（转引自 Schwartz & Estess 290）。她认为美国人不但应质疑自身国家成就中的价值观，也应正视一种评判别国“成败”的傲慢心理。特莱维萨诺（Thomas Travisano）评价道：“毕晓普……以那些戏剧化的、让人沉思的方式表现了西方与非西方在认知、生活条件、社会行为等方面的差异”（“The Elizabeth Bishop Phenomenon” 912）。

结语

毕晓普在少年时代“将所有时间用来阅读雪莱作品”并深受其影响。她喜欢引用雪莱在《为诗辩护》中的一句话：“道德之伟大秘密是爱”（The great secret of morals is love）（转引自 Ellis 120）。特莱维萨诺指出，“她的成熟作品中到处展示了对雪莱价值观的认同——想象的移情，将自身置于‘另一个世界和另一群人中’”（“Emerging Genius: Elizabeth Bishop and *The Blue Pencil*, 1927—1930” 39）。对大多数人来说，旅行只是一种爱好和愿望。但对毕晓普而言，旅行如写作一样，是一种自我反思的行为。她探寻旅行的真正意义以及“家”与外部世界的关系、逃避现实（escapism）与孤立主义（isolationism）的关系，现代旅行如何造成或弥补了殖民主义的罪恶等（Fortuny 72）。这些问题潜藏在字里行间，隐含于对景色与人们生活的描写之后。毕晓普反对诗歌直接介入社会与政治生活，但在其创作中“我们却能感受到其鲜明的道德意识，那是一种在漂泊中寻找家园的顽强意志，更是一种对一切不合理、不平等的反叛精神”（刘铮）。她的社会良知在她的作品中得到了充分反映。

参考文献

Bishop, Elizabeth. *Brazil*. New York: Time Inc., 1970.

——. “On the Railroad Named Delight”. *Prose*, *Poems & Letters*. Ed. Robert Giroux & Lloyd Schwartz. New York: Literary Classics of the U. S. Inc., 2008.

Bohl, Elizabeth. *Women Travel Writers and the Language of Aesthetics*

1716—1808. Cambridge: Cambridge University Press, 1995.

Curry, Renee. *White Women Writing White: H. D., Elizabeth Bishop, Sylvia Plath, and Whiteness*. Westport: Greenwood Press, 2000.

Dickie, Margaret. *Stein, Bishop and Rich: Lyrics of Love, War & Place*. Chapel Hill: The University of North Carolina Press, 1997.

Ellis, Jonathan. *Art and Memory in the Work of Elizabeth Bishop*. Hampshire: Ashgate Publishing Ltd. 2006.

Fortuny, Kim. *Elizabeth Bishop: The Art of Travel*. Boulder: The University Press of Colorado, 2003.

Fussell, Paul. *Abroad: British Literary Travel Between the Wars*. New York: Oxford University Press, 1980.

Giroux, Robert ed. *One Art*. New York: Farrar, Straus and Giroux, 1994.

刘铮:《海边的放逐者——评美国女诗人伊丽莎白・毕晓普》。《中国妇女报》http: //www. lxbook. org/zjzp/american/a _ 016. htm, 2012 - 12 - 12。

[Liu, Zheng. "Exile at the Seaside: Comments on American Women Poet Elizabeth Bishop". *China Women's News*. http: //www. lxbook. org/zjzp/american/a_ 016. htm, 2012 - 12 - 12]

Methfessel, Alice H. ed. *Elizabeth Bishop: The Complete Poems 1927—1979*. New York: The Noonday Press, 1997.

Monteiro, George. *Elizabeth Bishop in Brazil and After*. Jefferson: McFarland & Company, Inc., 2012.

Rich, Adrienne. "The Eye of the Outsider: Elizabeth Bishop's Completer Poems, 1927—1979". *Blood, Bread, and Poetry: Selected Prose 1979—1985*. New York: Norton, 1986.

Roman, Camille. *Elizabeth Bishop's World War II-Cold War View*. New York: Palgrave, 2001.

Schwartz, Lloyd & Sybil P. Estess eds. *Elizabeth Bishop and Her Art*. Ann Arbor: The University of Michigan Press, 1983.

Starbuck, George. "A Conversation with Elizabeth Bishop". *Conversations with Elizabeth Bishop*. Ed. George Monteiro Jackson: University Press of Mississippi, 1996.

Travisano, Thomas. "Emerging Genius: Elizabeth Bishop and *The Blue Pencil*, 1927—1930", Gettysburg Review, Vol. 5, No. 1 (1992) 32—47.

——. "The Elizabeth Bishop Phenomenon", New Literary History Vol. 26: (1995) 903—930.

寻找心灵的“香格里拉”

——试论《拯救溺水鱼》的魔幻现实主义元素

林晓雯*

摘　要：与其前四部小说相比，谭恩美的《拯救溺水鱼》无论是作品主题还是写作风格均是一次大胆的尝试和突破。人鬼淆同的“幽灵”叙事、神秘的东方之行和奇幻的经历，无不使这部作品呈现出魔幻现实主义文学的特点。“幽灵”成为一种跨越生死、超越东西方壁垒的神奇力量；与之相比，人类的渺小、狭隘、无知以及由此导致的伤害、邪恶一览无遗。美国游客“追随佛祖足迹”之旅充满艰辛坎坷。时空流转，身份转变，优越感依旧的美国人在古老的东方遭遇了各种离奇、荒诞的经历，却寻找到了心灵的“香格里拉”；与此相反，现代文明社会中的人依然喧嚣、冷漠，追逐名利而无法自拔。谭恩美编织了一则现代寓言，呼吁人类相互理解和尊重，同时为现代社会逐渐丧失主体地位的人类指出一条摆脱困境，通向心灵王国的道路，体现出作家的社会理想倾向。

关键词：谭恩美；《拯救溺水鱼》；魔幻现实主义；幽灵叙事；东方之行

* 作者简介：林晓雯，江苏师范大学外国语学院副教授，主要从事美国文学和中外文化交流研究。

Seeking for Antidote in Shangri-La

——Study on the Features of Magical Realism in *Saving Fish From Drowning*

Lin Xiaowen

Abstract: In her fifth novel *Saving Fish From Drowning*, Amy Tan made an attempt to break through the usual themes and writing styles in her first four novels. Ghost narrative, mythical expedition to the East and so on carve out the features of magical realist literature. "The Ghost" stands as a magic power to bridge the gap between life and death, East and West. In comparison, the littleness, narrow-mindedness and ignorance of human beings and the consequent harm and evil done to themselves are brought to light. Those American tourists try to "follow the Buddha's Footsteps" in their expedition to the East. Unexpectedly they experienced various hardships and absurdities due to the changes of space and their identities from the West to the East. However, they are finally harvested with antidote in "Shangri-La." On the contrary, human beings in the civilized modern society are still busy pursuing their fame and fortune in a noisy and indifferent way. Amy Tan has well knitted a modern fable, which helps guide human beings to a sacred kingdom of heart. At the same time, it also reveals her social ideal.

Key words: Amy Tan; *Saving Fish From Drowning*; Magical realism; ghost narrative; expedition to the East

2005 年，美籍华裔作家谭恩美（Amy Tan，1952—）推出了她的第五部小说《拯救溺水鱼》（*Saving Fish From Drowning*），又一次引起美国主流读者的广泛关注。而这次引发热议的原因不是源于谭恩美一贯的美国华裔家庭母女关系的冲突等主题，而是因为这本小说讲述的是美国旧金山十多位喜爱艺术、富有、聪明、娇生惯养的美国人前往亚洲腹地，体验一次“追随佛祖足迹”的旅行而引发的各种冲突和矛盾。与谭恩美以往作品相比，这部小说的人物关系、时空背景、故事情节等都发生了很大的改变，也引发了评论界褒贬不同的声音。褒奖者认为这部小说是谭恩美文学创作的一次突破，她尝试以幽默的口吻对全球化语境下的文化冲突、种族压迫、媒体喧哗等现实问题进行讽刺、鞭挞，同时也不乏对于命运、亲情、友情等关乎人类生存等问题的思考。批评者指出谭恩美涉足她并不擅长的创作领域，因此无论是故事情节、人物塑造，抑或创作风格都显得杂乱无章，缺乏生气，与她前几部小说相比黯然失色（郑新民 87—88）。

尽管读者和评论界对这部作品毁誉参半，但双方亦有共识，那就是这部作品与谭恩美以往的作品有明显的不同，主要表现在以下几点：1. 故事的叙述者是一个“幽灵”——已故美籍华人、社会名流陈碧碧；2. 故事的背景从西方的美国转移到东方古国——中国和缅甸；3. 故事人物从美国社会的华裔群体变成东方语境下的美国游客。毋庸置疑，这样的改变是耐人寻味的。据此，本文尝试运用魔幻现实主义的创作原则，对该作品中诸多神奇、魔幻的故事情节展开分析，指出作家是借“魔幻”之手段反映现实，是“变现实为幻想而又不失其真”的文学尝试，并以此表达作家对“人类救赎”这一普世命题的思考。

一　跨界的“幽灵”叙事

众所周知，魔幻现实主义文学发轫于拉丁美洲，这是与拉丁美洲光怪陆离、虚幻恍惚的“神奇现实”分不开的，是一定时代和历史条件下的产物。魔幻现实主义文学作品大多“将迷离倘恍的幻觉与触目惊心的现实有机地融汇一体，是将神奇怪异与平白习见的事物巧妙地结合一体，以独特的艺术方式，在更为本质的程度上抨击拉美大陆的黑暗社会和污秽现实，从而达到干预现实、超越现实的最终目的”（马小朝 39）。

在《拯救溺水鱼》开篇之前的“致读者”部分，谭恩美就营造了一种神秘的气氛。她说写这本小说的灵感来源于克伦·伦德加的一次无意识创作，其中的故事来自于一个叫“陈碧碧”的鬼魂。于是，她决定运用这个材料，“用虚构的人物来阐释‘碧碧的报告’，也许这会使虚构与真实的界线变得不太清楚”（谭恩美 4）。故事开篇，第一人称叙述者陈碧碧就宣布一个可怕的消息：她死了。而这恰恰是她带领 11 名美国游客前往中国西南边陲云南，然后深入亚洲腹地的兰那王国（即缅甸），去体验一次“追随佛祖足迹”的旅行前夕。旅行团成员只好临时更换领队，踏上未知的亚洲之旅。这似乎是不祥的预兆，而幽灵陈碧碧则飘浮在空中，“凭着佛赐予的能力，安全无阻地飞行，可以看见隐藏的生命显现出的形态”（161），她俯视着芸芸众生在人间大地上的各种行为，特别是她的团队成员——那些自以为是、各持己见的美国人所做出的种种荒谬、可笑的行为。她还拥有天眼和天耳，能看到别人看不到的东西和别人听不到的东西，还能进入别人的大脑，将幽灵的意识渗透到别人的脑海中，甚至修改他人的意识，给他一段不存在的记忆。

郑新民指出：“‘亡灵’叙事视角是一种‘全知视角’，它通过‘亡灵’的眼睛来观察、体悟人事，展开故事情节，不仅能上天入地，而且还能深入人物内心，可以真切地叙说现在，又可以清晰地展示过去，使整个作品建立在现实世界与虚幻世界的交叉、重叠和切换之中，给人一种扑朔迷离的神秘色彩。”（89）小说中，人鬼相通，鬼魂幽灵加入凡人间的现实，在营造一种亦真亦幻的效果的同时，更重要的是它以象征隐喻的方式达到表现现实的目的。

首先，陈碧碧跨越了生－死、人－鬼的界线。她生前是美国旧金山地区的社交名流，亚洲艺术博物馆的董事，热衷于慈善事业，而她自己却终生未婚，独自生活。她的童年是在中国上海的法租界度过的。她的父亲属于典型的上海资产阶级，经营一个棉花加工厂，经常和外国客户打交道。他不仅事业风生水起，而且学贯中西。陈碧碧在这个“世界性的家庭”（谭恩美 18）中有自己的英语和法语教师，接受的是现代教育。由于母亲早逝，她由父亲的第一房太太甜妈抚养长大。母爱的缺失，使她早早就学会将最深的感情藏在内心。大陆解放前夕，他们举家前往美国。她六十三年的生命似乎风光无限，但没有人完全爱过她，也没有人获得过她的心。

陈碧碧死后成了鬼，但她认为“死亡并非是失去生命，而是经过一系列舍弃而达到的顶点”（145），“鬼不过是人的第二次生命罢了”（3）。在小说中，陈碧碧作为幽灵担当整个事件的叙述者，她的诉说既是鬼魂的呓语，更是人内心深处的倾诉。她发现自己有能力进入别人的思想，这样她就可以听到朋友的心里话了。现实世界中人与人之间的隔阂、冷漠转化为人与鬼之间的倾心交流，这使得她在死后，渐渐习惯于不断被感动，“现在我通过别人，越来越感觉到自己生命的宽度、体积和密度”（34）。谭恩美选择“幽灵”作为叙述者，不仅使其具备全知叙事的视角，而且拥有一种话语上的优势。它能够俯视众生，拥有神奇的力量。人变成了鬼，却比人善良、智慧、博大，这意味着人的本质的转移，是对人的否定，是对现实世界的极大讽刺。幽灵的天眼看尽、天耳听尽人间的无知、狭隘、愚蠢、自负以及由此带来的冲突、争端和伤害。与幽灵相比，人显得如此渺小。这是现实世界的真实写照。难怪幽灵碧碧不无感叹地说：“大自然有百分之九十九是我们未发现的，要发现这些壮观和美丽，需要一双既能探究细微，又能远望的好眼力。”（161）

陈碧碧也跨越了东西方的屏障。她的“世界性家庭”背景、对亚洲艺术的喜好以及美国文化的熏陶，使得旅行团成员深信没有人能比碧碧做得更好，因为她既是美国人，又是亚洲问题专家。果然，当旅行团在新领队带领下进入中国云南省，开始他们跨越数千年、数千里，通向过去的美妙旅途时，便是他们厄运的开始。这些美国人在丽江地区看到一头拉磨的水牛，便感慨万千，认为这样的行为太残忍，人类不应该虐待动物；当他们来到白族聚居区的石钟山峡谷，参观当地著名的子宫洞——象征生命之源的生殖女神崇拜，由于语言文化的障碍，做出了种种触犯禁忌的行为，表现出对当地文化习俗的大不敬，因此受到当地人的诅咒。

此时，漂浮在他们上空的碧碧多么想告诉他们水牛拉磨体现了东方人普遍的因果报应和生死轮回的观念；多么想向他们解释生殖崇拜在东方文化中象征着家族的兴旺和繁荣。这一切在陈碧碧作为“文化翻译”看来迎刃而解的问题，却让这些美国人一筹莫展，主要原因在于这些美国人习惯了一种“文化训导者”的身份，即用自己的价值标准评判一切。他们长期以来形成的文化优越感使他们对待其他文化总是以一种“俯视者”自居，却没有意识到他们来到一个文化、宗教、习俗截然不同的国家时，他们高高在上的“主体”地位发生了变化，曾经的俯视者成为东方语境下受审视的“他者”，成为东方文化的仰视者。正如团队中一名成员所说：“那种自作聪明的人，往往比愚蠢无知更糟糕”（29）。

相反，陈碧碧生前在美国孑然一身，死后灵魂却回到中国。当她到达上海时，故乡的记忆和气息迎面而来，她说：“这是我出生以及度过童年时代的城市，我永远难以忘记这里的一切，就连空气都是芬芳的，这是故乡的气味。”（34）双重文化背景赋予她独特的观察事物和分析问题的视角，赋予她对不同文化差异的对比和深刻的理解与包容。在中国，她反客为主，从容自信地跟随她的团队前行。当美国游客好奇地谈论着中国饮食、云南的景色以及下榻的酒店会不会像游牧民族的帐篷时，碧碧观察到的却是更加丰富、深刻的景致——当地汉族和云南少数民族、南下的游牧民族的混居，“他们不经意间都成了混血儿，没有哪两个人长得一样，仿佛人人都是艺术品”（46）。幽灵碧碧仿佛远游的孩子回到故乡，依偎在大地母亲的怀抱，有体味不尽的心灵感受，她感慨数千年来中国人对多种信仰的兼容并蓄，体会到中华文化和艺术的深远影响以及强大的生命力。当美国游客因为在子宫洞的冒失受到诅咒而决定提前离开中国时，碧碧急切地呐喊：“中国就像棵古老的松树，需要慢慢地感受和领悟——古老又充满活力，如五千年的历史那样无比宏伟。”（68）

跨文化的文学创作，需要跨文化的观照视界与衡量尺度。陈碧碧能够跨越生死，在东西方文化之间自由行走，游刃有余，这恰恰体现了作家的社会理想。谭恩美自身华裔美国人的身份，使得她能够站在两种文化的交叉点，审视并思考文化冲突与融合的问题。小说中，每当美国游客和当地人之间由于语言障碍和文化差异而发生各种误解和冲突时，陈碧碧总是淡定自若地说“I will translate”（让我来解释吧）。这是鬼神才具有的非凡能力——超越生死、俯视众生的视野和跨越中西文化壁垒、深刻理解差异和包容的胸怀。张琼指出：“幽灵写作具有心理疗伤的功效，从宗教角度来看，它具有神秘的招灵色彩，而无神论者则认为这种写作方式其实是潜意识的某种外泄。”（张琼 151）在幽灵叙述者的映照下，人类渺小却自负，愚蠢却自恋，上演了众多由此而产生的人间悲剧和闹剧。作家将丰富的社会现实生活和超越具象的哲理意蕴有机结合，给小说蒙上一层神秘的面纱。人与鬼、现实与幻觉的界限被打破，读者与鬼魂的隔阂也被打破，读者也被引入了鬼魂的世界和幻境之中，并由此审视和反思人类自己的行为。

二　神奇莫测的东方之旅

魔幻现实主义文学的出现与拉丁美洲充满光怪陆离、虚幻恍惚的“神奇现实”是分不开的，是一定时代和历史条件下的产物。在那里，热带、亚热带的地理环境造就了神秘莫测、气势磅礴的自然风貌；原始古老的印第安人、黑人的宗教文化影响深远。另一方面，拉美各国经历过几百年的殖民统治，无数次的移民战争和军事独裁者的高压统治，其政治生活异常艰难；高度现代化的欧美政治、经济、文学艺术同样刺激着这片土地。在这种复杂的社会、历史、自然的背景之下，拉美作家尝试把神奇和怪诞的人物和情节，以及各种超自然的现象插入到反映现实的叙事和描写中，从而创造出一种魔幻和现实融为一体、“魔幻”而不失其真实的独特风格。

谭恩美将小说《拯救溺水鱼》的故事背景设置在东方古国，这对于西方读者来说，本身就具有神秘莫测的效果，再加上小说中那些浓郁的东方神话传说、宗教习俗等的书写，更使这部小说呈现出魔幻的色彩。当美国游客来到云南丽江，他们向往的是“香格里拉”，如同英国著名作家詹姆斯·希尔顿的小说《消失的地平线》中所描述的情景：一个隐藏在中国西南部的美丽王国——充满祥和、宁静、永恒和神秘色彩的藏族生息之地。在世人眼中，丽江如同“香格里拉”一样神秘虚幻，引起人们无限的向往，是人们内心深处的“乌托邦”，心驰神往的“伊甸园”。

难怪幽灵陈碧碧情不自禁地赞叹道：“香格里拉：飘渺的美丽，难以触摸，无比珍贵。”但最吸引她的还是在《消失的地平线》里描写的另一个香格里拉，那是一种思想境界。在小说中，“追随佛祖足迹”之行被隐喻为一次宗教的朝圣之旅，预示着一次充满重重艰险的天路历程（王建新 59）。现实的社会政治变成了一种现代神话，既有离奇幻想的意境，又有现实主义的情节和场面，体现出魔幻现实主义文学创作的显著特点。

在小说中，当美国游客在丽江冒犯了当地的习俗而受到白族长者的诅咒时，他们决定改变行程，立刻离开中国前往缅甸。这也是一个历史悠久的文明古国，地处东南亚热带地区，密林环绕，遍布佛教胜迹和古代文化遗迹，美丽的田园风光令人向往。但缅甸也是世界上最不发达国家之一，许多地方尚未对外国游客开放。这样的社会历史自然环境也为接下来要发生的故事提供了神奇的土壤。

因此，当美国游客踏上这片土地，他们便被三名船夫盯上了。通过幽灵陈碧碧的全知视角，读者知道他们属于当地的一个少数族裔部落，由于反抗独裁国王的镇压而濒于灭绝，目前部落仅剩的 53 人藏匿于密林深处，与世隔绝。几百年来，他们一直在等待转世的“大哥”——神灵之王的到来。这是一个叛逆的民族，在信仰佛教的国家里，这个丛林里的部落却供奉上帝以求获得赐福。“大哥”答应过要拯救他们，“他能让部落不被人发现，他们就可以离开那无名之地，迁徙到那片被许诺过的土地，种植他们所需的食物。在那里他们和平地生活，与世无争，与土地、流水、神灵和谐相处”（125）。

于是，荒诞怪异的事发生了。当旅行团中的白人男孩鲁珀特用扑克牌表演魔术时，三名船夫认定他便是转世的“小白哥”。他们作此判断的理由之一是鲁珀特非常强壮，而且他的眉毛浓密而倾斜，是一个谨慎的人的标志；征兆之二是鲁珀特手里拿着一本黑封皮的书，他们认为这本书与部落失传的重要著作很相似，可以帮助他们结束苦难，而实际上这只不过是一本恐怖小说；征兆之三是鲁珀特拿着“神的卡片”——一副扑克牌而已。这个小白哥“轻易地在他身边吸引了很多人，只有领袖才做得到。他以非常权威的口吻，说服人们相信他的魔力”（173）。结果，在圣诞节的早上，美国游客们怀着对“圣诞惊喜”的憧憬，随着几位船夫披荆斩棘进入了一片绿色的新世界，一片“神奇、天堂般、超越现实”的世界（153）。不过，他们做梦也没有想到这意味着他们与外界失去了联系，成为一件轰动世界的新闻的主角。

魔幻现实主义文学作品中都带有神话传说和当地传统观念的奇异、神秘、怪诞的色彩，经常出现鬼怪、巫术、神奇人物和超自然现象等。谭恩美运用陌生化手段，在原始神秘的东方古国与文明发达的西方世界之间搭建联系的桥梁，让来自当代西方社会的精英人士邂逅这片土地上纯朴的人和悠久的神话传说，这样的碰撞仿佛让虚幻成为现实，又让现实变得夸张、变形，成为一个“神奇现实”，其目的是更深刻地揭示现实状况。

三　魔幻现实之真——人类生活的哈哈镜

有人说魔幻现实主义是人类社会的一面哈哈镜，是作者对现实有意的夸张和折射。虽然魔幻现实主义给现实披上一层虚幻色彩，但其基调是人道主义的（陈光孚 138）。在《拯救溺水鱼》那些近乎荒诞的故事背后，我们可以发现生活的原形，探寻到时代的气息，体察到作者所传递的对人类“异化”现实的深刻思考，这应该是这部小说更加可贵的地方。

首先，谭恩美选择“幽灵”叙事以反衬人类的困境。

在这种犹如神灵般俯视苍生的视角下，人类的渺小、狭隘、无知一览无遗。小说中，来自美国的游客文明又善良。他们希望体验一次“通往灵魂的佛教艺术之旅”（1），然而，环境的改变，加之缺乏像陈碧碧那样谙熟东西方文化的向导，他们的旅行充满各种离奇古怪的经历，他们的行动显得那么鲁莽、草率、幼稚，而他们总是尝试用美国方式去理解和解决问题，其结果必然是事与愿违，令人啼笑皆非。正如小说开篇前的那则寓言：

> 一位虔诚者向他的追随者布道：“夺取生命是邪恶的，拯救生命是高尚的。每一天，我保证要拯救一百条生命。我将网撒向湖里，捞出一百条鱼。我将鱼放在岸上，它们翻跳着。不要害怕，我告诉那些鱼，我将你们救起，不至于淹死。……”

无知和偏见是众多人类悲剧的根源。谭恩美引用阿尔贝·加缪（Albert Camus，1913—1960）的话说：“世上的邪恶几乎总是源自无知，如果缺乏了解，好意可能和恶意带来的伤害一样多。”她以寓言来暗示现实的荒诞，以达到抨击现实、超越现实的目的。当陈碧碧的灵魂还乡，她处处体验到东方文化的博大精深，中国的松树、寺庙无不给她精神的启迪，“就像宽阔无边的大海，能容纳世界上所有的河流”（69）。人类需要这样宽广的胸怀，需要这样超越差异、求同存异的生存法则。无奈，只有鬼魂才能领悟其道，无疑，这是人类永远无法摆脱的困境。

其次，谭恩美通过强烈的对比，为人类寻找心灵的“香格里拉”。在小说中，作家大量使用夸大对立事物的反差来达到夸张的目的。先进与落后、开化与愚昧等对立的事物，经过作家的渲染，产生一种奇特的反讽效果，将现代西方文明社会的喧嚣与东方原始部落的纯朴安宁呈现在读者面前。

小说开篇就以新闻纪实的方式呈现《旧金山纪事报》12 月 31 日的特别现场报道，告知读者一条可怕的传闻：在兰那王国进行艺术之旅的十一名美国人，神秘失踪已近一周了。于是，这条消息像病毒一样传播，产生了许多猜测、假想、结论，继而到处是恐慌。西方媒体敏锐地捕捉到了这件事，意识到这是一条价值巨大的新闻。美国全球新闻网（GNN）把它称之为“性感的新闻”，这样的新闻报道“比战争、爆炸、艾滋病和安哥拉动荡的局势更让人关注”（267）。他们决定不择手段挖掘新闻素材，目的是打败所有的竞争对手，提高新闻网的点击率。GNN 在东南亚和美国本土大肆渲染美国人失踪之谜，他们利用公众的心理，设立电话民意测验、增加播出时间并植入大量的广告。更有甚者，他们不惜编造假新闻以提高收视率，而失踪者的生命安全却全然不在他们的关注之中。幽灵陈碧碧目睹了人间的这场媒体大战，她说："我必须承认，我发现我的朋友们遭到了不准确的报道，照片也有失事实。就像报纸曾经报道我神秘死亡一样。"（224）

在作家笔下，现代人类社会公共传媒的甚嚣尘上掩盖了人类对生命尊严的敬畏，喻示着人类主体地位的丧失。消费社会的大众媒体已然能够制造一种模拟的现实，曾经是真实的东西被打上消费文化的烙印，而人类已经沦为消费社会的附庸。真实和虚假的界线模糊了，人类悲天悯人的情怀不见了，取而代之的是喧哗、冷漠、游戏……这是作家对现代社会人类生存现状的担忧和批判。

另一方面，作家在小说中也呈现了她的社会理想境界。当文明社会的传媒机构和媒体人不择手段地挖掘新闻，蛊惑大众，以期谋取暴利或者个人名利之时，在东方的原始丛林深处，"好像被二十世纪遗忘"的无名之地（171），那些美国游客却在体验着从未有过的返璞归真的生活。他们吃的是最新鲜的树叶和各种果实，住的是树屋。部落的居民热情好客，坚持把自制的土特产免费送给美国游客。当美国人了解到当地居民悲苦的生存状态，认为给他们钱就是真正可以拯救他们时，却遭到部落长者的拒绝。美国人不适应热带雨林的气候环境，纷纷得了丛林病，是当地人用一种植物治好了他们的病。

当然，在原始丛林等待救援的日子，也改变了这些美国人的生活和观念，"使他们体验到了西方文明以外的精神世界"（299）。在静谧的丛林中，他们感到世界的嘈杂仿佛停止了。他们情不自禁地对比他们在国内的忙碌生活与此刻的古朴宁静，仿佛获得思想的升华与精神的启迪。两个毫无交流的孩子也开始享受彼此陪伴的时光，他们是那么纯洁，如同伊甸园中的亚当和夏娃。旅行团中的那位种植园主在丛林中不仅发现了一种新的植物，后来在权威的科学期刊上发表了论文，有望帮助人类解开生育方面的问题，而且还收获了一份爱情。当他们从丛林中被营救回国时，他们商定要从此亲如一家，每年定期聚会，"一起吃雨林里的家常饭，回忆一起度过的时光，总结如何逃脱危险的办法"（298）。古老的东方文明，美丽的香格里拉，是否就是人类摆脱尘世的困扰，寻找心灵寄托的现代诺亚方舟？

结语

《拯救溺水鱼》既是谭恩美文学创作的一次大胆尝试和突破，也是她一贯创作思想的升华。她以超越东西方文化差异的宽广视野，以悲悯的人文情怀，运用魔幻现实主义的创作手法，让现代西方文明社会的精英人士踏上古老神秘的东方世界，一改以往西方语境下东方人的“他者”言说，让东西方文化在东方语境下产生碰撞，激起千层浪花，以此反映当代社会人类狭隘的视野和胸怀以及因此而做出的种种愚蠢之举；辛辣讽刺和揭露现代社会的消费文化给人类带来的异化和诟病。她以象征、隐喻的手法呼唤人类相互理解和尊重，回归纯真、悠远、宁静、和谐的生活方式，为人类指出一条通向心灵王国的道路，同时也体现出作家的社会理想倾向。

参考文献

郑新民：《谭恩美：为苦难而写作——〈拯救溺水鱼〉评论摭拾》，《福州大学学报》（哲学社会科学版）2009 年第 3 期。

马小朝：《论魔幻现实主义的艺术原则及艺术价值》，《外国文学评论》1990 年第 1 期。

［美］谭恩美：《沉没之鱼》，蔡骏译，北京出版社 2006 年版。

张琼：《谁在诉说，谁在倾听：谭恩美〈拯救溺水鱼〉的叙事意义》，《当代外国文学》2008 年第 2 期。

王建新：《呼唤超越种族的“真善”与“普世的友情”：谭恩美小说〈拯救溺水鱼〉的宗教主题解读》，《牡丹江大学学报》2011 年第 11 期。

陈光孚：《魔幻现实主义评价》，《文艺研究》1980 年第 5 期。

日本现实主义儿童文学的基石：论坪田让治的“童话小说”

刘　迎*

摘　要： 坪田让治是20世纪日本儿童文学史上的重要作家。在他92年漫长生涯中，共创作了近2000篇儿童文学作品，出版了200余册童话小说集。坪田让治善于通过儿童的眼睛，如实地反映了现实社会中孩子们的姿态和他们的日常生活。他所塑造的“正太、善太和三平”等儿童形象，栩栩如生，生动活泼，为日本儿童文学树立了典范，开创了日本现实主义儿童文学的先河。本文旨在通过对坪田让治的人生及思想形成因素的梳理，阐明其“童话小说”中现实主义的内涵和意义。

关键词： 日本现实主义儿童文学；坪田让治；童话小说

* 作者简介：刘迎，江苏师范大学外国语学院教授。文学博士。研究方向：当代日本文学、儿童文学。日本坪田让治文学研究会“善太与三平会”名誉会员，江苏省外国文学学会会员等。著译有《“正太”的诞生——探索坪田让治文学的原风景》、《世界儿童文学事典》（合著）、《新美南吉童话》、《坪田让治童话》等。

The cornerstone of Japanese realistic children's literature: A study ofTsubota Joji's "Fairy tale Novel" *

Liu Ying

Abstract: Tsubota Joji, a prominent Japanese children's literature writer in 20th century, has altogether created almost 2, 000 works for children in his 92 years' life and has published more than 200 volumes of fairy tale novels. In his works, Tsubota Joji has created lifelike children characters and has truthfully depicted their everyday life. The vivid images of characters like Shouta, Zenta and Sanpei etc. have become prototypes for later characters in Japanese children's literature. The author of the present essay analyzes the writer's life and the formation of his thoughts and tries to cast some light on the realism in his "fairy tale novel" .

Key words: Japanese realistic children's literature; Tsubota Joji; Fairy Tale Novel

一　人生的四季

“少年花开，青春鸟鸣，中年风雪里，老年静思之秋。”这是日本现实主义儿童文学作家坪田让治的诗句，简洁明了地表述了他的人生和文学。

坪田让治（Tsubota Joji，1890—1982）出生于日本冈山县御野郡石井

---

* About the author: Professor Liu Ying, PhD in Literature, works at Jiangsu Normal University. His study focuses on modern Japanese literature and Children's literature. He is an honored member of "Zenta and Sanpei Association" — Japanese Association for the Study of Tsubota Joji —, and a member of Jangsu Association for the Study of Foreign Literature, etc. . The publications of Professor Liu's include *The Birth of Shouta*: *A Study on Tsubota Joji's Works*, *The Dictionary of World Children's Literature* (co-author), *The Fairy Tales of Niimi Nankichi*, *The Fairy Tales of Tsubota Joji*, ect. .

村岛田（今冈山市）。父亲平太郎创办了一家生产煤油灯芯和蜡烛芯的岛田制织所。坪田让治七岁那年，父亲因病去世，使他过早地体验到了“死亡”的恐怖。幼年时期失去父爱的经历对他的人生和文学产生了巨大的影响。由于家境优裕，他的少年时期是在故乡冈山富饶的自然和没有任何烦恼的环境中度过的，确实是“少年花开”。1910 年，坪田让治就读于早稻田大学英文专业，开始耽读托尔斯泰和国木田独步的作品，从而陷入了不知该“如何生存”的人生问题的烦恼中。他接二连三地退学、复学，几经波折，终于在 1915 年毕业，青春时期充满了苦涩失败的日子。

坪田让治从中学时代起就立志于文学创作。大学在学期间，他加入了由日本近代儿童文学之父小川未明（1882—1961）主宰的文学团体“青鸟会”，并与同乡藤井真澄创办了杂志《黑烟》，与相良守峰等人创办了同人杂志《地上之子》等，满腔热情地投入到文学创作中，先后发表了《白昼的世界》、《正太的故乡》、《友情》等短篇小说。

1925 年，坪田让治的第一篇儿童小说《正太的马》发表在当时颇有影响的文艺杂志《新小说》上，以后又陆续发表了《正太围着大树走》《挂在树梢的铁环》等儿童小说。翌年，第一本短篇儿童小说集《正太的马》出版，为他步入文坛，大放异彩，奠定了坚实的基础。1927 年 6 月，坪田让治在儿童杂志《红鸟》上发表了处女童话《河童的故事》，随后陆续发表了《树下的宝藏》、《魔术》、《枇杷果》、《小河的芦苇》、《猎狐》等 40 余篇优秀童话，成为儿童杂志《红鸟》最具代表性的童话作家。然而，他的文笔生活并非一帆风顺。由于家业岛田制织所内部的权利之争，导致哥哥自杀，母亲去世，使他陷入深深的悲痛中。再加上生活十分艰苦，负债累累，真可谓“中年风雪里”。

1935 年 3 月发表的短篇小说《妖怪的世界》是坪田让治作为儿童小说家问鼎文坛的重要作品。他在记述当时的喜悦之情时，写道：“我觉得黑暗的天空渐渐地晴朗起来，艰苦的奋斗终于得到了回报。”① 继而发表的中篇小说《风波里的孩子》（1936 年）和长篇小说《孩子的四季》（1938 年）两部儿童小说，确立了他在文坛上的地位，这三部作品被称作坪田让治儿童小说的三部曲。这一时期，坪田让治出版了《魔术》、《猎

① 坪田让治，“后记”，《坪田让治全集 3》（十二卷本），东京：新潮社，1977.9，第 353 页。

狐》、《善太与三平》、《枇杷果》等多部童话集。1945 年 8 月日本投降后，坪田让治先后发表了《沙漠的彩虹》、《山谷的池塘》、《贝壳的故事》、《一个孩子》等短篇童话，《春梦秋梦》、《山湖》、《少年时日》等长篇童话，创作意欲异常高昂。1955 年，坪田让治因《坪田让治全集》（全八卷）荣获日本艺术院奖，并于 1964 年当选为艺术院院士。

晚年的坪田让治曾担任日本儿童文学者协会会长，并作为儿童文学界的泰斗，创办了儿童文学杂志《枇杷果学校》，积极地指导年轻一代，为新人广开门户，向社会输送了松谷美代子、阿万纪美子、冈野薰子、寺村辉夫、大石真、庄野英二、今西祐行等一批较有影响的新人作家，对日本当代创作儿童文学的发展做出了巨大贡献。这一时期，他创作了两部童话集《河童和小河鲈》（1970）和《老鼠打呼噜》（1973），采用幽默诙谐的手法，描述了自己幼年时的记忆，可以说是“老年静思之秋”的心境产生出的作品。坪田让治的作品曾获得北村透谷奖、新潮社文艺奖、日本艺术院奖、朝日出版文化奖、野间文艺奖等，是日本儿童文学宝库中不可多得的财富。

二　写孩子的作家

坪田让治既是儿童小说家，又是童话作家，这在日本儿童文学史上是罕有的现象。人们通常以为童话原是“孩子的文学”，小说本属“大人的文学”，然而坪田让治融童话、小说于一炉，开创了一种崭新的文学形式——“童话小说”。正如日本著名儿童文学评论家关英雄所说：“坪田让治的童话即小说，小说即童话，两者密不可分。”① 坪田让治的童话和小说的世界极其接近，两者之间很难划出一条明确的界线，但两者拥有的共同主题是“孩子”。坪田让治始终把“孩子”作为自己作品的主题，成为其文学生涯一贯追求的目标。甚至面对有人批评他是“只能写写孩子”的作家时，他也丝毫没有改变自己的初衷。

那么，坪田让治为什么会成为写孩子的作家呢？其动力何在呢？坪田让治曾说：“（自己）在现实中总是随波逐流，只有在心灵的舞台才能挽

① 关英雄，“坪田让治论”，《新编儿童文学论》，东京：新评社，1968.7，第 118—120 页。

回这一失败。”① 大学时代起就投身于文学创作的坪田让治，不久被迫卷入了亲戚们为争夺父亲开创的事业——岛田制织所而引起的内讧纠纷中。这不仅影响了他的文学志向，几经波折，而且使他的生活陷入困境，负债累累。痛苦的经历使他看清了人类尔虞我诈的丑恶面目，痛感自己“在现实面前总是畏手畏脚”②。他要通过作品的创作，在心灵的舞台挽回在现实中的失败，实现心理上的平衡。于是，本能乐观地生存，不像大人那样善于手腕，不欺骗他人，为大人世界注入一服清凉剂的孩子世界深深地吸引了他，自然而然地成为他在心灵的舞台挽回现实失败感的主要角色。日本著名教育学家波多野完治站在心理学的角度，对坪田让治的心理进行了深刻地分析，指出：坪田让治的心理表现出两种倾向。第一，目的表象与实践相背离的倾向。即目的无法转换成为行动。第二，思考方式比起实在更贴近观念，具有将理想或梦想置于实在的倾向。第二种心理只有孩子才有，因此在这一点上，坪田让治近似于孩子，但他又缺乏第一种心理特征那样的孩子所具有的行动力③。

坪田让治的起点是儿童小说家。他的大部分作品如实地反映了在大自然中游戏的活生生的孩子们的姿态，可以说是游戏童真的现实画卷。他所塑造的正太、善太和三平三个天真无邪的儿童形象，在他的作品中构成各自不同的内容，成功地表现了现实中的孩子世界。

坪田让治儿童小说的主人公大都爱憎分明，胸怀宽广，具有活泼生动，富有想象的性格，在表现上突出了两个方面的特点。首先孩子与死的主题占据很大比重。如《正太围着大树走》写的是在得天独厚的大自然和慈母的庇护下，陶醉于幻想世界的正太，有一天突然从这个世界上消失了。

> ……之后过了几天。之后又过了几个月。
> 妈妈看到了正太围着大树转圈儿的身影，

---

① 坪田让治，“后记”，《坪田让治全集 4 》（十二卷本），东京：新潮社，1977. 12，第 344 页。

② 坪田让治，“后记”，《坪田让治全集 6 》（八卷本），东京：新潮社，1968. 11，第 321 页。

③ 波多野完治，“坪田让治的儿童心理”，《儿童心理与儿童文学》，东京：金子书房，1950. 11，第 204—206 页。

一圈一圈不停地走的小正太的身影。

作品结尾部分对思念失去儿子的母亲的描写感人肺腑，强烈地叩击读者的心扉。此外，以孩子的死作为结局的作品还有《善太的四季》、《哨子》等。《善太的四季》中的善太为了安慰寂寞的弟弟三平，在木板桥上要把戏逗三平取乐时，不慎掉到河里被激流冲走了。坪田让治在结尾写道：

秋天，善太的妈妈在村子的每个角落都能听到善太呼唤三平的声音。

冬天，善太走在马戏团的前列，头戴一顶红毡帽，敲着锣鼓，行进在远山的陌生小道上。

春天，对面的山谷上架起了彩虹。善太肩扛竹竿，在彩虹下的山麓上奋力

攀登的背影浮现在妈妈的眼前。

夏天，炽热的阳光下，善太站在木板桥上，两脚并拢，向上跃起。

同样，《哨子》中的善太也是个顽皮好动，极有个性的孩子。他迷恋上哨子，一天上课时忍不住吹出响声，为此老师罚他搬家那天不许请假。搬家那天，善太心急如焚，担心自己的家已经搬走，再也见不到妈妈了。终于获准后，他扔掉手中的哨子，不顾一切地向家跑去，结果被迎面驶来的电车轧死。

“孩子与死”是坪田让治早期文学的主题。这一主题的选择与他童年时代的经历有着密切关系。坪田让治的童年时代是在四季分明的大自然和优越的家庭经济环境中度过的。他富有想象力，从不知道游戏的疲劳。当他在漫长的文学道路上备受挫折，为了获得生存的食粮被迫卷入亲戚们为争夺父亲开创的事业而引起的内讧纠纷，身心已经疲惫不堪时，童年时代的美好记忆便油然产生，涌起对童年无限追忆的情感，以至于将童年看作是自己人生最理想的归宿。另一方面，坪田让治幼年丧父，很早就体验到“死亡”，死亡的恐怖和不安始终袭扰着他，使他心惊胆寒，但同时又让他看到了未知永恒的世界。

青年时期，在托尔斯泰、国木田独步等的影响下，他面临的是“人该如何生存”的问题，但同时又遇到了“人该如何死亡”的烦恼。当他的这一世界观和人生观在文学作品中被形象化的时候，“孩子”与“死”的接点必然要在“孩子的死”中找寻。孩子会渐渐长大成人，随着时间的推移，想象力逐渐丧失，他们将忘却游戏的童心，变成自私的化身。孩子人生的幸福时期会受到时间的制约，而死亡却是永恒不变的世界。

坪田让治的儿童小说中，孩子的死比起肉体的更接近精神的，仅仅是一种象征性的表现。因此，《正太围着大树走》的正太的消失、《善太的四季》的善太被河水冲走、《哨子》的善太撞在电车上、《挂在树梢的铁环》的正太从树上掉下来的场面，给读者留下的是“神秘失踪”的感觉。他们像不死鸟一样在作品中反复出现，时而消失时而复活，焕发出生命的光辉。坪田让治在论述这一主题的本质时，指出：“我时常在小说中写到孩子的死。看到这里曾有人说：不能这样扼杀孩子。然而，我决不是出于残酷的心理想杀死孩子，而是想描述孩子归返自然的状态，如同花谢叶枯那样。也就是说，我所写的是孩子与自然之间紧密相连的关系。这当中，虽也让人感到孩子生命的虚幻无常，但另一方面，我又从中感悟出孩子生命获得永生的明快哲理。尽管这种深沉的感受以往终究未能表述出来，我仍在几部作品中不停地寻求孩子与永生的关联情节。于是我在童话小说中描写孩子生活时，甚至考虑将这个有待日后表明的主题作为一项终生的事业来完成。”①

其次，创造出敢于正视潜在的恐怖和不安，战胜死亡的新的儿童形象，并力求寻找孩子世界与大人世界的接点，是坪田文学的又一大主题。如处女作《正太的马》描写了被妻子抛弃，与年幼的儿子正太相依为命的穷美术教师的绝望心境。作者以父亲小野和儿子正太的生活景象为主线，成功地刻画了在父亲的庇护下，无忧无虑、天真无邪的孩子，和为了孩子不得不放弃自己的事业，一直处于虚脱状态中的懦弱心理的父亲两个人物形象，形成鲜明的对比。为了逗正太开心，小野趴在地上，让他坐在自己的背上当马骑。这是中日两国共通的极为常见的生活场景。这里的孩

① 坪田让治，“童心傻子”，《班马嘶鸣》，东京：主张社，1936. 10，第278—281页。

子不仅是父亲的伙伴、朋友，还是父亲活下去的希望和动力。

短篇小说《妖怪的世界》将这一主题向前推进一步，展示出作者特有的文学世界，是他问鼎文坛的成名之作。故事描写了因公司内部纠纷，一家人生活在动荡不安之中的情景。母亲带着妹妹去了东京，善太和三平兄弟俩留下来陪伴父亲。父亲为了不拖累全家，产生了轻生的念头，他希望自己的死能给两个可爱的孩子带来欢乐。在父亲看来，孩子的世界简直是与世无争的桃源仙境。善太和三平十分理解父亲面临的艰难处境，他们建立起游戏世界，运用丰富的想象力，使父亲克服了轻生的念头，振作精神解决了现实问题。故事结尾，三平在教室里受到奇异幻觉的侵袭，看到了妖怪的世界。他战胜畏惧心理，终于成为敢于面对妖怪世界的坚强的孩子。作者通过孩子特有的本能，将黑暗的现实——妖怪的世界一点一点地展现在读者面前。

中篇小说《风波里的孩子》选用了与《妖怪的世界》相同的题材，写的是父亲因公司内部纠纷受人诬陷被警察抓走了。小淘气三平被寄养在了乡下的大舅家，在那儿发挥天生的淘气后又跑了回来。哥哥善太为了救出父亲，利用游戏找到了孩子般解决危机的妙计，终于使父亲的冤案得到昭雪。他们是生活在社会“风波”里的孩子，是社会的孩子。这是一部善太三平读物完美结晶的代表作，作者采用现实主义创作手法，通过生动的会话、动作和心理活动，刻画了善太和三平两个栩栩如生的儿童形象，开创了日本现当代儿童文学现实主义的先河。

长篇小说《孩子的四季》代表坪田让治儿童小说的成熟。这部作品中的人物众多，每个角色都有其独特的用场，表现了各不相同的人物性格，但真正推动故事情节发展的原动力则是以善太和三平两兄弟为核心的一群孩子。小野俊一与父亲甚七老人分家后，开办了一家棉布厂。俊一的妹妹久子嫁给了厂里的工人青山。俊一的另一个妹夫老会看到俊一无嗣继承事业，企图将工厂据为己有。为了达到目的，拔掉眼中钉青山，老会任意诽谤中伤青山，使甚七老人信以为真，将青山全家逐出家门。青山死后，他的儿子善太和三平通过孩子特有的游戏和丰富的想象力，识破老会的阴谋，为父亲青山挽回了名誉。孩子们表现出的无限生命力和大胆果敢、灵活机智的行动，为这部作品增添了许多魅力。

三　用爱心写就的文学

坪田让治曾说："我从来就没有认定自己是童话作家还是小说家。不过社会上，似乎都把我当成了童话作家。"① 他开始写童话完全是为了生计。1929 年在儿童杂志《红鸟》上发表处女作《河童的故事》以后，陆续创作了《树下的宝藏》、《黑猫的家》、《小河的芦苇》、《魔术》、《猎狐》、《善太和三平》、《小狮子小孔雀》、《搬家》、《老鼠打呼噜》、《孤儿》、《三棵柿子树》、《枇杷树学校》等百余篇童话作品，成为日本近现代儿童文学史上最有影响的作家之一。

坪田让治的童话主题鲜明，内容充实，人物形象突出，情节上虽无波澜壮阔的场景，但清晰自然，富有生活气息，表现出高超的艺术技巧，在日本儿童文学史上占有一席之地。概括起来主要有以下几个特色：

（1）以爱和善意为基调的文学。爱是童话的主旋律，是童话中不可缺少的重要因素。坪田让治是公认的爱心作家，他把自己的全部爱心都倾注于作品中，成为其文学的基础和出发点。坪田让治认为童话是"用对孩子的爱心写就的"，是"给予的文学"，其目的就是"教给孩子们爱"②，并主张"向孩子坦率地展示人生光明的一面，让他们常常抱有闪亮的希望，是童话作家必须时刻铭记于心的"③。因此，他的童话专门描写人生光明的一面，结局都是大团圆，处处散发出光明与希望的气息，体现了坪田让治对社会、自然以及人生的热爱。

坪田让治的爱纯朴无华，是从内向外扩散的力量。他强调爱就是幸福，"抛弃欲念，对他人产生爱，即利他心时，自己反倒会得到幸福"④，由此可以到达爱的顶点。因此，坪田让治归根结底是寻求与他人结合的"求爱"的作家。

综观坪田让治的童话，爱的主题贯穿始终，表现形式千变万化，呈现

---

① "对谈 1（小田岳夫 × 坪田让治）"，《坪田让治童话全集 14 - 坪田让治童话研究》，东京：岩崎书店，1986. 10，第 34—35 页。

② 坪田让治，"我的童话观"，《改订儿童文学论》，宫崎：西部图书，1947. 3，第 91 页。

③ 坪田让治，"童话与文学"，《改订儿童文学论》，宫崎：西部图书，1947. 3，第 8—10 页。

④ 坪田让治，"芥川龙之介论"，《新修儿童文学论》，东京：共文社，1967. 1，第 144 页。

出各不相同的风貌，但无不显露出一种质朴的风格，描写父母子女爱的，如《狐狸和葡萄》《妈妈》《青蛙和明信片》等；描写兄弟爱、朋友爱的，如《三平蛙》《枇杷树学校》《魔术》《善太和三平》等；描写自然爱、动物爱的，如《奇怪的树林》《鲇鱼》《小鸟和三平》等。

（2）表现现实中孩子世界的文学。善于对成长时期的孩子进行仔细地观察，准确生动地展现孩子们的真实性，这是坪田让治文学的最大特色，给以描写故事形式的童话和概念化的儿童文学为主流的昭和前期儿童文学带来了新的气象。

坪田让治认为童话的真正效果就在于“向孩子客观地展现人生及生活”。他在《我的童话观》一文中指出：“我的童话的目的是描写孩子的现实生活。换句话说，我所期望的是向孩子们展示现实的世界。”① 他的作品通过孩子们的眼睛，如实地反映了在大自然中游戏的孩子们的姿态和他们的日常生活，并运用独特细腻的笔触，将他们跃然纸上，栩栩如生，构成了一幅幅游戏童真的现实画卷。他所塑造的众多天真无邪的儿童形象，在作品中构成了各自不同的内容，成功地表现了现实中的孩子的世界。

坪田让治童话的主人公也多为正太、善太和三平三兄弟所占据。正太的纯朴、善太的睿智和三平的天真，都给小读者留下了深刻的印象。这不仅引起众多孩子们的共鸣，而且使日本儿童文学获得了栩栩如生的儿童形象。日本儿童文学评论家鸟越信指出：“虽说不能与‘汤姆·索亚’相媲美，但不可否认‘善太·三平’这个名字给众多的日本人留下了深刻的印象。”② 当代著名作家五木宽之在回忆自己中学一年级第一次接触坪田让治的作品时，写道：“我感到任何一个故事都给当时郁闷不快的我投下一线透明的光。只要有空，我便反复阅读相同的作品。”③ 不难想象，坪田让治的作品对日本儿童产生了多么大的影响。

（3）植根于朴素的自然和风土的文学。坪田让治常以“心灵深处，

---

① 坪田让治，“我的童话观”，《改订儿童文学论》，宫崎：西部图书，1947. 3，第 91 页。

② 鸟越信，“解说”，坪田让治著《沙漠的彩虹》，岩波少年文库 2065，东京：岩波书店，1958. 6，第 270—271 页。

③ 五木宽之，“遣返少年的坪田让治”，《第二届坪田让治文学奖手册》，冈山：冈山市文学奖运营委员会，1987. 第 2—3 页。

有花静田园”的诗句馈赠亲友，充分表达了他对故乡冈山致以的敬意和感激之情。

坪田让治曾说：“我总是一边回想令人留恋的故乡一边写作童话的。”① 他的作品具有浓郁的乡土气息和独特的地方色彩。特别是他的以惦念怀旧的心情回忆自己童年和少年时代的乡土生活的作品最为人所瞩目，纵贯于他各个时期的创作中，将故乡朴素的自然和风土色彩浑然天成而又错落有致地流布于字里行间，形成独特的文学世界，区别于其他儿童文学的作者。

在坪田让治看来，他的所爱在故乡，他的所恨也在故乡。他不时被热情所驱遣，以直率的文笔，富于诗意的语句撰写作品；以抒情性的笔触，细致刻画人物的心理活动，穿插着奇特的想象和变幻的手法，表达对社会人生的见解，使作品呈现浪漫主义色彩，充满希望的闪光。

另外，坪田让治在语言表达上力求通俗易懂，文笔力求简练，其特色就是质朴无华，简洁明了，具有浓郁的生活气息和乡土风味。他常用孩子们的日常会话，发掘平凡生活的社会内涵，塑造人物的内心世界，将孩子们的动作、神态以及思想情绪，淋漓尽致地表现出来，有极强的艺术效果。

坪田让治与小川未明、滨田广介（1893—1973）并称为日本现当代儿童文学界的三大“神器”，为推动日本儿童文学的发展，提高日本儿童的情操，丰富他们的精神生活起到了不可估量的作用。为了纪念这位杰出的儿童文学作家，承扬他的业绩，他的家乡冈山县冈山市从1984年起设立了“坪田让治文学奖”。

参考文献

《特辑/坪田让治追悼号》，《枇杷果学校》113期，1982年9月。

《特辑/坪田让治的世界》，《日本儿童文学》29卷2期，1983年2月。

《特辑/坪田让治诞辰一百周年纪念号》，《季刊枇杷果学校》14期，

① 坪田让治，“后记”，《坪田让治全集7》（八卷本），东京：新潮社，1954.9，第305页。

1990 年 1 月。

《特辑/坪田让治·久保乔的世界》，《国文学解释与鉴赏》63 卷 4 期，1998 年 4 月。

小田岳夫：《小说坪田让治》，东京：东都书房，1970 年 8 月。

坪田理基男：《坪田让治作品的背景——灯芯公司的故事》，东京：理论社，1984 年 4 月。

《坪田让治童话全集 14——坪田让治童话研究》，东京：岩崎书店，1986 年 10 月。

善太与三平会：《坪田让治的世界》，冈山文库 150，冈山：日本文教出版，2010 年 2 月改订版。

西田良子：《现代日本儿童文学论——研究与提言》，东京：樱枫社，1980 年 10 月。

西本鸡介：《儿童文学中的孩子们——著名作家笔下的儿童形象》，小学馆选书，东京：小学馆，1984 年 12 月。

河原和枝：《儿童观的近代——“红鸟”与“童心”的理想》，中公新书，东京：中央公论社，1998 年 2 月。

刘迎：《“正太”的诞生——探索坪田让治文学的原风景》，冈山：吉备人出版，2014 年 12 月。

中国学生俄语词汇教学的语言文化教学模式探究*

杨　柳** 　刘华荣***

摘　要：目前，中国的俄语词汇教学取得了巨大的成绩，但同时还存在着一些误区。本文列举了俄语词汇教学中的一些典型误解：有的人认为词汇教学并不重要，有的人过于依赖词汇记忆方法的讲解而不督促学生记忆词汇，有的人不要求学生使用词典，等等。如今，随着社会的急剧发展，俄语词汇越来越丰富，俄语词汇的记忆问题成为了中国俄语学习者必须面临的一个现实问题。词汇教学值得高度关注。

关键词：词汇教学；以俄语作为外语的教学；语言文化；教学模式

---

* 基金项目：江苏师范大学人文社会科学研究基金项目（博士学位教师科研支持项目）“俄语词汇教学研究”。（14XWR002；主持人杨柳）

** 作者介绍：杨柳（1983—　），辽宁人，江苏师范大学外国语学院副教授，俄语教育学博士。研究方向：俄语教学，俄语语言学。

*** 刘华荣（1976—　），湖南人，大连外国语大学俄语系讲师，硕士研究生。研究方向：翻译研究，俄语教学。

The Mode of Teaching Language and Culture for Chinese Students in The Field of Russian Lexical Teaching

Yang Liu　Liu Huarong

(School of foreign studies, Xuzhou Normal University, Xuzhou 221116, China; Department of Russian, Dalian University of Foreign Languages, Dalian 116044, China)

Abstract: Currently, the lexical teaching of Russian in China has made great achievements, but at the same time there also appears some misunderstandings. This paper lists several typical samples in practical Russian lexical teaching. For some, they see lexical teaching as insignificant. For some, they pay too much attention on the methodology of lexical memory rather than urge students to memorize more. For some, they take ignorance to dictionary use, etc. Nowadays, with the rapid development of society, Russian vocabulary accelerates abundantly so that it is more of urgency and reality to cope with the issue of vocabulary learning and memory. And this issue is worthy of highly attention.

Key words: Lexical teaching; Teaching of Russian as a Foreign Language; Language cultural; teaching mode

一　前言

作为俄语教师，在俄语教学过程中我明显感觉到词汇教学被忽视、需要调整，我们真切地感受到了学生在词汇学习方面的需求、困惑，因此，我们对教中国学生俄语词汇的工作进行了一定总结。国内俄语界对这一领域几乎还没有过任何系统研究，我们认为，我们的尝试应该是有益的。

二　教学法的重要意义及其分类

教学方法无疑具备重大的意义：当确定了教学目的，并有了相应的教学内容之后，就必须有富有成效的教学法。知识的明确性、具体性、根据性、有效性、可信性有赖于对教学方法的有效利用。教学的成败在很大程度上取决于教师是否能妥善地选择教学方法。前苏联教育家乌申斯基认为，教学方法能影响思维过程，影响学生求知的积极性。教学方法对于技能和技巧教学，特别是应用知识的技能教学起着重要的作用。

国内俄语教学中，往往忽视教学法的作用。传统的教学主要采用注入式教学方法，课上教师念笔记，学生必然要采取死记硬背的学习方法。课上教师讲授，学生听受，不给学生以独立思考、独立活动和积极反馈的机会，学生就会缺乏主动性、独立性和创造性，就很难培养出一批勇于思考，勇于探索，勇于创新的人才。

国内俄语界对教学法的研究相对薄弱。由于教学法是一种教学经验的探索和总结，往往达不到目前学术期刊对学术作品理论高度的要求，因此，国内科研人员很少有人进行教学法研究。令人惊喜的是，近年来，《外语与外语教学》等期刊开始大量刊登教学实证研究方面的论文，这是外语教学科研领域开始重视教学法研究的一个重要体现。但是，国内俄语界还没有出现这一趋势，教学法研究不仅落后于国际水平，而且明显落后于英语领域。在国内各高校强力打造科研强势的今天，语言文学的各个方面都已呈现出欣欣向荣的态势，唯独教学法仍是少有人问津。

而俄国在这一方面处于世界领先水平。前苏联教育家休金娜把教学方法分为两种：一种是获得新知识的教学方法，另一种是巩固、完善知识技能技巧的教学方法。其中，获得新知识的教学方法分为传递信息、发展性教学方法和启发性（探索性）教学方法，传递信息、发展性教学方法包括教师的口头讲述、讲话、阅读书籍的方法；启发性教学包括启发性谈话、辩论、实验室作业和研究法；而巩固和完善知识、技能和技巧的教学法包括模仿范例练习法、变式练习法、实际作业法和创造性作业法。此外，根据不同教学内容、不同教学对象、不同教学条件等诸多因素，苏俄教育学家们提出了多种多样的教学方法。

三 俄语词汇教学的重要意义

词汇是语言的基础，任何一种语言都与词汇相关。俄语词汇因其多面性及复杂的构词法决定了俄语词汇教学的复杂性及重要性。俄语词汇的学习和掌握是外语学习的基础和关键，没有丰富的词汇前提，一切语言技能的训练活动都将无法顺利进行。只有打好扎实的词汇基础，才能通过听、说、读、写、译提高俄语水平。因此，抓好词汇教学是俄语教学中最重要环节之一。

目前我国俄语学习者的语言能力远不能胜任俄语自由交际的需要，词汇量贫乏成为影响学生听、说、读、写、译能力提高的主要障碍。大部分俄语课堂教学侧重语音及语法的学习及训练，而忽视了最基础的词汇教学。因此，大学俄语教学重点应以词汇为主，以词汇为中心，引导学生重视词的意义、词的构成、不同语境下词的使用等等。

在词汇教学中有针对性地运用俄著名语言学家师米廖娃（Д. Н. Шмелёва）词汇语义学中的词汇系统关系理论，来提高词汇教学效率，为学生进一步掌握俄语而最大限度地开发其思考能力，独立创造和分析的能力。词汇教学是语言学习的重要部分，尤其对外语而言。对词汇的掌握是形成外语语言意识的先决条件，只有在拥有一定语言学基础上才可以学会用另一种语言进行积极的言语活动。所以对语言系统的掌握不能仅靠把其作为直接的研究客体。现代教学法研究已经深刻意识到了词汇教学在外语教学过程中的重要性。

四 目前的词汇教学法及中国学生词汇学习的特点

词汇教学是俄语教学中必不可少的条件。一种语言的词汇与语言外现实相关联。词语本身不能涵盖自身的全部交际功能。学习者能否准确、清楚、流畅地运用所学语言表达意思很大程度上取决于词汇量的大小和对词汇掌握的准确度。而词汇又是俄语言学习者所遇到的主要障碍之一，同时也是对俄语教学过程中的难点，因此，我们必须要进行词汇教学研究。目前，中国的俄语词汇教学取得了巨大的成绩，但同时还存在着一些误区：有的教师认为词汇教学并不重要，有的教师过于依赖词汇记忆方法的讲解而不督促学生记忆词汇，有的教师不要求学生使用词典，等等。如今，随着社会的急剧发展，俄语词汇越来越丰富，俄语词汇的记忆问题成为了中国俄语学习者必须面临的一个现实问题。由于长期以来受结构主义的影响，词汇教学仅仅停留在教师孤立地教单词、讲词义的水平上，学生学得枯燥乏味、兴趣全无，积累词汇达不到要求，影响了各种言语技能的形成，严重阻碍了交际的正常进行。

中国学生由于缺乏俄语学习所需要的语言环境，语言输入主要靠正式的语言课堂，必须在课后进行复习和巩固。中国学生的词汇学习特点，主要表现在以下几个方面：

词汇输入特点：1. 中国学生的俄语学习基本上停留在课程的性质上，除了俄语课，还有大量的非外语课程，且日常语言为母语，因此俄语词汇输入既不连续也不充分；俄语学习主要在课堂，学生缺乏足够的俄语接触机会，使得词汇信息输入非常贫乏。在中国的俄语课堂上，教师是知识的主要传授者，其语言能力和词汇教学方法直接影响学习者的习得效果。除了课堂输入外，大部分学生不会利用课后时间增加额外输入，只有少数学生自觉地进行自主性学习。

2. 词汇学习一般在孤立的情况下发生。教师一般根据课文后的词汇表教学单词，而这些单词是按它们在课文中的顺序编排的，没有考虑它们的难度级别，且相互之间缺乏必要的意义联系，是一个个孤立的词。根据记忆规律，缺乏意义联系（语境）的词汇难记易忘；同时呈现相同词汇的多层意义，学生即使记住了各个不同词义，但忽视了不同词义之间的内在联系和不同词义对应的语境，导致使用不当。

3. 教学方法存在问题。许多教师讲解生词时，先给出它的同义词或反义词，然后把该生词编成一个个符合语法规则的句子。结果是学生掌握了生词的意义，但在超出了语句的更大的语境中使用时却没有把握，而且不能区分生词与同义词，认为它们之间可以替换使用，造成学生不能准确遣词造句的困难。

学生词汇吸收特点：1. 词义是学生记忆单词的中心。中国学生学习俄语词汇几乎都是记忆词汇的中文意义，不注意词汇的语体特征、语义的细微区分等。有的学生边读单词边念中文意义；有的学生完全按字母逐个拼写或拼读背诵单词。尽管有些学生从词根和词缀方面下工夫，或按音节组合方式记忆单词，但基本上仍以词汇意义为关注焦点。这样，虽然接受性词汇量扩大了，但是能自由运用的产出性词汇并未同步增长，导致学生说和写的能力发展滞后。

2. 死记硬背是记忆词汇的主要方法。许多有关词汇习得的调查结果表明，学生主要的词汇记忆方法仍然是机械记忆。因为此种方法最简便，而且也和教师不注意传授词汇学习策略有关，大部分学生不知道到底还有那些方法更有助于他们的词汇学习。

五　俄语词汇教学的语言文化教学模式

基于对语言文化学的继承，俄罗斯学者娃拉别耶夫（В. В. Воробъев）先后出版了两本专著，系统地提出了语言文化学是一门在语言功能中研究语言与文化所表现的相互关系和相互作用的整合性学科，这门学科是通过系统方法对现代生活、文化取向的定位来体现语言单位的语言内和语言外内容。作为一门系统学科，娃拉别耶夫（В. В. Воробъев）以各民族跨文化交际为基础，科学地论述了语言文化学的学科依据及主要研究任务，提出了系统分析语言文化单位的原则，辩证地反映语言与文化特征的语言文化单位的概念及其分类，通过与语义场进行对比的方法分析了语言文化的信息场的结构及特点。娃拉别耶夫（В. В. Воробъев）对语言文化学这一学科进行了系统的阐释。

近年来，在中国俄语界对语言文化进行研究最突出的代表人物为解放军外国语大学的吴国华教授，大连外国语学院的彭文章教授及刘宏教授。他们主要从以下两个方面对语言与文化进行了研究：1. 语言个性（языковая личность）和（вторичная языковая личность）第二语言个性的研究，代表人物为吴国华教授和彭文章教授；2. 语言的世界图景的研究（языковая картина мира），代表人物为大连外国语学院刘宏教授。

我们提出观点：将语言与文化结合到俄语教学中，我们认为词汇的语言文化教学法研究将会成为语言与文化这个大领域里的课题。语言与文化紧密联系，语言像一个窗口，揭示该文化的一切内容。文化是语言生存根基，并影响、制约语言。中、俄两国由于传统文化、地理环境、生活习惯、宗教信仰、语言习惯等方面的不同，词汇名称也有差异，从而形成了各具特色的词汇名称文化。词汇名称是俄语语言中一个重要的组成部分，具有特定的社会内容，在不同程度上反映出俄语界民族的社会状况、宗教信仰、风俗习惯等诸多文化背景因素。

课堂教学：我们认为，教学首先是让学生产生兴趣，俄语教学应以“情景教学法”和“交际教学法”为主，用以引起学生的情感体验，激活思维，激发学生的学习动机。拟定了课堂教学活动的五大步骤，即我们课前告知学生每次课的内容、学生进行课前预习、我们对新知识进行讲解、学生对新知识的实践应用、我们最后总结。在教学过程中，我们始终贯穿语言与文化相结合的教学方法，分为两大阶段。第一阶段即语言教学阶段：语言教学阶段分三步：

第一步：语义教学是最基础的教学阶段，即利用不同的词典及工具书（如 Большой толковый словарь русских существительных（俄语名词词典）. Большой толковый словарь синонимов русской речи（俄语同义词词典）. Лексический минимум по русскому языку как иностранному.（俄语词汇对外教学词典）等来加深学生对职业语义组的理解，掌握各职业名称的含义。

在语义教学阶段，我们要让学生主动参与、主动思考、主动实践，使学生充分成为课堂的主人，我们调整自己的位置，成为学生的助手、辅导者。在传统的教学过程中课堂的主宰者是教师，整个课转堂是学生被老师牵着鼻子走。例如讲解新单词的时候，老师总是把单词的意思罗列出来，再举一些例子要学生背会，我们知道这样会大大降低学生的学习热情，学生真正能记住的语义也没有几个。其实有的例子可以让学生自己试着翻译，出现了错误老师再纠正，这样不仅让学生熟悉了这个单词的用法，提高了词汇量，还大大提高了学生学习词汇的热情。

第二步：交际教学，我们认为俄语课要加强交际性导向，让学生在一种相对真实的语言环境学习，我们采用课堂游戏、模拟实际等创造性方式使学生处于真实的交际环境中，即学以致用，将上一步的理论转化为实践。我们主要采用“对话式训练”、“总结式训练”、“转述式训练”，极大地调动学生的参与热情和学习积极性。

第三步：网络信息教学，即使用不同的与所学词汇相关的网站，例如：在讲解与职业有关的词汇时，可以借助俄罗斯工作网（*rabota. ru.*），职业网等使学生对职业词汇信息有更全面的了解，学生可以在俄语网站上了解职业需求信息，练习如何填写俄语简历，如何用俄语进行各个职业的介绍，等等。当今是信息时代，每个学生都使用互联网，我们利用互联网上与当前学习主题相关的信息，引导学生带着真实的任务进入学习情境，使学习直观化和形象化。生动直观的形象可以有效地激发学生的联想，唤起学生原有认知结构中的有关知识、经验及表象，内化所学的新知识，发展能力。通过网络信息教学，让他们能够逐步掌握俄语职业名称。

第二阶段即文化教学阶段。文化教学阶段又分为两步：文章教学和视听教学。

文章教学：我们认为，如何让学生在短时间内掌握文章的中心思想，掌握不同题材文章的阅读方法是文章教学的宗旨所在。本着这一目的，我们在讲课时先利用课前几分钟将本次课将要接触的难点，重点句式写在黑板上，并利用上课时间讲解，然后让学生带着问题，有目的的快速阅读课文，然后学生回答问题，课后留给学生一个扩展性问题或思考题，让学生进行语言训练。同上，以职业名称为例，文章教学选取最具代表性的与职业名称相关的文学作品及片段（如 О несовпадениях в наименованиях лиц по профессии в русском и китайском языках. О наименованиях старых и устаревших профессий в русском языке. О наименованиях новых профессий. 等），将不同年代、不同价值观的作品展现在学生面前，使学生对职业名称的演变、发展有进一步的了解。使学生知道哪些职业为新兴职业，哪些职业为消失职业，俄罗斯人对各种职业有什么样的看法，俄罗斯的职业与中国职业有哪些不同？中、俄职业名称有哪些互补？哪些是俄罗斯特有的职业？哪些为中国特有的职业？结合文化实际进行分析思考，使学生从单纯的背单词中解脱出来，用文化视角来理解词汇的真正含义。

视听教学：使用视频及音频材料，如向学生展示俄罗斯代表绘画作品列宾－伏尔加河上的纤夫（И. Е. Репин《Бурлаки на Волге》）、（加加林登月图片等），进行俄语诗歌播放米哈科娃（С. Михалкова《А что у вас?》）［你们都有什么（职业）?］，加深学生对职业名称的感性理解。我们认为，兴趣是最好的老师，如果俄语教学只是一味地照本宣科，而忽视学习方法和兴趣的培养，那么学生在学习俄语时会感到乏味。在教学中我们利用视频及音频材料让学生看一看、听一听，听的过程中学生会听到自己学过的一些单词，这样，使学生又间接地复习了单词。经常做些类似的练习，学生学的单词多了，对俄语了解深入了，学习俄语的兴趣也增加了。因此我们要利用一切学习资源，要培养学生学习俄语的意识，激发他们学习俄语的兴趣。教学实践证明所使用教学方法对学生能力提升起到极大的推动作用，因此，在俄语词汇教学中要坚持语言与文化相结合的教学方法。

六　结论

我们应改变和丰富国内当前的俄语词汇教学模式。实践证明，简单机械的讲解和灌输很难达到良好的教学效果。脱离语言文化实践的词汇教学是枯燥而苍白的。可根据具体需要，将词汇教学分为语义教学、文化教学，加大语言文化方面的信息量，使词汇学习更加直观明了，更加生动有趣。

参考文献

［1］戴聪腾：《对增加俄语词汇量教学规律的探讨》，《全国优秀俄语学术论文集》（上卷），中国国际广播出版社 1997 年版。

［2］汪榕培、卢晓娟编：《俄语词汇学教程》，上海外语教育出版社 2005 年版。

［3］薛秀晶、李丽丽：《大学俄语词汇教学研究》，《双语学习》2007 年 4 月。

［4］杨莹莹：《俄语词汇教学现状及其优化策略研究》，《实践与探索》2011 年第 36 期。

［5］于海艳：《俄语词汇学习策略研究》，《齐齐哈尔医学院学报》2005 年第 4 期。

［6］周元琪：《略谈大学俄语词汇教学》，《石河子大学学报（哲学社会科学版）》2003 年 9 月第 3 期。

英汉超音段特征对比分析与英语语调教学*

杨 萌**

摘 要：超音段特征在英语语调教学中的作用至关重要。然而，目前相关研究尤其在英汉对比领域尚缺乏系统分析。本研究首先从超音段特征的概念入手，然后着重阐释了英汉两种语言在语调与声调、重音、节奏等方面的异同表现，旨在对英语语调教学产生一定的启示作用。

关键词：超音段特征；对比分析；语调教学

A Comparative Analysis of English and Chinese Supra-Segmental Features and English Intonation Teaching

Yang Meng

Abstract: Supra-segmental features play an essential role in English intonation teaching. Whereas, the related research, especially the comparative study of English and Chinese, is lacking in systematic analysis. The present research starts with the definition of supra-segmental features, and then focuses on similarities and differences between English and Chinese in terms of intonation and tone, stress, rhythm, aiming to gain enlighten-

---

* 本文系2014年度教育部人文社会科学研究青年基金项目（14YJC740101）和江苏教育厅高校哲学社会科学研究一般项目（2014SJB379）的阶段性成果。

** 杨萌，女，江苏师范大学外国语学院副教授，研究方向为应用语言学和二语习得。

ment for English intonation teaching.

Key words: supra-segmental features; a comparative analysis; intonation teaching

一 引言

语音对比是对比研究中最为基础和最为有效的研究层面之一。长期以来，我国语音对比研究大都侧重音段层面的研究，缺乏对超音段层面进行全面系统的研究。近年来，越来越多的研究发现，在言语交际中，超音段特征的作用更加重要，更能协助人们传情达意。

超音段特征是“从区别意义的音长、音高、音强等来划分的，在线性语流中不占位置，而与音词、音段、音句等有关”（杨秀岚 2011：25）。超音段特征构成了英语语音的显著特征，是话语信息传递的重要表现形式，也是表达说话人的态度或情绪的重要方式。常见的超音段特征主要有语调和声调、重音、节奏等。本文将从上述几个方面对英汉两种语言中的超音段特征进行对比分析，以期对英语语调教学有一定启示作用。

二 英汉语调与声调对比

英语是一种语调语言（intonation language），其基本单位是调群。语调是指说话时声音音调的变化所造成的旋律模式。语调有广义和狭义之分。广义的语调涵盖大部分超音段音位的内容，狭义的语调仅指声调高低抑扬的变化。在英语和其他许多语调语言中，这些旋律的模式，即声音的高度不会始终保持在一个水平上，而是有一个高低升降的变化。语句发音时的这种高低升降的变化就构成语调。

英语的语调是以它的重音和节奏为基础的，单词不像汉字那样有其固有的声调，语调的升降不能改变词的意义。例如，“teacher”这个词，无论念成升调、降调还是升降调，都是“老师”的意思。同时，英语语句通过语调来传达信息，英语语句除了词汇意义之外，还有相应的语调意义，不同的语调表示说话者不同的意图、态度和感情。例如，以“They haven't been home for a year.”和“They haven't been home for a year.”为例。前者句末用降调，表示“他们一年不在家”；后者句末用升调，表示“他们到家不到一年”。因此，英语中不同的语调所赋予语句的语义信息是不同的。

汉语是一种声调语言（tone language），音节上的声调发挥着举足轻重的作用。声调也称音调，是音节的区别性特征。汉语的每一个字除了有声母、韵母两部分之外，还有一个固定的声调。声调是音节的一部分，它同声母、韵母一样有区别词义的作用。汉语普通话的声调分为：“阴”（高平调）、“阳”（中平调）、“上”（降声调）、“去”（全声调）四种，还有一个轻声。比如：“ma”这个音节的声调如下：

阴平 阳平 上声 去声 轻声

妈　麻　马　骂　吗

几种声调都有区别意义，如：“你没有看好那匹马，让它踩乱一捆麻，挨了你妈一顿骂，你说是吗?”这四个字的音位完全相同，但由于它们的声调各异，因此构成了四个意义完全不同的字。声调在汉语中具有辨义功能，它是词的结构的一部分，因而是不可或缺的（杨冰、刘佳 2006：83）。

三　英汉重音对比

重音主要包括词重音和句重音两个层面。

（一）词重音

英语与汉语的重音区别主要集中在词重音层面。词重音指同一个词中总有一个音节发音特别响亮、清晰，它是词的语音结构的一部分，具有表义和语法功能。词重音层面的区别是由英、汉两种语言不同的音韵体系和文字体系造成的。英语是拼音文字，词汇又以多音节词为主，而音韵上采用的是元、辅音体系，音调的高低不能辨义，因此在区别双音节和多音节词的语音形式时就会显得势单力薄，特别是在区别由相同的元、辅音音位组成、表示不同词性或词义的双音节词的语音形式时更显得无能为力。因此，英语像其他印欧语系语言一样，强调重音的作用，把它作为双音节和多音节词语音形式的组成部分，甚至把不同级别的重音作为区别特征使用。这也是语音结构内部的一种补偿手段。汉语采用的是声韵调的体系，每个字音节除由声母、韵母组成外，还有一个辨义的声调，每个汉字都是形、音、义的统一体，因此重音的作用变得无关紧要。具体而言，英汉词重音的差异表现在以下几个方面。

首先，英语着重重音的概念，而汉语着重轻音的概念。重音是英语词语的一大特征，而轻声在汉语词语中的作用比重音更重要。英语的词重音既是自由的，也是固定的。就整体而言，英语属于自由重音，即：词的重音因词而异，落在不同位置上。就每个英语单词来说，重音位置是固定的，是单词读音的一部分，不可随意改动，否则就会引起歧义。如："record"，第一个音节重读，名词：记录、档案；第二个音节重读，动词：记录、录音。英语重音的这种区别词义、词性的作用跟汉语中声调的作用很相似，只不过没有汉语利用声调来区分词义那样广泛。

汉语词汇中轻重音差别并不明显，重音位置也不像英语中那样严格。汉语中的词以单音节和双音节为主，由于单个汉字（单音节词）是通过声调来区别意义的，所以不存在词（字）重音。而在双音节词中，词重音的作用也并不明显。一个词里所谓的重音，只是相对于轻音而言，并不需要特别的重读。一般来说，在汉语中，重音的改变不会令词义发生变化。

轻音在汉语中所起的作用要比重音大得多，轻音与相应的重音构成对立，具有能区分词义和词性的功能。例如：地道（dì dào），名词：地下交通坑道；地道（dì dao），形容词：纯粹的、实在的。大意（dà yì），名词：主意；大意（dà yi），形容词：疏忽。其实，汉语的词重音的模式是比较固定的，需要注意轻重音的词，基本都是最后一个音节要读轻音，这样剩余的音节就相对成为重音。相比之下，英语重音的规则要复杂许多，而且重音落在哪个音节上也不像汉语那么固定。

其次，英语的词汇以多音节为主，重音可分为主重音、词重音和轻音三级，它们是三个不同的音位，在一部分词语中互相区别意义；汉语的词重音程度差别不明显，除了极少数轻声字外，各音节之间的轻重差别无区别作用，一般不作细分。

此外，英语的多音节词中轻读音节多，重音一般只有一个，词重音多为节奏的需要而设；汉语的字音节都有声调，不易将其弱化，故多音节词中重音显得多。这就是中国人讲英语时重音过多的原因。

（二）句重音

句重音也称语调重音。在连贯的说话和朗读中，并不是每个单词都保留自己的单词重音。一般来说，实词保留自己的单词重音，而虚词失去自己的单词重音，保留自己单词重音的这些词就构成了所谓的句重音。

句重音按其功能的不同，又可分为句法重音和逻辑重音。句法重音是指正常状态下根据句法结构的要求重读某些词的读音现象，如名词、动词、形容词和副词等实词在句中一般需要重读。逻辑重音也称强调重音，是为了强调某种逻辑意义而重读某些词语的读音现象。需要指出的是，逻辑重音通常是一句话的最后一个重音。也就是说，一句话中一旦出现了逻辑重音，其后原有的句子重音将全部消失。如："He said he might be able to finish the task."（他说他也许能够完成任务。）该句强调"might"（也许），意思是他也许无法完成，整句话就只有一个重音，即"might"所承受的逻辑重音。在这一点上，英汉基本相同，两种语言的句子重音都是根据语法、语义、心理或情感表达的需要而产生的。两种语言在不表示强调或者对比的情况下，通常实词都会重读，虚词都会弱读。

因此，英汉词重音的相似功能在于：重音不仅能够区分词性和词义，而且重音位置的转移会改变词语的发音。英汉词重音的不同功能在于：英语的词重音是构词手段的语音标志，而汉语词重音的此种性质却不如英语明显。英汉句重音的表义功能和句法功能相似。英汉句重音的不同功能在于：英语句重音不仅是节奏单位的基础，而且造就了虚词的弱读式；而在汉语中，逻辑重音会导致停顿的产生，关联词上的句重音加强了句法结构，有助于表意。

四 英汉节奏对比

节奏是指"话语中重读音节和非重读音节的排列模式"（陈军洲 2006：179）。英汉语都注重节奏的把握。英语是以重音计时的（stress-timed），而汉语是以音节计时的（syllable-timed）。英语语句一般轻重音节交替出现，实词重读，虚词弱读，常常伴随连音、省音和同化等现象。汉语语句则强调声调的抑扬顿挫，轻重音节相对不明显，且每个音节之间界限分明。英语中轻重音节所用的时间不同，重读音节响度较大、占时较长，轻读音节响度较小、占时较短。汉语字正腔圆的特点使得中国英语学习者习惯于清楚地读出每一个音节，每个音节所占时间基本相当，这一点和英语的节奏明显不同。

英语节奏的单位称为“音步”（foot）——一个类似音乐“节拍”的概念（陈莹 2004：2）。一个音步由一个或多个音节组成，第一个音节必须是“重音”（salient），而其后的音节均为“非重音”（non-salient）；如果句首的音节为非重音，就在第一个重音前形成一个“空拍”（silent beat）。音步在诗歌中比较容易辨认，这是由于重音的出现在诗歌的节拍中是有规律的，诗歌音步里的音节数又是固定的，这就形成了英诗的节奏模式，如“抑扬格”（iambic）。

汉语节奏的单位有的称为“语节”（张颂 1983：256），“语节一般以词或词组为单位”、“一个音节以上，八个音节以下”，也有称之为“节奏群层”（杜伟东 1992：157），因为每一个大的节奏单位里还可能有小的节奏单位，最小的节奏单位就是音步。汉语的最小音步要么是一个音节，要么是两个音节。四音节是汉语主要的节奏倾向，它的语音段落是 2 +2，语音上成双成对，念起来节奏均匀，朗朗上口，有助于增强语言的表达效果。

节奏对英汉语的音长和语速的影响是相似的。英语中每一个音步的时值大致相等，为了保持音步的等时距特征，音节多的音步要求缩短时值，音节少的音步要求延长时值。音步的延长与缩短主要在元音。汉语中统一语句中音步的时值也相对整齐，所以节奏也会对汉语的音长产生影响。英语中重音的数目决定了音步的数目，而音步的数目又决定了句子的语速，即：句子重音越多，音步就越多，语速就越慢，反之，则越快。汉语句子的语速也是由音步的数目决定的，句子的音步越多，语速就越慢，反之，则越快。

节奏对于英汉语的重音和音节的影响是不同的。英语中节奏与重音密切相关，重音是节奏的基础，节奏反过来影响重音，因此英语节奏变化会导致重音位置的改变。汉语的四音节词发达，即使有些词语不足四音节，也要用助词来凑足。除了四音节，五音节和七音节都有明显的节律，如果节奏段落不符合习惯的，就要通过增补音节或变换语序来调整。

英语和汉语的词和句虽然都是由音节构成，但在说话的语流中，音节与音节之间，词与词之间的衔接方式却不相同，这两种语言听起来有明显的区别，主要表现在连读、停顿、省音和同化等方面。英语中一个词可以有多个音节组成，词与词之间过渡圆润。而汉语中每个字都是一个音节，字与字之间稍有停顿，界限分明（李岩 2004：115）。因此，汉语是属于断奏式的，连续发出的各音之间有间断。而英语属于连奏音，连续出现的音圆润而无间断。或者可以说，汉语的句子好比一串串的珠子，虽然穿在一条线上，但珠子与珠子之间还是有明显的间隔，而英语的语句像一股流水，虽然波纹起伏，但平滑无间。

中国学习者的单词韵律呈现多方面的特点：振幅小、音节切割明显、重音不凸显、轻读音节不能自然地顺延前面重读音节的语调走势、单词不能与周围语境浑然一体等（穆凤英等 2005：257）。英语自然语流中语调短语（intonation phrase）之间有明显的停顿。音节之间一气呵成，难以切分。但在中国英语学习者中，音节之间明显的切割现象比较普遍。同时，由于音节之间切割、发音过分到位等原因，单词整体速度偏慢。单词和音节的平均发音时间较长。由于上述原因，中国英语学习者学习单词时，多音节词的拼读往往是一个难点。他们常常将每一个音节同样响声、同样清楚地念出来，不会突出重读音节，或者将重读音节误置。

英汉节奏对比中要注意停顿的位置和功能。意群是英汉语句所共有的，是停顿的基本单位，英语和汉语的停顿都以语法停顿为主，而英汉语法停顿都有分界词、短语、从句与句中其他语法成分的功能，不同的停顿会使同一句子的句法结构发生变化而引起歧义。许多研究表明，位于边界处的停顿为合理停顿，而其他位置的停顿尤其是主要句法结构内部的停顿则被认为是不合理停顿。停顿的位置是考察口语流利程度的一个可靠指标。话语流利的母语者和二语学习者多倾向于在句子、从句或短语的边界处停顿，而从句内部或短语内部停顿通常给人留下不流利的印象。Cruttenden（2002）在前人研究的基础上划分了 3 类可能出现的停顿位置，即：（1）位于主要句法成分的边界处；（2）位于实词前面；（3）位于语调短语内第一个词后面。第一类停顿可用来标记语调边界，而后两类停顿则被看作是犹豫现象的体现。穆凤英等人（2005）通过考察中国英语学习者对话中 3 类不恰当位置的停顿，包括：实词前停顿、边界处长时间停顿以及其他位置停顿，发现提取和生成时的实词前停顿所占比例较高。

五　对英语语调教学的启示

首先，由于母语迁移的影响，中国学习者在英语语调学习中普遍存在的问题是调型单一、振幅较小、平调较多，这些都不利于传情达意。因此，教师要培养学生的超音段意识，引导他们在进行口语交际时要随时注意英语语调的升降起伏，尤其在表达不同意义时要使用正确的语调。同时，针对中国学习者普遍缺乏自信的情况，教师要努力创造轻松的课堂环境，鼓励学生增强自信，避免由于情绪紧张导致的不敢开口现象。

其次，只有正确的、高频率的输入才能保证输出的质量。学习者只有通过反复模仿才能提高自己的语调水平，必须加强听说练习。针对超音段教学中的重点和难点，可以采取课堂上教师讲解、学生模仿，下课后同伴纠错、学生操练的方式进行。教师在组织学生进行操练时，要从辨别单词的重音开始练起，尤其要重视多音节词的重音。针对中国学习者句重音过多的问题，教师要引导学生区别汉语抑扬顿挫的声调和英语轻重交替的语调，尤其要掌握句法重音和逻辑重音，学会运用重读和弱读技巧。

再次，课堂上要加强语块（chunk）练习。口语流利性是英语教学和学习的终极目标之一。该领域内的研究趋势是将语音学、句法学和心理学等学科相结合，进行跨学科尝试。由于语块的输出能力影响学习者的口语流利水平，因此，教师要通过创造性地重复训练增加语块的输入，从而使学习者减少停顿的频率和时长，停顿的位置更加合理。同时，教师还要补充交际策略的知识，帮助学习者掌握实义填充词的使用技巧，从而减少无填充停顿和非实义填充词。

最后，英语节奏的把握，需要培养英语语感，可以先从培养乐感开始。学唱英语歌曲是个不错的选择，这一做法能够帮助学生在轻松自如的氛围中将英语单词串成富有英语节奏感的句子，从而在不知不觉中摆脱汉语节奏的干扰。平时练习时，学生也可以一边打拍子，一边读英语，尽可能在提高语速的同时，注意停顿、连读、省音和同化等衔接手段的处理，并根据表达的需要控制轻重音节的发音时间。

六 结语

针对英汉超音段特征的特点，一个有益的研究方向是研究语言技巧的不同方面在学习者口语中的有机结合。同时，要借鉴心理语言学、社会语言学和神经语言学领域内的最新研究成果，充分考虑语言的互动性和交际的复杂性，增加更多的实验性研究。

英语轻重交替的节奏模式是对中国英语学习者最普遍的语音挑战。因此，在进行语音教学时，教师有必要将语块产出与语调节奏训练相结合，以期改善学习者口语产出中的节奏模式，从而提高其口语流利水平。今后，语音教学的重点应将具有一定语义关系的语块作为重要内容加以开发，拓宽语音教学的思路，使之成为语言技能提高的新的突破口。

参考文献

Cruttenden, A. *Intonation* (*2nd ed.*). Beijing: Peking University Press, & Cambridge: Cambridge University Press, 2002.

陈军洲:《英语语音教学重在英汉对比》,《怀化学院学报》, 2006 年第 7 期, 第 177—179 页。

陈莹:《英汉节奏对比分析》,《西安外国语学院学报》2004 年第 2 期, 第 1—4 页。

杜伟东:《朗诵学》, 成都科技大学出版社 1992 年版。

李岩:《英语语音教学之英汉对比》,《渤海大学学报》2004 年第 3 期, 第 113—115 页。

穆凤英、高薇、张云燕:《中国学生英语口语实词提取与生成特征分析》,《外语教学与研究》2005 年第 4 期, 第 250—258 页。

杨冰、刘佳:《英汉语音系统对比与语音偏误分析》,《沈阳师范大学学报 (社会科学版)》, 2006 年第 4 期, 第 82—84 页。

杨秀岚:《英汉超音段音位对比分析》,《贵州师范学院学报》2011 年第 2 期, 第 25—28 页。

张颂:《朗诵学》, 湖南教育出版社 1983 年版。

两封信——两个童年

——契诃夫与谢尔巴科娃的短篇小说《万卡》

郑广杰*

摘　要：本文主要以契诃夫和谢尔巴科娃的两部短篇小说《万卡》为例，通过对比分析两个小主人公万卡的自身话语、信前信后的行为举止、情感波动以及他们所处的社会环境，剖析19世纪与21世纪国家不同体制下两个万卡的不同境况和内心企盼，从而揭示最深层次的社会问题。提起短篇小说《万卡》（1886），契诃夫以其独特的风格、敏锐的洞察力、机智的气势、讥讽的笔触，将褒贬与苦乐之情融入作品的形象体系之中。历时122年后，著名作家谢尔巴科娃以契诃夫的同名小说《万卡》（2008）命名，从另一个儿童的视角审视社会，其结构简单、篇幅短小，风格独特。万卡在信中流露出的污言秽语极具挑衅和攻击性，不堪卒读。儿童的言语和思想方式往往是直白而袒露的，而两位作家凭借精湛的艺术思想，将社会巨变投放到儿童心灵上的光影变化，用凝练的笔墨，读来让人动容。

关键词：契诃夫；万卡；信；爷爷；谢尔巴科娃

---

* 作者简介：郑广杰，女，江苏师范大学外国语学院副教授、博士，主要研究领域：俄语语言文学。

Two letters —— Two childhood

——Chekhov's versus Sherpa Bokova's short stories

Zheng Guangjie *

Abstract: We have selected Chekhov's short story "Van'ka" (1886) and Shcherbakova's short story (2008) for comparison of the two child characters for an analysis of their inner world and innate feeling and emotions before, during and after the writing process. The writers create the two different social descriptions of the two societies, one in 19th century, another one in the 21st. The two Van'kas' hopes and dreams reveal the two different sets of social problems. Regarding the 19th century Russian short story, we cannot fail to mention Chekhov as one of the world's three great masters of the short story with his unique style, keen insight, wit, satirical strokes. 122 years later, the famous Soviet/Russian writer Galina Shcherbakova reinterpreted Chekhov's short story with the story of the same name, "Van'ka" (2008). The latter represents another look at the society from a child's perspective. The modern Van'ka looks at the situation, his grandfather, with a different view, and the key features of Shcherbakova's short story are similar to Chekhov's ones-simple structure, brevity, stylistic devices imitating child's speech in both Van'kas letters to the grandfathers. The modern Van'ka's discourse is based on direct provocative statements, obscenities aimed at his grandfather, and the readers have difficulties understanding the modern Van'ka's invectives. Both writers express their main characters' views on the respective societies, using short and compressed phrases, brief characteristics.

* Author: Ms. Zheng guang Jie, associate professor, Ph. D., Xuzhou Normal University, School of Foreign Languages. Research interests: Russian Language and Literature. E-mail: ouliya0920 @ hotmail. com.

一　从契诃夫到谢尔巴科娃

任何文学的创作都离不开大时代的背景、离不开生活，俄罗斯文学也一样，它就像是国家社会体制下政治环境的一张晴雨表，是国家嬗变和时代变革的真实写照。

契诃夫生活的年代，是一个新旧时代更替的时期，没落的农奴制度即将消亡，沙皇专制变本加厉，整个社会矛盾重重。然而，越是此时，生活在底层的人民才越是痛苦。契诃夫把自己的思想巧妙地融入到作品中去，把自己内心的企盼，对新生活的向往，通过万卡的信，做了细致地描绘，给读者以回想。

从契诃夫到谢尔巴科娃经历了一个世纪之多，即20世纪。这是一个充满矛盾、革命和民族解放斗争风云变幻的动荡世纪。而谢尔巴科娃恰生于20世纪30年代的“乌克兰大饥荒”。经历了苏联解体前后的剧变，国家陷入沉重的危机。戈尔巴乔夫的“改革”，叶利钦在位时的动乱，直到普京上台接了一个烂摊子，重回俄罗斯时代。因此，在作家队伍中也弥漫着希望与失望、乐观和悲观。这种强烈的社会冲击，时代的涤荡，道德信仰的剔骨式更迭，完全改变了人的内心。家庭的不幸，大环境的失衡，也彻底把儿童善良的天觉击成齑粉，使之成为了变本加厉的破坏者。

（一）契诃夫其人其作

蜚声世界文坛的安·巴·契诃夫（俄语：Антон Павлович Чехов，1860—1904）是19世纪后半叶批判现实主义文学巨匠，世界短篇小说之王，托尔斯泰称他为“无与伦比的艺术家”。他独辟蹊径，以短篇小说为自身乐土，耕耘出形形色色普通民众的典型人物和事件，将被认为不能登大雅之堂的文学体裁发挥到了极致。如《男孩儿们》、《草原》、《卡什堂卡》以及《万卡》等颇受儿童的喜爱。

契诃夫无专门为儿童创作的作品，但他能用儿童的独特眼光去感受生活，审视世界，语言符合儿童的性格和心理特点。其艺术特点文短气长，时常把褒贬、苦乐之情融入于作品的形象体系之中。“利用人物话语和行动来展示人物的灵魂、精神情绪是契诃夫大部分短篇小说使用的方式。叙述者往往以人物自身话语和行动的变化，揭示人物的心理”。（吴维香，

18）于1886年12月25日发表在《彼得堡报》的经典故事《万卡》中的万卡·茹科夫，即是一个鲜明的例证。作者借助简洁朴素的语言、精巧的抒情艺术细节、将笔尖探触到童工万卡的内心深处，通过细致入微的一系列心理描摹，出色地展示出万卡的悲惨遭遇。潜心阅读时，能体会到作者对沙皇农奴制度下的现实社会问题的忧虑以及对美好未来的憧憬。高尔基曾称："契诃夫的每一篇小说，都在日益加强一种对我们极其宝贵和需要的情调——生气蓬勃和热爱生活的情调。"（耶里扎罗娃，3）诚如斯言，契诃夫恰是凭短篇小说负载着生活的深远内涵，驶向人们的心灵最深处。他卓越的艺术成就不仅使自己在世界上名声显赫，也潜移默化地影响了众多大作家的追捧。

（二）谢尔巴科娃其人其作

历时一个多世纪后的2008年，著名苏联/俄罗斯女作家卡·尼·谢尔巴科娃（俄语：Галина Николаевна Щербакова，1932—2010）敢于运用契诃夫的同名小说重新理解，创作了《雅萨的孩子们。21世纪契诃夫的主人公们》一书，该书汇集了契诃夫的23篇短篇小说。如《万卡》、《带狗的女人》、《宝贝儿》、《小公务员之死》、《装在套子里的人》、《渴睡》、《苦闷》以及其他小型故事等。而《草原》则分别创作了《俄罗斯草原》、《乌克兰草原》和《以色列草原》。该小说集是女作家与契诃夫的一次直接而坦诚的对话。在书中她希望揭示出当代的一部分人比古典主义时代的人更杂乱无章、病态和残酷。她解释说，继契诃夫作品《樱桃园》后，雅莎族滋生了很多后代，后代的孩子在全俄传承了雅莎的特征，他们来自于非美满的家庭。如万卡惩治爷爷，恐吓所有周围的人，或人或狗。因此，指出女作家创作目的是为了直接宣传生活中的残酷和挽救弱者。

谢尔巴科娃是一位新感伤主义风格的作家，而"新感伤主义风格主要关注是人的情感领域，普通人、小人物、弱小者的感情生活"。（陈方，23）她把万卡的情感和愤恨，借助孩子的自身话语，展现得淋漓尽致。她笔下的主人公们均继承了契诃夫时代的特征，却是当代人，只是又赋予了新内容和思想。如"托尔斯泰"是澡堂的主人，"瘦子"是脱衣舞演员，"宝贝儿"是无耻的告密者，"带狗的女人"则是无头脑无概念的淫妇，错把邻居的犬当成狮子狗，"小间谍"并不是勇敢的远航船长，等等。总之，该书从头至尾的故事内容与契诃夫的小说都颠倒的，包括她的小说《万卡》中孙子写给爷爷的信。

二　两部作品人物的对比

（一）两个截然不同的小主人公万卡

童年是一个人生命中重要的时期，是世界给予人最初图像的时刻。天真烂漫、无忧无虑，而契诃夫笔下的万卡却承担起了与他年龄不相称的重担；谢尔巴科娃笔下的万卡则生活在一个令人窒息的不幸家庭，他承受的是极大精神的折磨。

①万卡的内心企盼

两篇《万卡》的故事情节息息相关，主要以给爷爷写信为主体。可以说，谢尔巴科娃的《万卡》是契诃夫小说《万卡》的镜面反射，一个是生活在19世纪末沙皇统治制度时期的“万卡·茹科夫”，寄希望于给他留下美好童年记忆的爷爷写信，让爷爷把他带走，逃离鞋店老板的毒打而脱离苦海；另一个是生活在21世纪初，谢尔巴科娃笔下的万卡则试图给爷爷写信，触怒爷爷，尽可能刺痛爷爷，甚至要杀死他以泄恨。其语言恶毒、缺乏人性，甚至达到难以容忍的程度。

通过两位作家精心细致地对小主人公心理刻画，加之情节氛围的渲染，真实地展示出两个儿童不同的境况和内心世界。

②万卡的生存境况

万卡·茹科夫是一个九岁的农家男孩儿，母亲将他送进城，到富人家学徒打零工，以便日后有一技之长。他挑水、劈柴、擦地板，照顾主人的孩子，但常被主人毒打。他饱受虐待，在他的信中，他叙述了自己常遭肉体的毒打和精神的凌辱。他写道：“昨天我挨了一顿打。老板揪着我的头发，把我拉到院子里，拿师傅干活用的皮条狠狠地抽我……前几天老板用鞋楦头打我，把我打得昏倒在地，好不容易才活过来。”（契诃夫，68）天真的孩子发出了如此哀告，足见其受迫害之深。这充满童稚的乞求，带给我们的震颤远远大于对黑暗童工制度的嘲讽和批判。他长期处于恐慌之中，每一个动作都显示出了恐惧、谨慎、陷害、神经质以及孤独。

谢尔巴科娃的万卡，在读者面前无任何正面的形象。从艺术的角度来说，女作家是故意将作品的味道变得更浓。她所描述的是一个当代的儿童，生活在一个充满仇恨，令人窒息的家庭。他缺少美好的回忆，狗只有一只眼，常睡在地穴中；目之所及的玩具仅一个，很不体面；奶奶、姐姐被爷爷害死。唯一的正面人物是妈妈，却在故事中离开了他。孩子常常处于悲愤、厌恶、报复、幻觉之中。

③万卡的性格特征

万卡·茹科夫是一个温和、勤劳、机灵、有礼貌、善于观察和富有求知欲的孩子。他尊重爷爷，惦念爷爷，信中言语得体而充满爱意。谢尔巴科娃的万卡则自私自利、残忍、好战和嫉妒。他憎恨爷爷，蔑视爷爷。言语污秽，充满敌意。两个儿童性格、行为以及思想表现完全是对立的。

④万卡的家庭成员

在契诃夫的《万卡》中有三个人物：万卡、爷爷康司坦丁·玛卡雷奇和鞋店老板阿里亚兴。出场的却只有万卡，作为反面人物的鞋店老板虽未露面，但在小说中若隐若现，给万卡造成了极大的心理压力和负担。

在谢尔巴科娃的《万卡》中有六个人物：万卡、爷爷、奶奶、父亲、母亲和姐姐，奶奶与姐姐未出场。家庭成员之多也为爷爷的种种罪行做了铺垫，以致万卡憎恨爷爷。而万卡的父亲离家不归，逃避现实，冷漠又怯懦。他竭力追究求个人享受，最终免受惩罚。

⑤万卡的幸福时刻

世界对于两个孩子来说，并不完全是丑陋不堪，也有暖人心脾的一面。当女仆奥丽佳给万卡·茹科夫水果糖，教他读书写字，跳卡德里尔舞曲时，是他最幸福的记忆。此外，他还提到了妈妈彼拉盖雅，为我们在漫漫长夜中，点燃了一盏明灯，让温暖远远地投射过来。

而最使女作家的万卡难忘的则是妈妈，是妈妈教他写作，虽然写得不十分好，她得了癌症，奄奄一息时还给他讲故事。恰好讲到万卡·茹科夫求助于爷爷将他带走时，万卡哭了。他如此羡慕万卡·茹科夫，羡慕那些拥有像玛卡雷奇爷爷的孩子们。

由此可见，人在任何年龄，特别是儿童时期需要接受正能量的教育，将关爱和温情送给孩子，即使灵魂被扭曲的儿童也会被感化。两位作者从各个角度关照小主人公的情感波动，深层挖掘孩子们的心理和精神变化，展现他们对实现自身愿望的向往。

（二）两个不同版本的乡下爷爷

①百善的爷爷

在契诃夫的小说中，爷爷康司坦丁·玛卡雷奇是地主席瓦烈夫家的守夜人。他热心肠，一双醉眼，总面带微笑。爷爷象征着脱离苦海的希望出现在万卡的回忆和憧憬中。恰好与鞋店老板构成了一明一暗的两道布景，将万卡推到读者面前，展现他的快乐和悲伤。只用了三个人物，作者就把小说拉开了层次距离，这也正是小说独特的视角与精湛的艺术融合之体现。

②万恶的爷爷

在万卡的眼中，爷爷是一个毁坏整个家庭的恶棍。冷漠无情、粗鲁而凶残的侦缉队员，曾枪杀很多人。而爷爷对自己的工作却引以为自豪。他曾在夏天用茶壶打死了奶奶；寒冷冬天他将姐姐关到冷屋里冻死；春天时撵走父亲却一直未归；夏天罗斯卡被爷爷打瞎了一只眼；同样在夏天妈妈悲凉地离开人世，爷爷却责怪为什么死在家中。实际上的国家混乱的时期，爷爷是一个盲目的暴力革命者，代表着专制社会，他只能伤害善良而无辜的人，使万卡悲剧性地体验自己在世界上的完全孤独。

两个不同版本的爷爷跟所有人一样，历来是正面人物与反面人物特征并存。他们不是完美的人。这种品质决定了作品主人公的行为。

（三）两部作品中狗的形象

①见风使舵的泥鳅

契诃夫描写了两条总耷拉着脑袋的狗，显得毕恭毕敬。一条是老母狗卡希坦卡，另一条是身子细长的黑泥鳅。平时泥鳅异常恭顺亲热，总用含情脉脉的目光看人，但恭顺温和的背后深藏着十分险恶的用心。任何狗也不如它那么善于抓住机遇，它悄悄溜到人旁腿上咬一口，或偷鸡吃。后腿常被人打断，但每次受伤后，又活了下来。

②随波逐流的罗斯卡

谢尔巴科娃描述的是一条棕黄色的狗，名叫罗斯卡。在万卡的梦里常看它缩成一团。爷爷打瞎了它一只眼之后，它学会把头藏起来蜷成一个圆圈，两耳不闻窗外事。

狗在作品也不失为多余的一笔。揭露了在当时社会体制下，人人变得残酷而麻木不仁，与泥鳅一般见风见风使舵、阿谀奉承，像受伤害的罗斯卡一样而随波逐流、不问人非。

三　两封天壤之别的信

在不同的历史时期，不同的社会背景下，两个万卡在困境绝望中均借助于信向爷爷倾吐心声。两个孙子与两个爷爷的情感交织，或爱或恨。但期待与向往却天壤之别。

（一）信开头—— 情感的倾诉

人性和公正点燃了九岁万卡·茹科夫回乡的希望。这希望是他心灵空间中迫切而纯真的波动。他以令人感动的话语满怀悲情地写道："亲爱的爷爷，康司坦丁·玛卡雷奇…… 我在给你写信。祝你们圣诞节快乐，愿上帝会给你带来一切美好。我没爹娘，只剩下你一个亲人了。"（契诃夫，66）可见，万卡是一个孤苦伶仃孩子，信的开头语调平和、虔诚而有礼貌。契诃夫希望借助万卡之口，点明他无依无靠的孤苦处境，道出了爷爷是他最后一棵救命稻草。

我们再把目光转向谢尔巴科娃的万卡，他给爷爷写信的开头如下："你好，老头儿。还没咽气儿呢？……我要拖住你的腿，把你扔到茅坑里慢慢腐烂死去。老头儿，你的尸体不在墓地，而在茅坑里"（Щербакова，15）。幼小的万卡言语中流露出极其恶劣的挑战和叛逆，借助一封信，来宣泄对爷爷的不满，梦想能亲手杀死"老东西"。"革命已来临，我马上就来。先给你一个枪子儿，然后击向眼睛，最后射中你的心脏"（Щербакова，15）。信的开头揭露的问题不仅是这篇小说，而是整个小说集。童言里饱含好战、挑衅的语调，粗鲁而不堪入耳的表达。这种无缘由的残酷故事情节往往是作者处于赤裸裸的自身心理攻击。当然，并非每位作者都这样创作，但《万卡》却因该艺术手法吸人眼球。众多评论证明该小说最有"情节的生命力"。如读者潜心阅读到最后，就会领略到当代人的生活社会现实。假设小说以文学的语言描述，无疑是失去创作的艺术效果。

（二）信中——善恶的承诺

万卡·茹科夫在信中向爷爷许诺："等我长大 了，我就会为这件事养活你，不许人家欺侮你，等你死了，我就祷告，求上帝让你的灵魂安息，就跟为我的妈彼拉盖雅祷告一样。"字字句句，如泣如诉地描写出可怜、天真的万卡，要摆脱虐待返回乡下的心境。而谢尔巴科娃的万卡在信中道出的却完全不是儿童的话语："你的短枪在我这儿，我一枪崩了你这个折磨我的混蛋"（Щербакова，4）幼小的心灵却隐藏着如此负面的特征和狠毒的本质。

（三）信尾——悲剧的美梦

信写完后，万卡·茹科夫"抱着美好的希望而定下心来，过了一个钟头，就睡熟了。……在梦中他看见 一个炉灶。祖父坐在炉台上，耷拉着一双光脚，给厨娘们念信"（契诃夫，72）。这梦是痛苦惨淡的暗示，是儿童玫瑰色的梦，血淋淋的现实仍在原地等着他。既给读者心灵以震颤，又为孩子的人生添上了悲剧的色彩。

由此可见，契诃夫的《万卡》，言简意赅，使人在淡淡的惆怅中深思默想，深谙生活之味。就像曾雪雨在其论文中提到："契诃夫作品的最大特色即是简洁和朴素。他的作品内涵丰厚，言有尽而意无穷。"（曾雪雨，28）

谢尔巴科佳的万卡称"目前已将他拖到最终点。鼓足力气直接击中额头，随后似乎他死去了"（Щербакова，6）。这天真的想法非常符合儿童的心理，却使读者更添悲伤，悲伤的是这幼小的心灵将仍在生活的磨子下呻吟。

四　结语

契诃夫笔下的万卡，发出了一封永远也无法寄达的信，在向往中，睡着了。这是一种没有希望的希望，绝望中的企盼。犹如在漆黑的夜晚，划燃一根火柴。是和丹麦大师安徒生《卖火柴盒的小女孩》有着异曲同工之妙。更能揭示人性的善良和现实的残酷。在巨大的落差中，把人性的光芒，淹没在现实的黑暗中，从而打动读者，产生共鸣。

谢尔巴科娃笔下的万卡，信同样未发出。他的最后，是完成了对爷爷的羞辱，并致爷爷于死地，在邪恶的满足中睡去。一个原本天真无邪的儿童，为何会发出如此血腥残忍的毒誓？深刻的社会背景和扭曲的现实，发人深思。读完这部作品，让人不寒而慄。作者所要表述的思想，在那个混乱动荡年代，狂热残暴的世界使孩子变得残暴，给儿童心灵带来无尽的创伤，使孩子不能成为未来的建设者，而变成一个爱心泯灭的破坏者。最终的结果只能驻于茫然绝望、无限悲苦的雾霭中。

综上所述，两篇小小的杰作达到了悲剧的顶点，两个九岁儿童反抗的是一个无法实现的生活。两个万卡，两个不同的社会背景，两个同样绝望中无法发出的信。前者让人唏嘘感喟，后者则令人恐惧绝望。

参考文献

［1］契诃夫：《契诃夫小说选》，石南征注释，外语教学与研究出版社 1999 年版。

［2］陈方：《20 世纪 80—90 年代俄罗斯女性小说创作的风格特征》，《俄语语言文学研究》2005 年第 1 期，第 18—28 页。

［3］耶里扎罗娃：《契诃夫的创作与十九世纪末期现实主义问题》，杜殿坤译，上海文艺出版社 1962 年版。

［4］吴维香：《契诃夫短篇小说叙事特征研究》。黑龙江大学硕士学位论文，2007 年版。

［5］曾雪雨：《论契诃夫小说的创作个性》。湖南师师范大学硕士学位论文，2004 年版。

［6］Щербакова Г.，Яшкины дети. Чеховские герои в XXI веке. Серия：Сборники Галины Щербаковой，Изд.：Эксмо，2008，стр. 320.

北美印第安神话传说中的文化英雄

郑 佳 邹惠玲*

摘 要：文化英雄是北美印第安传统文化中的重要形象之一，广泛存在于印第安各部族的神话传说和民间故事中。在印第安口头故事中，文化英雄的形态多样，尤以郊狼为代表的动物最为常见。印第安文化英雄通常具有创造世界、整顿混世和教化人类的神圣职责，是人类世界和人类文化的伟大造福者。然而，在担当神圣角色的同时，他们往往又表现出好色、自私、欺诈、偷盗等世俗的恶习，是文化传统和道德规范的违背者。这种形态多样，且集神圣性和世俗性于一体的形象看似矛盾，但如从印第安传统文化的视角加以审视则不难看出，它们不仅体现了印第安人相信自然万物皆是亲缘的传统信仰，而且彰显出印第安民族追求和谐统一、平衡共存的宇宙观。

关键词：文化英雄；印第安；神圣；世俗；宇宙观

Culture Heroes in Native American Mythology

Zheng Jia Zou Huiling**

Abstract: Culture hero, a widespread character in the myths and folk-

* 作者简介：郑佳，上海外国语大学英语学院博士研究生、江苏师范大学外国语学院讲师，研究方向为美国文学；邹惠玲，江苏师范大学外国语学院教授，主要研究方向为美国文学。

** uthor: Zheng Jia is doctoral candidate at Shanghai International Studies University and lecturer of English at the School of Foreign Studies, Jiangsu Normal University. His research interest is American Literature. (Xuzhou 221116, China) Zou Huiling graduated from Shandong University with a doctorate in English Language and literature and is now professor of English at the School of Foreign Studies, Jiangsu Normal University. Her research interest is mainly American literature. (Xuzhou 221116, China) lores of the North American Indians, is a predominant image in their cultural tradition. In the oral tales of Native Americans, culture heroes bear diverse forms and are characterized mostly as animals, in which coyote is the most common. Being responsible for creating the world, setting the world in order, and civilizing human beings, Indian culture heroes are regarded as the great benefactor of mankind. However, while playing the sacred role, they appear also as violators of the cultural tradition and moral norms, with such secular vices as lecherousness, selfishness, trickiness and theft. Examined in the light of Indian traditional culture, such ambiguous image not only reflects their tribal belief that all natural beings are related, but also demonstrates their conventional cosmology which pursues harmony, balance, coexistence and unity.

Key words: culture hero; Native American; sacredness; secularity; cosmology

一 引言

文化英雄是原始神话中的一个重要范畴，普遍存在于各民族的神话传说和民间故事中。简单来说，文化英雄就是指那些通过英勇的作为，创造或引入某种文化元素的神话角色。他不仅“为人类获取或首次创制各种文化器物（火、植物栽培、劳动工具）、教人狩猎、手工和技艺，制定社会组织、婚丧典章、礼仪节令”，也“填海造地，开辟宇宙，确立昼夜四季，掌管潮汐水旱，造最初的人类，并给人以意识，施以教化，等等”（转引自马昌仪 55）。在北美印第安神话传说中，文化英雄是一个非常普遍且奇特的形象①。这类人物通常出现在一个已经存在的神话世界，在四处游荡的过程中，有意或无意地为某一民族创造、建立或者设法获取某种文化环境及自然环境（Sam Gill and Sullivan 59）。印第安文化英雄大多具

① 美洲印第安各民族的神话传说变化多样，按照涉及内容大致可分成北美、中美和南美印第安神话。本文所讨论的印第安神话属于北美范畴，该区域主要包括加拿大和美国，这里的传说反映了以打猎和采集、农业和捕鱼为主的不同生活方式。详见 D. M. 琼斯、B. L. 莫里努编著，于世燕译：《美洲神话》，希望出版社，2007 年版，前言。

有变形能力，可以随意变换自身形象或改变外部事物的面貌，因此也常常被称为“变形者”（Transformer）。与此同时，在许多部落的神话故事中，文化英雄狡猾奸诈、贪得无厌，具有极其强烈的食色和偷盗欲望。

作为印第安口头文化传统的主要构成部分，印第安神话传说自19世纪末期以来引起了西方学者的浓厚兴趣和广泛关注，成为他们研究和了解印第安社会文化结构的重要依据。在过去的一个多世纪里，诸多神话学、人类学和文化历史学研究者深入印第安部落，搜集了大量的部族传说和民间故事，并译成英文，编撰出版。随后，各类关于印第安神话的文献专著、期刊论文等学术研究在西方学界不断涌现，而在所有这些研究中，“最令人困惑的问题之一”（Ricketts 327）就是印第安文化英雄这一角色。在大多白人学者看来，印第安文化英雄是一个“悖论的化身”（Babcok-Abrahams 148）。一方面，他们参与创世、整顿秩序，并创造了语言、文化、生活习俗等部族传统，是“人类伟大的造福者”和“救星”（Bastian and Mitchell 83），但与此同时，他们又贪食好色、愚蠢懒散，常常成为自己恶作剧的牺牲品，是一个不折不扣的丑角。这种具有鲜明世俗特征，甚至时常是危险和邪恶的形象为何会同时担任着广受印第安人尊崇的神圣角色？这一点成为西方研究者难以理解并且一直努力试图解决的问题。然而，在处理这一问题时，很多白人学者往往把西方文明作为标准，以白人的价值体系和思维方式审视与白人文化有本质区别的印第安部族文化。比如，著名人类历史学家弗朗茨·博厄斯在《种族、语言和文化》一书中以西方文化起源和发展学说作为依据，提出文化英雄最初只是原始部落文化的“幼稚观念的一种表述”（Boas 484），并随着部落文明程度的提高，逐渐具备了利他主义的特质。和博厄斯一样，人类学家保罗·雷丁在《恶作剧者：美国印第安神话研究》以“善与恶”、“好与坏”、“圣与俗”等二元论的观点看待文化英雄的双重性格属性，并引入西方心理学理论，论证了温尼拔哥族文化英雄由“尚未成熟的存在”（Radin xxiv）逐渐成长为一个文明的、仁慈的、被社会接受的个体的过程。此外，另一位文化学者里基茨在“北美印第安恶作剧者”一文中尽管没有采用二元对立的观点，但却从西方人文主义视角指出，文化英雄这种集诸多复杂元素于一体的形象实际象征着人类不可征服的精神力量以及人类对自我的超越（Ricketts 334）。不可否认，上述及其他白人学者关于印第安神话传说的研究为解读印第安文化英雄提供了“有用的见解和看法”（Ballinger 25）。

然而，他们只是在西方宗教和文化观念的支配下，用西方人熟悉和惯用的表述方式解读文化英雄故事，忽略了故事本身在本族文化下的意义和内涵。结果，西方学界对印第安文化英雄的探讨实际上成为了“西方文化创造的关于西方文化的话语”，而作为研究对象的文化英雄只是“起到了名义上的作用”（Doueihi 297）。在这种话语中，白人对圣神和世俗的看法，对神话和文学的理解，以及对起源、进化和退化等认识全都成为禁锢印第安文化英雄本质的枷锁，将这一形象和作为其源头的印第安传统文化完全割裂开来。这种做法不仅无法正确认识印第安文化英雄形象的实质，反而会歪曲和诋毁真实的印第安形象，使其成为一种能够满足白人种族优越感的原始和落后的他者。正如美国人类学家阿尔弗雷德·克鲁伯指出：“人们必须从一种文化的组织结构和价值观念等方面考察这种文化，而不能把其他被吹捧为绝对文明的文化作为标准”（转引自 Deloria 133）。若要较准确地理解印第安文化英雄形象的实质，必须将其和印第安文化传统紧密结合。本文将以印第安裔学者和作家所记述的有关文化英雄的英文文本为依据，梳理、概述印第安文化英雄复杂多样的形象，并进而从印第安传统文化观念解读这一形象。

二　神圣且世俗的文化英雄形象

北美大陆曾经分布着成百上千个印第安部族，几乎每一个部族都有自己的文化英雄，而各部族之间在地域、语言、文化、宗教传统等方面又存在着不同程度的差异，因此，印第安文化英雄不仅数量众多，而且种类极其丰富多样。他们有时是抽象的、没有任何形态的至高之神，有时是与人同形的天界神圣，有时是自然界的物质客体和现象，有时是人间的男女老幼，而最常见、最典型的则是包括飞禽和野兽在内的各类动物。动物文化英雄在北美印第安部落的分布呈现出一定的区域性，西北海岸以大乌鸦（Raven）最为多见，加利福尼亚以南地区依次为水貂（Mink）和蓝松鸦（Blue Jay）；在西南地区和中部平原，大兔（Rabbit）形象比较普遍，而在北部平原，这一形象则变成了蜘蛛（Spider）。与上述这些形象相比，经常出现在大盆地、高原地区、大平原等诸多部落口头文学中的郊狼（Coyote）则是更广泛、更具代表性的文化英雄形象。尽管印第安神话传说所描述的文化英雄大多是动物形态，但其行为特征与真实的动物并没有直接联系。大多情况下，文化英雄具有超凡的变形能力，可以根据环境和自身的需要，随意变成另外一种动物或人形。就其本质而言，其行为和思维方式也是完全人格化的（Ballinger 44—45）。然而，不管印第安文化英雄以何种形态出现，他们大都担当着以下几种不同的角色。

第一，世界的创建者。严格说来，文化英雄不是创世者。在文化英雄出现之前，世界已经存在，但文化英雄改变了世界的外部形态，整顿混乱的秩序，让一切事物按照其应有的形式和状态留存至今。例如，在祖尼人的创世故事中，世界起初没有日月，一直处于黑暗之中，郊狼和老鹰从卡奇纳人手里偷走装载太阳和月亮的盒子。出于好奇心和贪心，郊狼偷偷打开盒子，放走了太阳和月亮，从此不仅出现了黑夜和白昼，还有了季节的更迭。直到如今，祖尼人仍然相信，"如果不是郊狼的好奇和捣乱，我们是不会有冬季的，将一直过着夏天的日子"（Richard and Ortiz 142）。印第安创世传说中另有一些故事，讲述了文化英雄如何依靠自身的创造神力填海造地，开辟山河，确立四季，划分昼夜，最终使世界变成现在的样子的。如奥赛奇人的创世神话所说，大地一开始被茫茫大水所覆盖，麋鹿用神风吹散了大水，使陆地浮现出来，随后又将毛发散入土壤中，变出大豆、玉米、马铃薯等农作物，从而为奥赛奇人营造了生存空间。在另一则奇努克人的神话中，郊狼在一条流经俄勒冈州南部的河流上造砾石、建瀑布，改变了河流的流向，最终形成了今天的威拉米特河。从这些故事中不难看出，正是在文化英雄的创造和协调下，旧世界的万物才有了新的存在形式，并且一直保留到今天。但需要指出，文化英雄在造物方面有别于造物主。在以上所说的故事中，无论是郊狼还是麋鹿，其造物均不是从虚无中的创造，而是通过改变或巧妙利用已存在的事物实现的。

第二，人类的救星和造福者。印第安文化英雄在创世造物的同时，还负有拯救人类、为人类谋取福祉的神圣职责，而首当其冲的就是降妖除魔。文化英雄所处的神话世界遍布着体型硕大的野兽和妖魔，时刻威胁着人类的生存。是文化英雄把这些妖兽一一铲除，让人类能够在地球上安稳生存。例如，在布鲁苏族人的一则神话中，大水怪昂克戴锡制造河水泛滥，欲将人类全部淹死。为了拯救人类，传说中的大雷鸟与水怪进行了激烈的搏斗，最后用闪电霹雳烧死水怪，人类从此得以在地球上繁衍生息。除了铲杀妖魔外，文化英雄也是各种自然资源和文化资源的供给者。他们有时拥有或能够获取诸如水、火、金属、玉米、烟草、水牛等天然物或文化物，并通过种种途径将这些资源直接交予人类。夏安人的“泉水老妇”就属于这一类型；她在夏安人遭受饥荒时向他们贡献了玉米种子，同时将水牛及其他猎物放归到夏安族的领地，使族人免遭饥荒之灾。然而有些时候，文化英雄也会采取智谋，甚至诈骗等手段，从占有者手中盗取各类资源。其中，盗取日光的故事几乎遍及北美各部落，仅西北沿岸就有两个不同的版本。其中一个版本讲述了以乌鸦形态出现的文化英雄只身前往魔怪的栖息处，趁其不备时偷走装有日光的容器，并将日光释放出来，撒遍世界各个角落。而在另一个版本中，同样是乌鸦形态的文化英雄变形成一片小树叶，在天神的女儿到河边饮水时潜入其体内，并变成腹中的胎儿。胎儿出生后很快便骗取了天神的宠爱，趁其不备时抢走日光。随后又恢复原形，带着日光回到人间。

第三，文化技艺和习俗的教授者。文化英雄的另一个角色就是交给人类各种生存的技巧和本领。他们通过传授给印第安人狩猎、制陶、种植等生活技艺，或帮助他们制定典章、礼仪、节令等风俗惯例，确立了部落文化的鲜明特征，因此常常被称为“伟大的文化引进者”（Richard and Ortiz 335）。例如，苏族人的众多部落认为，在“白色水牛女人”到来之前，“印第安人不知道如何生活，什么都不懂。是白色水牛女人把她神圣的思想灌输到印第安人的思维意识中”（Richard and Ortiz 47）。按照他们的神话所说，“白色水牛女人”带着神圣的烟枪来到遭受饥荒的部落，向他们讲授烟枪的神圣意义、使用方法，以及守魂仪式（Ghost Keeping Ceremony）这一重要的宗教典仪，随后就变成一只白色水牛消失了。在夏安人的一则神话中，部族法师“触角直立”受创世神莫荷的指派，经过千里跋涉，找到传说中的“大法屋”，并在莫荷的指教下学会了太阳舞仪式，随后又把太阳舞仪式教给族人，使部落重获新生。诸如此类的故事在其他部族的神话传说中比比皆是，比如，蜘蛛祖母教会霍皮人制作编织物和陶器；河狸把种植烟草的秘诀传授给黑脚族人，同时还教会了他们如何举行神圣的烟斗典仪；“大地创造者”通过潜意识指导阿帕奇人为生病的族人诵读祷文、击鼓吟唱，使他们学会了能够治愈疾病的“驱病典仪”。

第四，违背道德法则的丑角。作为世界的创建者、人类的造福者和文化的传授者，文化英雄无疑具有伟大的神圣性，是印第安人所尊崇的对象。但是另一方面，这些担负着神圣职责的文化英雄却常常展现出与其神圣性完全相悖的行为特征。如前文提到的放出日月的郊狼和盗走日光的乌鸦。从创造世界和造福人类的角度来看，二者的行为属于圣神范畴，但其手段和动机却是世俗的。如故事所述，前者是在好奇和贪心的驱使下无意中放走了日月，而后者则使用了行骗和偷窃等伎俩盗取了日光。如果说在这两则故事中文化英雄尚保留着造物和救世的神圣性，那么在另一些故事中，他们则完全变成了贪婪好色、狡诈善变的世俗丑角，这一点在以郊狼为代表的动物文化英雄身上体现得极为明显。在北美印第安部落广为流传的传说里，郊狼、蜘蛛、乌鸦、狐狸等这些有着宏伟文化业绩的角色时常为了满足自己强烈的食色欲望而不择手段地欺骗、愚弄他人，例如，骗取太阳的烟草，变成鱼到水里偷取贵重的鱼钩，为吃上饭伪装成漂亮女人嫁给酋长的儿子，以制造暴风雪等手段作为威胁强娶村民的女儿。不仅如此，这些饕餮好色的文化英雄有时也会相互捉弄和欺骗。在一则故事中，郊狼因偷窃小麦被村民用铁链拴在树上，即将被扔进沸水锅里，但他却以共享锅中的“美味”为幌子，欺骗同样来此偷东西的狐狸帮他解开铁链，并套在自己脖子上。狐狸照做后，郊狼随即溜走，而狐狸却被村民当作郊狼扔到锅里，烫掉了浑身的毛发。后来，当狐狸在河边找到郊狼算账时，郊狼再次玩弄把戏，指着水中的月影说只要把水喝干，就能吃到这块“面包”。结果，狐狸不停地喝水，直到撑得无法动弹，而郊狼早已不见踪影。在这则故事中，郊狼的狡猾和欺诈，以及狐狸的贪食和愚蠢都被十分准确、生动地展示了出来。尽管文化英雄善于耍弄把戏，常以恶作剧手段戏弄他人，但往往“害人不成反害己”（Feldman 18），因自大傲慢受到惩罚。布鲁苏族人的一则故事很好地说明了这一点。蜘蛛艾克托姆背着妻子去勾引一个年轻美丽的女子，并偷偷溜进她的帐篷过夜，不料妻子早已和那个女子互换了衣服和帐篷。在偷欢的过程中，蜘蛛并没有辨认出自己的妻子。第二天，回到家中的蜘蛛仍自以为是，在妻子面前表现得若无其事，结果遭到一顿痛打，并被赶出家门。这些以及其他许多故事构成了文化英雄一个鲜明的特质：“一个愚蠢的家伙，常常成为自己恶作剧的牺牲品”（Ricketts 327）。

三　印第安宇宙观下的文化英雄形象解读

从以上的归纳分析可以看出，印第安文化英雄是一个复杂多变的神话形象，突出体现了神圣和世俗这样相互矛盾、相互抵触的性格特征。在西方学者看来，文化英雄矛盾对立的形象是令人困惑和难于理解的。以基督教思想为导向的西方文化认为，宇宙万物都应有不同的类属和明确的界定，类别不同的事物不能混为一谈（Douglas 53）。在这种思想的引导下，大多学者通常会将文化英雄视为一种多重属性的结合体，并用明显具有二元对立结构的词语来描述其形象——“是神灵，是动物，是凡人，是英雄，是小丑……是创造者，是破坏者”（Radin 169）。尽管这些解读有一定学术价值，但却掩盖了印第安文化英雄以及由他所体现的印第安文化的特殊性和复杂性。事实上，在印第安人眼中，文化英雄身上所谓的矛盾和歧义似乎并不难理解（Ballinger 28—29），相反，如果从印第安传统文化出发加以审视则不难发现，这实际上是由印第安民族独具特色的宇宙观所决定的。

首先，在印第安传统观念中，万事万物皆有生命，彼此之间具有密切相连的亲缘关系。印第安人认为，至高神灵“伟大神秘”（The Great Mystery）是宇宙万物产生的最初根源，整个世界就是在其创造中形成的（Amiotte 163）。然而，“伟大神秘”不单单是世界的创造者；在创世的过程中，他将自己的神圣精神注入万事万物，从而赋予他们“精神和肉体”、“智慧和力量”（Eastman 60）。因此，自然界中一切存在形式都具有生命和活力，哪怕是没有生命的石头或风雨雷电等自然现象也是有意识和个性的。这种万物皆有灵魂的认识使印第安人不像欧美白人那样按照物质的外在形态来划分其类属，而是以物质的内在属性作为依据。在他们看来，尽管万事万物在物质形态上存在差异，但内部却蕴藏着共同的精神力量——“伟大神秘”，所以仍然被紧密地联系在同一条神圣的纽带上，形成一个不可分割的有机整体。在这个整体中，万物生灵皆是相互关联、相互依存的亲缘，没有什么是孤立存在的。正如一位纳瓦霍人曾说：“我们必须把生命同星辰、太阳、动物乃至整个自然界联系起来，否则我们将会发疯、生病”（Toelken 96）。从这种印第安宇宙观出发审视印第安神话传说中的文化英雄形象，我们可以看出，文化英雄是印第安民族基于上述认识创造出来的一个跨越了神圣与世俗界限的独特形象。一方面，文化英雄建造世界、拯救人类、创制文化等功业使他们具有了神圣的特质，而另一方面，他们贪婪、好色、自私、狡诈等违背道德法则的世俗习性又使得他们成为彻头彻尾的丑角。尽管圣与俗、好与坏、善与恶在西方文化中有严格的界限，但印第安文化关注的重点并不在于这些对立元素本身，而在于它们如何在“伟大神秘”这个有机整体中实现统一和共存。作为“伟大神秘”的组成部分，神圣和世俗之间已不再是独立和分离的关系，而是相互渗透和通融的。当它们同时集中在印第安文化英雄身上时，恰恰构成了文化英雄的完整形象，而这种形象所体现的正是印第安人强调万物之间亲缘关系的宇宙观念。就像苏族一位长老所说，“高山和溪水，玉米和水牛，勇敢的英雄和骗人的郊狼……一切生灵都紧密地系在一条脐带上”（Richard and Alfonso Ortiz 4），你中有我，我中有你。与此同时，印第安人所信奉的这种亲缘关系也可以帮助我们理解文化英雄奇异的变形能力，尤其是随意跨越人类与动物之间界限的能力。在印第安人看来，作为“伟大神秘”整体中的一部分，动物也具有神圣的内在属性，也拥有意识、智慧和灵魂。因此，动物和人类没有本质区别；他们是和人类地位平等的亲属，甚至是“沟通人类和神灵的中介”（Brown，*Teaching Spirits* 93）。这种亲缘关系超越了物质形态的差异，使人和动物以及其他一切创造物联系起来，而且能够互换形体。所以，在印第安神话传说中，郊狼、蜘蛛、兔子、乌龟等动物可以像人一样思考和言语，也能够根据环境或自身需要，随意变成老人、女人或孩童，然后再恢复原样。这种“动物即人”的表现并非如许多白人学者所解释的那样，是印第安文化幼稚与落后的反映，而是准确地体现了动物和人类之间没有明显界限的印第安传统信仰。塞米诺尔族一位印第安人曾说过：“我们相信，一切生物起初都具有变形的能力——从动物变成人，再从人变成动物……所以我们很早就懂得讲话要小心，因为你不知道你是在跟人还是在跟动物讲话”（Brown，*Teaching Spirits* 87）。这句话进一步说明了“动物即人”的思想早已深入印第安人的心灵，成为他们的思维方式。

如果说“万物有灵，皆是亲缘”是印第安宇宙观的本质核心，那么和谐、平衡、统一则是这一观念最理想的境界。印第安人不仅将世界看作是紧密联系的有机整体，而且极为重视整体内部的和谐与平衡。但是，印第安人所崇尚的和谐与平衡不是静止不变的。在他们看来，世界是一个充满活力的动态体系，一切物质都在不停地运转和变化。那种所谓永久的和谐是僵死的，毫无生气的，因此，需要有一些不定因素来打破和谐。而随着和谐被打破，混乱和无序必将产生，这又会进一步促使人们去寻求新的方式重构秩序，恢复先前平衡的局面（Gill 34）。只有在这样一种由平衡到失衡再到平衡的动态过程中，世界才实现了真正的和谐和统一。所以，印第安人不把绝对的美好视为现实世界的本来面目，相反，他们认为真实的世界中应当存在混乱和无序。这些混乱和无序的元素看似消极，但却和那些积极的、正面的元素“互为补充、同属一体”（Brown，*The Spiritual Legacy of the American Indian* 17），构成了现实世界的样子和运转方式，并使得整个世界变得真实且充满活力。即使是在现实生活中，印第安人不但不排斥诸如疾病、死亡、灾祸等威胁或破坏平衡的消极因素，反而将它们看作是“有用、真实和必要的”（Gill 34）内容。从这一观念出发，印第安人创造的集神圣和世俗于一体的文化英雄形象实际上“既非欧美白人文学中的英雄，也不属于白人价值观念所界定的恶棍，而是善与恶、美与丑、好与坏平衡共存的和谐整体”（邹惠玲 35）。作为造物救世和引入文化的英雄，他们代表着现实世界中的理性、秩序和约制，而作为时时逾越社会道德规范的丑角，他们则反映出现实世界中荒诞、混乱、放纵等可能破坏和谐与平衡的不稳定因素。这两方面的元素同时结合在文化英雄身上，不仅使这一形象更加真实生动，而且准确地反映了印第安人眼中现实世界的真正本质。印第安人之所以强调文化英雄身上所谓坏的、反面的特征也不是在诋毁和抹煞文化英雄的正面形象，而是在提醒人们，在有序和美好的世界中，不和谐、不稳定的因素是同时存在的。这些因素尽管打破了平衡，造成混乱的局面，但却推动着人们摆脱传统社会道德的限制，引导着人们“再次探求事实真相，重新评价已有的价值标准”（Brown，*The Spiritual Legacy of the American Indian* 17），从而扩大了新秩序产生的范围及可能性。因此，作为印第安传统文化的产物，文化英雄形象强调的是“好的和坏的、正面的和反面的”等对立因素如何保持平衡与和谐，进而彰显出印第安民族对和谐、平衡、统一这一最理想境界的追求。

四 结语

综上所述，印第安文化英雄形象实际上是印第安传统宇宙观念的一种具体表现形式。在这个形态多样，并且集神圣和世俗特征于一体的形象中不仅蕴含着印第安民族相信自然万物皆是亲缘的传统信仰，而且昭示出印第安人对和谐、平衡、统一的向往与追求。作为印第安神话传说中的一个重要角色，文化英雄代表了印第安人的民族特色，彰显了印第安文化的复杂性和多样性。因此，在许多部落中，文化英雄一直是巩固和宣扬印第安文化传统的重要手段。通过在部族中讲述关于文化英雄的故事，故事讲述者将蕴含其中的部族世界观、价值观和思维方式传递给部族成员，从而保证了部族文化传统的世代延续。不仅如此，在白人文化占统治地位的主流社会中，文化英雄对印第安民族的生存与发展也起到了极其重要的作用。特别是从20世纪六七十年代开始，随着民权运动在北美大陆的全面开展，印第安人的族裔意识逐渐增强。在强烈的族裔意识的驱动下，一大批印第安作家把“写作当成争取政治解放的武器”（博埃默209），向白人主流的殖民压迫发出了强烈的抗议和挑战。他们大多从印第安传统文化中汲取营养，常常把包括文化英雄在内的印第安神话故事融入创作之中。尤其是在当代印第安小说中，许多人物均是以文化英雄为原型而塑造的，如托马斯·金的《药河》中睿智、幽默的黑脚族印第安人哈伦，杰拉德·维兹诺的《死的声音》中具有超凡变形能力的混血印第安人贝格斯，以及路易斯·厄德里克的《爱药》中经常以恶作剧手段戏弄白人的印第安流浪汉盖瑞。这些人物形象丰满，个性鲜明，具有浓厚的印第安特质。借助这些以文化英雄为依托的人物形象及其行为表现，印第安小说家把印第安民族的文化特色和精神底蕴真实、准确地展现给广大读者，不仅有力地抨击、瓦解了长期以来在白人殖民话语下臆造出来的印第安模式化形象，而且为那些在主流社会中挣扎的印第安人指出了生存和发展的道路。

参考文献

Amiotte, Arthur. “Our *Other* Selves”. *I Become Part of It: Sacred Dimensions in Native American Life*. Eds. D. M. Dooling and Paul Jordan-Smith. New York: Parabola Books, 1989.

Babcok-Abrahams, Barbara. “A Tolerated Margin of Mess: The Trickster and His Tales Reconsidered”. Journal of the Folklore Institute, 3 (1975): 147—186.

Radin, Paul. *The Trickster: A Study in American Indian Mythology*. New York: Schocken Books, 1972.

Ballinger, Franchot. *Living Sideways: Trickster in American Indian Oral Traditions*. Oklahoma: University of Oklahoma Press, 2004.

Bastian, Dawn E. and Judy K. Mitchell. *Handbook of Native American*

Mythology. Santa Barbara: ABC-CLIO, 2004.

Boas, Franz. *Race, Language and Culture*. Beijing: China Social Science Publishing House, 1999.

艾勒克·博埃默:《殖民与后殖民文学》,盛宁、韩敏中译,辽宁教育出版社 1998 年版。

[Boehmer, Elleke. *Colonial and Postcolonial Literature: Migrant Metaphors*. Trans. Sheng Ning and Han Mingzhong. Shenyang: Liaoning Education Press, 1998.]

Brown, Joseph Epes. *Teaching Spirits: Understanding Native American Religious Traditions*. New York: Oxford University Press, 2001.

——, *The Spiritual Legacy of the American Indian: Commemorative Edition with Letters while Living with Black Elk*. Bloomington: World Wisdom, 2007.

Deloria, Philip. *Playing Indian*. New Heaven and London: Yale University Press, 1998.

Doueihi, Ann. "Trickster: On Inhabiting the Space between Discourse and Story". *Soundings: An Interdisciplinary Journal*: 3 (1984): 283—311.

Douglas, Mary. *Purity and Danger: An Analysis of Concept of Pollution and Taboo*. New York: Praeger, 1966.

Eastman, Charles Alexander. *The Soul of the Indian*. Boston: Houghton Mifflin Company, 1911.

Feldman, Susan. *The Storytelling Stone: Traditional Native American Myths and Tales*. New York: Random House, 1999.

Gill, Sam. *Native American Religions*. Belmont: Wadsworth Publishing Company, 1982.

Gill, Sam and Irene Sullivan. *Dictionary of Native American Mythology*. Santa Barbara: ABC-CLIO, 1992.

马昌仪:《文化英雄论析—印第安神话中的兽人时代》,《民间文化论坛》1987 年第 1 期,第 54—63 页。

[Ma Changyi. "On Culture Hero: The Therianthropy Era in Native American Mythology". *Forum on Folk Cultures*, 1 (1987): 54—63.]

Richard, Erdoes and Alfonso Ortiz. *American Indian Myths and Legends*.

New York: Random House, 1984.

Ricketts, Mac Linscott. "The North American Indian Trickster". *History of Religions*, 2 (1966): 327—350.

Toelken, Barre. *The Dynamics of Folklore*. Boston: Houghton Mifflin, 1979.

邹惠玲:《印第安传统文化初探(之二)—印第安恶作剧者多层面形象的再解读》,《徐州师范大学学报》2005 年第 6 期,第 33—37 页。

[Zou Huiling. "A Re-Reading of the Multi-Faceted Figure of the Indian Trickster". *Journal of Xuzhou Normal University*, 6 (2005): 33—37.]

协作话语后的会话流程之中日对比分析*

熊红芝**

摘　要：文章通过对自然会话语料的分析，就汉语和日语中的协作话语后的会话流程进行了探讨。主要将听话者的协作话语内容分为和说话者的意思一致（细分为五种类型）和不一致（细分为两种类型）两种情况，分别考察了听话者协作话语后说话者是如何反应的，以及之后的会话是如何展开的。研究发现：在协作话语和说话者所要说的内容不一致的情况下，中日之间的差别较为明显。

关键词：协作话语；发话权；预测；文化差异

A Corpora-based Study on The Norms Governing Contemporary Prose translation

Xiong Hongzhi

Abstract: By analyzing natural conversation corpus, the passage studiescollaborative discourse phenomenon within Chinese and Japanese. Generally speaking, the author believe that the hearer's collaborative discourse content can be either consistent (subdivided into five types) or inconsistent (subdivided into two types) with the speaker's meanings. The former studies how speakers react when hearers collaborate with source lan-

---

* 本文为2013年度江苏省社会科学基金项目“中国日语学习者反馈语习得研究”（13YYD018）的阶段性成果。

** 熊红芝，江苏师范大学外国语学院，副教授，博士。研究方向为日语语言学、日本语教育。

guage, and the latter studies how conversation continues after then. The study finds that in the case of collaborative discourse inconsistent with speaker content, the difference between China and Japan can be fairly obvious.

Key words: Collaborative discourse; Utterance right; Predicting; Cultural differences

一 引言

两个人的对话中时常会有这种现象：听话者一边接收说话者传达过来的信息，一边发挥想象力，预测着对方接下来将要说的内容，并且在对方还没有说出来之前将其先行说出来。关于这一现象，堀口（1997）称之为“先取り発話”，国内一般译为“协作话语”。

由于协作话语是听话者基于自己的猜测，在说话者还未结束话语表达时就抢先发话，故而听话者猜测的内容并不一定和说话者实际想要说的内容相同。关于这一点，堀口（1997：99）做了如下描述：“如果是母语对话，听话者即使不等对方把话说完也可以运用词汇知识、语法知识、文化背景知识等发挥想象力进行预测，并且预测内容非常准确。如果说话者和听话者之间有相同的知识背景或者有共同体验的话，则会更为准确。但即便如此，听话者的预测也不可能总是和说话者要说的内容完全一致。”

关于协作话语，国内外很多学者做了大量研究（水谷 1993，2008、久保田 1998、Szatrowski，2000，2003、笹川 2005、赵刚、贾琦 2013 等）。但是对于协作话语后的会话流程的分析，据笔者所知，仅有以日语会话为研究对象的堀口（1997）一篇。本文将分别考察汉语和日语中协作话语后会话展开的类型和特征，进而将二者进行比较。基于协作话语和会话的展开有着密切的关联，故将听话者的协作话语内容分为和说话者的意思一致和不一致这两种情况，分别考察听话者的协作话语后说话者是如何反应的，以及之后的对话是如何展开的。

二 研究方法

（一）研究对象

本研究对日本爱知县 N 大学的学生及教师进行了调查，分别收集了日语母语对话和汉语母语对话资料。其中，日本学生和中国学生各 20 人，日本教师和中国教师各 10 人，共计 60 人。

（二）调查步骤

调查设定为由两个人用母语进行自由对话。20 名日本学生两人一组分为十组进行了时长 15 分钟的对话后又和 10 名日本教师分别进行了时长 15 分钟的对话。中国人亦然。所有对话都用摄像机和 MD 录音机记录下来，之后进行了文字转写。

三 听话者的协作话语内容和讲话者的意思一致的情况

堀口（1997：91）指出听话者协作话语之后，对话一般有以下四种展开类型：

A. 以听话者的协作话语结束当前的对话

B. 听话者协作话语后，说话者把未说完的话继续说完，结束当前的对话

C. 听话者协作话语后，说话者对其做出相应的反应

D. 听话者协作话语后，说话者对其做出相应的反应后把未说完的话继续说完，然后结束当前的对话

除此之外，还有一种展开类型，就是听话者协作话语后，直接从说话者那里夺取发话权，然后继续说下去。本文参考堀口的分类方法，把分析重点放在协作话语后的会话进程上，将之后的会话分为以下五种展开类型：

类型 1：以听话者的协作话语终结型

类型 2：说话者继续终结型

类型 3：说话者反应型

类型4：说话者做出反应并终结型

类型5：听话者夺取发话权型

本次调查中协作话语共出现78例，其中和说话者的意思一致的共有58例，占总数的74.4%。归纳日语和汉语的使用结果，见表1。

表1　和说话者意思一致情况下的各类型的使用频率（括号内为%）

	类型1	类型2	类型3	类型4	类型5	合计
日语	5（31.3）	3（18.8）	4（25.0）	2（12.5）	2（12.5）	16（100.0）
汉语	7（16.7）	14（33.3）	10（23.8）	10（23.8）	1（2.4）	42（100.0）
总计	12	17	14	12	3	58

下面就来分别观察一下这五种类型的使用情况。

（一）以听话者的协作话语终结型

听话者的协作话语内容和说话者打算说的内容一致，说话者觉得没有必要再重复说，从而使当前话题就此终结，继续下面的话或者转而进入另一个话题。下面就日语和汉语对话场面分别进行考察和比较。

1. 日语对话

在日语对话场面里这一类型的对话共出现5例。如例1和例2：

（例1）

1　JF5：ついつい、

2　JS5：死んでた。

3　JF5：えでも夢ってさ、覚えてるときと、…

（例2）

1　JS3：ひょいって持って取ろうとしたのがー、

2　JT3：うん

3　JS3：うまく、上がらなくて。

4　JT3：　　　　取れなくて。

5　JS3：もうこのままずずずず。

在例1中，说话者JF5开玩笑说对方JS5的鞋臭味造成公害。JS5猜测JF5将要说的内容并且在JF5说之前抢先说了出来。说话者JF5判断对方已经明白了自己还没有说出来的内容，就没有再继续说下去，而是把话

题转到了是否能记住前一天晚上做的梦上面。例 2 中，听话者 JT3 预测对方将要说的内容，在对话 4 的部分抢先说出“取れなくて”，JT3 的这句话和说话者的话重叠在了一起。听话者 JT3 的协作话语“取れなくて”其实和说话者的话“上がらなくて”是意思完全一样的两种不同的说法。

如上所述，当说话者和听话者站在同一立场上，听话者抢先说的话就会和说话者即将说的话相同。但是，如果说话者和听话者的立场不同，那么听话者抢先说的话就会和说话者将要说的话有所不同。如例 3 和例 4：

（例 3）

1 JT6：中国語の知識として、中国文学や、中国の歴史や中国の経済など、こうまあ周辺の知識として、

2 JS6：うんー##

3 JT6：知るっていうわけですから、

4 JS6：あー####

5 JT6：まああのー中心に据えてた {##}、据えてるものが、違う。

6 JS6：違いますね#（笑）。

7 JT6：まあどっちにしろやらなくちゃいけないんですけどね。

（例 4）

1 JT3：じゃあそういう事故はあんまり、

2 JS3：は、なかったですねえ、はい#。

在例 3 中，说话者 JT6 在阐述关于汉语的周边知识话题的过程中，听话者 JS6 在 6 的位置发出协作话语。如果是说话者自己终结这个话题，就不会使用寻求对方同感的终助词“ね”。实际上说话者 JT6 在之后的话里就使用了肯定形式“違う”。在例 4 中，两个人就越南禁止持枪这一话题在进行对话。如果说话者 JT3 继续说下去的话，应该会使用征求对方回答的表现形式“ないですね”或者“ないですか”。因为这一话题说的是自己在越南的经验，所以协作话语的 JS3 在这里用了断定的表现形式“なかったですねえ、はい”。

2. 汉语对话

汉语对话中以听话者的协作话语终结的类型共出现了 7 例。如例 5：

（例 5）

1 CF2：我也不知道我觉得在这儿也挺好的。

2 CS2：嗯 - #

3 CF2：可是回去也挺好的。都，都挺好的。(笑)

4 CS2：　　　　　　　　　　　都挺好的。(笑)

参加对话的两名留学生都面临着毕业后选择留在日本工作还是回国这一共同问题，在说到这一话题的时候，两个人因为有共识，所以听话者CS2能够非常准确地猜测到说话者CF2想要说的内容，并且和说话者同步说了出来。其内容及时间和说话者的话完全一致。类似这样听话者的协作话语和说话者的后半部分的话发生重叠的现象很多。

再来看一组对话：

(例6)

1 CS7：反正在这边儿我也打算就职，就职找一下。如果找到好的工作的话反正就干两三年，

2 CT7：嗯 -，挣点儿钱然后，

3 CS7：积累积累经验。

例6中说话者和听话者有这样一个共识，那就是在日本工作的话，即能赚钱，又能积累经验。说话者CS7说完“干两三年”，在说出下面的话之前听话者CT7抢先说出了“挣点儿钱”，然后CS7又接着CT7的话说出“积累积累经验”，从而终结了这一话题。像这样，听话者对说话者的话题做出积极反应，和说话者一起完成一段对话，在对话的过程中往往难以清楚地区分开谁是说话者谁是听话者。水谷（1993）把说话者和听话者共同完成一段对话的这种现象称之为“共话”。可以说“协作话语”是“共话”的表现形式之一。

（二）说话者继续终结型

这一类型的特征是虽然听话者进行了协作话语，但是说话者并不是像上述类型那样停止原来打算说的话，而是把本来想要说的话继续说完。这一类型在日语和汉语中分别出现了3例和14例。下面就日语和汉语依次进行考察。

1. 日语对话

(例7)

1 JF3：今週でユニットが終わって、

2 JS3：うんー##

3 JF3：終わるってことは、テストがあって、

4 JS3： あーテストがあるんだ##（笑）。

5 JF3：今週テストがある（笑）。

参加对话的两个人都是日语教师，就教学进度这一话题有着共同的背景知识。根据这一背景知识以及之前的文脉，听话者 JS3 在说话者 JF3 说到“本周这一单元上完，上完之后……”时预测到 JF3 想要表达的内容，抢先说出“啊要进行小测验”。虽然说话者 JF3 判断对方已经知道自己要说的内容，但是接下来又补充说到“本周进行小测验”，从而结束这一话题。

（例 8）

1 JT6：まあやっぱりですね、あのーまあその年によって違うんですけれども、こう結局外国語やろうという人は、女子が多い。

2 JS6： 男性が少ないですよね（笑）。うん#。

3 JT6：あのー、まあ6，7 割女性ですね。

这个例子中两个人说到关于大学里男女比例的话题。听话者 JS6 从外语专业学生男生少，以及从说话者 JT6 在 1 的前半句用的词“やっぱり”判断出 JT6 想要表达的内容，在 2 抢先说出“男生少吧”。说话者 JT6 在作了简短停顿之后继续他后半部分的话“女生多”，这句话和听话者的协作话语重叠在了一起。听了 JS6 的“男生少吧”这句话之后，JT6 作了补充说明“百分之六七十都是女生”，结束了话题。虽然 JS6 的“男生少吧”和 JT6 的“女生多”这两句话从形式上看并不相同，但是其内容是完全一致的。所以，有时虽然听话者猜测的内容和说话者的话一致，但是语言表达方式上有可能并不一致。

2. 汉语对话

（例 9）

1 CT1：应该说我的母语是，

2 CS1：朝鲜语。

3 CT1：朝鲜语。反正从小学开始一直到高中，

4 CS1：嗯#

5 CT1：受的教育，念的学校都是朝鲜族学校。

通过前面的对话 CS1 已经知道 CT1 是朝鲜族人，所以 CT1 说到她的

母语的时候 CS1 抢先说到是“朝鲜语”。之后 CT1 继续说道：“朝鲜语。反正从小学开始一直到高中，受的教育，念的学校都是朝鲜族学校。”从例 9 中可以看出，即使没有 2 的部分的听话者的话夹在里面，说话者 1 的部分的话和后面 3 的部分的话是可以很好地衔接起来的。但是，如果换一个角度思考，也可以说正由于听话者抢先说的话和说话者本打算说的话内容一致，之后说话者才会在听话者所说的话的基础上稍作些内容添加或者补充说明。

（三）说话者反应型

这种类型是对于听话者的协作话语，说话者觉得和自己本打算说的内容一致因而没有必要再重复说一遍，故对听话者的话做出相应反应后就此结束话题。日语和汉语对话分别出现 4 例和 10 例，共计 14 例。这在“听话者的协作话语内容和说话者的意思一致”这一大类中是使用频率最高的。

1. 日语对话

（例 10）

1　JS4：むしろさー、おとなしい。

2　JF4：　　　　　　おとなしい（笑）。

3　JS4：（笑）##だよね。

说话者 JS4 在评论和听话者 JF4 共同认识的一个朋友，因而 JF4 很清楚 JS4 想要说的那个朋友的性格，和 JS4 同时说出“很老实”。随后对于 JF4 的话 JS4 表示了赞同。

2. 汉语对话

（例 11）

1　CS7：就像他/我们俩，咱们地方也远，一到家基本都九点多了，你这，

2　CF7：心情不好是吧。

3　CS7：对#对#对#对

进行例 11 这段对话的两个人是在同一个餐馆里打工的中国人。就打工这一话题进行的对话两个人有强烈的同感，所以听话者 CF7 能够在 2 处抢先替说话者 CS7 说出“心情不好”。对于 CF7 的话，CS7 做出反应“对对对对”，表示肯定、赞同。

（四）说话者做出反应并终结型

“说话者做出反应并终结型”是对听话者的协作话语做出反应后，继续自己未说完的话。日语和汉语对话场面分别有 2 个和 10 个使用例。

1. 日语对话

（例 12）

1　JT2：あのートルコ人の場合はそんな、もちろんコミュニティはあるんだけど、

2　JS2：うんうん#

3　JT2：しっかりドイツ語を話して、

4　JS2：あ~#

5　JT2：ドイツの教育を受けて、

6　JS2：はい#

7　JT2：だから、トルコ語は、

8　JS2：国に帰ってもトルコ語が話せない。

9　JT2：　　　　　　うん、そうそう

10　JT2：アイデンティティの問題になる、別の問題がね、残ってくるわけですけど。

此例中，对于 JS2 的协作话语的内容，JT2 先是做出肯定反应“嗯，对对”，接下来把自己本打算要说的话接着说完。

2. 汉语对话

（例 13）

1　CS2：在国内考研，还不如 -，

2　CF2：没有意思啊。

3　CS2：对对对对对。学了跟 - 本科没什么区别，在国内的话。

例 13 和上述日语对话例 12 基本相同，对于 CF2 的协作话语“没有意思”，CS2 先是给予肯定“对对对对对”，然后继续说完原本打算说的内容。

（例 14）

1　CS4：如果是一个人的话，那——嗯有点儿，好像觉得——

2　CT4：孤独的（笑）

3　CS4：对对对对。十几年，还是——挺难的，我觉得（笑）

此例中说话者 CS4 在“好像觉得——”的话之后在思考用哪个合适的词表达的时候，听话者 CT4 代为说出“孤独的”。对此 CS4 表示“对对对对”，然后继续把这一话题说完。

（五）听话者夺取发话权型

这一类型是指听话者协作话语之后并不就此结束，而是抢过发话权成为说话者。由于是在原说话者说话的过程中自己插话并夺走发话权，即使说不上失礼，总归也会让对方感到困惑或者不愉快，所以这一类型的协作话语是很少的。在本次调查中日语和汉语加起来只出现 3 例。下面我们就分别来观察一下这 3 例对话。

1. 日语对话

日语对话中出现如下 2 例。

（例 15）

1　JT6：まあでも学部のわれわれの授業は、もっと、

2　JS6：　　　　　　　　　　　　　　　　　すごいですよね（笑）。中国語学科は何人、学生——

（例 16）

1　JS6：へえ一↓今なんか中国語すごい大切って言われてるじゃないですか。その経済のあれとかで。そういう、

2　JT6：関係あると思いますよね。まあ、一つ一つの会社は違いますから、あの一統計的にどうっていう言い方はできないけど、まあ、それだけ就職できてるっていう数字を見ると、やはり……

例 15 中，说话者 JT6 说到上课人数，听话者 JS6 抢先说道“人数很多的啊”，然后接着问“中文系有多少学生啊?”本来作为听话者的 JS6 从 JT6 那里夺过发话权，转而变成了说话者。例 16 中参加对话的两个人和例 15 是相同的人物，和例 15 不同的是角色发生了变化，例 16 中 JS6 是说话者，JT6 是听话者。这是两个人就中文系学生的就业率问题展开的对话。如果 JS6 后半部分的话继续说完的话，大概会说“そういうことがやっぱり関係してくるんですか”。但是在 JS6 说出来之前，JT6 抢先说出“関係あると思いますよね”，之后 JT6 完全掌握发话权，作为说话者把话题延伸了下去。

2. 汉语对话

（例 17）

1　CS6：我去那个名古屋市内一个叫什么，外国人，就职中心。

2　CF6：　　　　　　　　　　　　　　　　　　　　哦－那个市役所那儿是吧。不，中日ビル上面那个。嗯—那上面有一个我都知道。

汉语对话仅出现这一例。这是两个人之间关于找工作的对话内容。在说话者说出“就职中心”之前，听话者 CF6 先说出了“哦－那个市役所那儿是吧”。之后，CF6 由听话者变为说话者，把话题继续说了下去。

四　听话者的协作话语内容和说话者的意思不一致的情况

听话者的协作话语和说话者的意思不一致的情况在本次调查中共出现 20 例（占总数的 25.6%）。其中，汉语对话场面出现 14 例，远远高于日语对话场面的 6 例。当出现不一致的情况时，其后对话的展开可以分为两种类型：一，说话者无视听话者的话继续自己的话题（以下简称为“说话者无反应型”）。二，说话者对听话者的话做出反应后继续说完自己的话（以下简称为“说话者有反应型”）。日语和汉语对话中这两种类型的出现频率见表 2。

表 2　和说话者意思不一致情况下的各类型的使用频率（括号内为%）

	说话者无反应型	说话者有反应型	计
日语	4（66.7）	2（33.3）	6（100.0）
汉语	8（57.1）	6（42.9）	14（100.0）
总计	12	8	20

“说话者无反应型”两个场面合计 12 例，“说话者有反应型”两个场面合计出现 8 例。下面我们对这两种类型分别进行分析。

（一）说话者无反应型

1. 日语对话

日语对话中说话者无反应型共出现 4 例，如例 18。

（例 18）

1　JS5：なんかね、脳が、活性化されるらしい。

2　JF5：　　　　　　　運動↗

3　JF5：まじで↗

这是两个好朋友就做梦这一话题进行的对话。JF5 在听了 JS5 前半部分的话后，对其后续部分做出预测，并说出“运动”。但是，JS5 后半部分说的其实是“活性化”，很明显 JF5 的猜测和 JS5 实际上所说的内容并不一致。JF5 意识到这一点，之后对 JS5 所说的内容表示了轻度惊讶“是吗”。

（例 19）

1　JT7：やっぱり、もちろん日本はそのなんていうか、民族的なそんな、（笑）いち民族という、いわゆるいち民族というわけじゃ全然ないと思いますけどねえ。

2　JS7：　　　　　　　　まあ#はい#単一民族って言われてますね。

3　JS7：ええー##、そうですねえ。

4　JT7：あの、韓国の人もいれば、それこそ台湾の人も中国の人もいるし、まあ昔はアイヌの人たちも、人種はいろいろ、混在しながら出来上がってきた国なんですけど。

例 19 是教师和学生之间的对话。教师 JT7 说到“所谓的……”之后，学生 JS7 判断他接下来大概会说“所谓的单一民族”，所以抢先说出“对，被称为单一民族”。但是，我们从 JT7 后面的话不难看出实际上 JS7 的判断是错误的，因为 JT7 接下来说的是“其实我认为并不是单一民族”。JS7 意识到自己的预测偏离对方所说的内容以后，在第 3 句的位置上及时进行随声附和“对，是啊”。

从以上两例对话可以看出，在日语对话中，如果发生协作话语和说话者的意思不一致的情况，听话者一般会在后面紧跟着进行随声附和，向对方传达“我明白了”之意。得到听话者这样的反应，说话者知道对方已经理解自己所要表达的意思，于是继续自己的话题。

2. 汉语对话

（例 20）

1　CS3：我不知道我是不是感冒。不流鼻涕就是那个什么。你看我

鼻子，就是那个，

2 CF3：火气。

3 CS3：闻不到东西。

此例中 CS3 在说自己的鼻子红肿，CF3 以为她要说是因为火气才引起来的，结果 CS3 说“闻不到东西”。对于 CF3 的话 CS3 没有做出任何反应，只是接着说完自己还没说完的话。

我们再来看两个例子。

（例 21）

1 CF2：他就是想去他想去他那儿，我想回我那儿。（笑）这个事情非常的难办。

2 CS2： 他想去上海。

（例 22）

1 CS10：这个倒没什么问题，因为现在都是，每次都是，英语跟翻译成日语，日语翻译成英语。

2 CT10： 说日语。

例 21 是朋友之间的对话，例 22 是学生与教师的对话。这两个例子都是听话者在说话者说话的途中进行协作话语，但是其猜测的内容其实和说话者实际上讲述的内容是不一致的。之后说话者继续自己的话，对对方的话没有做出反应。

就这一情况，村松（1991：268）曾在研究中指出：在汉语对话中和说话者意思不一致的协作话语，说话者多半会无视它。在本次调查中，不一致的协作话语共出现 14 例，其中有 8 例都是说话者对其没有做出任何反应。可以说这一结果在某种程度上证实了村松的结论是正确的。

另外，虽然很少出现，但是中国人的对话当中也存在如上述日本人那样，听话者发现自己说的内容和说话者的意思不一致后做出反应的例子。如例 23。

（例 23）

1 CF2：美国是－就是生在哪儿｛#｝是哪儿。日本是就是跟－跟父亲。

2 CS2： 父母。

3 CS2：跟父亲↗

说话者 CF2 正在说在日本出生的孩子的国籍问题。CF2 说到“日本就是跟－”之后，CS2 抢先说出“父母”，但是 CF2 之后说的是“跟父亲”。CS2 发现自己说的和对方不一致后，在 3 的位置提出“跟父亲?”的疑问，寻求对方的解释。

（二）说话者有反应型

1. 日语对话

在日本人对话中，发生对方的协作话语内容和自己想要表达的意思并不一致，但说话者对其做出相应的反应的情况共出现 2 例，如下：

（例 24）

1 JT2：ドイツの、1970 年代、

2 JS2：はい#

3 JT2：あのートルコ人がね、非常に、

4 JS2：　　　　　　　　　　　あ、移民が、多かった↗

5 JT2：ええ｛##｝。まあ移民というか、あのー××××といって、まああのドイ

6 JS2：　　　　　　　　　　　　　　　　　　　　はい#

7 JT2：ツが戦争でね、やっぱりあのあちこち大きい道がほとんど破壊されましたので、……

教师 JT2 在说自己在德国留学时的事情，当说到“土耳其人”的时候，听话者 JS2 抢先说到“啊，移民很多”。对此，JT2 暂时中断自己的话，首先对对方的话给以肯定的回答“是的”，然后说“嗯－说是移民吧，其实……”继续之前的话。从他接下去的话里可以看出，其实土耳其人不是移民，而是作为体力劳动者来德国打工赚钱的，这和 JS2 的协作话语的内容并不是一致的。

（例 25）

1 JT3：あーでもそれはね、大事ですよね。食べられなくなると、一気にこう体力も、

2 JS3：

うん##、やせますからね。

3 JT3：ねえ、落ちていくし。

例 25 中 JT3 说到“如果吃不进饭的话”之后，JS3 抢先说道“嗯，会瘦下去”。我们从 JT3 接下去说的内容中可以看出，她要说的是“体力

会下降”，而不是“会变瘦”。虽然JS3抢说的内容不对，但是JT3还是先给予了肯定。

从以上例子中可以看出，即使对方协作话语的内容和自己想要表达的内容并不一致，日本人也是倾向于首先表示接受对方的话，对其做出反应，给予积极肯定的回答后才继续自己的话。这样就很好地保全了对方的面子，使对话交流能够顺利进行下去。

2. 汉语对话

中国人的对话场面中这样的例子共出现6例。下面我们来考察一下。

（例26）

1 CS2：然后来日本就是说——，开始我是自己申请嘛学校。结果，后来听老师说，有这么一个学校可以、

2 CF2：哦—这个学校最简单，对。

3 CS2：对对对，最方便主要是还可以省半，至少半年嘛。

CF2的话“哦－这个学校最简单”和CS2想要说的“可以省半年时间”是有出入的，但是对于CF2的话CS2还是先做出积极反应“对对对”，进行了肯定。

对于听话者的不一致的抢话内容也给以积极的回应，这一点中国人和日本人是有共通点的。但是，对其进行直接否定的例子只在中国人的对话中才有出现。如下例：

（例27）

1 CT3：因为我，其实我不需要学汉语｛#｝，但是我上/我，

2 CS3：但是就是那种，中文教育之类的吧。

3 CT3：不不，完全是就是—汉语系。因为我的老师，高中的老师跟我说，你——，大学毕业以后…

在此例中，基于CT3的“其实我不需要学汉语”和她是朝鲜族的事实，CS3预测CT3要说的内容，抢先说道“但是就是那种，中文教育之类的吧”。对于CS3的这句话，CT3马上说“不不”，直接对其进行了否定，然后继续自己的话。像这样直接否定对方所说的话的情况在日本人的对话当中没有出现过。究其原因，笔者认为这是因为中日之间存在文化差异的缘故。众所周知，日语是“暧昧的语言”，日本人不喜欢明确说出“YES”或“NO”，说话习惯留有余地。凡事从对方的立场着想，尽量避

免直接否定对方，以免伤到对方的面子。相反，中国人做事更倾向于从自己的角度出发，喜欢简单明了的说话方式，对错分明。但是，由于本次调查的数据有限，这一结论是否正确，还有待于进一步研究。

五 结语

协作话语是听话者在倾听对方说话的过程中，在充分理解对方所述内容的基础上，对接下来对方将要表达的内容进行推测，并把推测的内容通过语言表达出来的一个复杂的过程。通常听话者与说话者有共同的经历，有相同的烦恼，或者有共同的熟识的人等情况下协作话语较多见。虽然协作话语是听话者积极参与到谈话当中，并且是基于有把握的预测而进行的，但是其预测的内容并不一定与说话者的意思完全一致。本文就一致和不一致这两种情况分别进行了分析。归纳上述使用情况的分布，见表3。

通过分析发现，在协作话语和说话者所要说的内容不一致的情况下，中日之间的差别较为明显。主要表现在：日本人多给以肯定的反应，而且听话者在知道自己的预测不对之后会马上向对方表示“我猜错了”，或者“我明白了”。相反，中国人多无视对方的话自顾自地继续往下说，甚至直接否定对方的话。

为了使分析结果具有普遍性，今后有必要增加调查数据的量，并作进一步的深入考察。

表3　　协作话语后对话的展开类型

	一致的情况						不一致的情况			总计
	类型1	类型2	类型3	类型4	类型5	计	类型1	类型2	计	
日语	5	3	4	2	2	16	4	2	6	22
汉语	7	14	10	10	1	42	8	6	14	56
计	12	17	14	12	3	58	12	8	20	78

参考文献

［1］今石幸子. 1994. 話し手の発話とあいづちの関係について. 大阪

大学日本学報. 13. p：107—120.

［2］久保田真弓. 1998. 日本語会話にみられる「共話」の特徴—日本人とアメリカ人によるあいづち使用の比較から—. 情報研究. 9. p：53—73.

［3］久保田真弓. 2001.「あいづち」は人を活かす. 廣済堂出版.

［4］黒崎良昭. 1995. 日本語のコミュニケーション—「共話」について. 園田学園女子大学論文集. 30－I. p：45—60.

［5］笹川洋子. 2005. 異文化コミュニケーション場面における共話. 日本研究と日本語教育におけるグローバルネットワーク. 向日葵出版社. p：66—81.

［6］陳姿菁. 2002. 日本語におけるあいづち研究の概観及びその展望. 言語文化と日本語教育. 2002 年 5 月増刊特集号. p：222—234.

［7］永田良太. 2004. 会話におけるあいづちの機能—発話途中に打たれるあいづちに着目して—. 日本語教育. 120 号. p：53—62.

［8］堀口純子. 1997. 日本語教育と会話分析. くろしお出版.

［9］村松恵子. 1990. 対話の呼吸－日本語と中国語の話し方・聞き方～あいづちを中心として（一）～. 四日市大学論集. 第 3 巻第 1 号. p：261—285.

［10］村松恵子. 1991. 対話の呼吸—日本語と中国語の話し方・聞き方～あいづちを中心として（二）～. 四日市大学論集』第 3 巻第 2 号. p：257—283.

［11］水谷信子. 1993.「共話」から「対話」へ. 日本語学. Vol. 12 No. 4. 明治書院. p：4—20.

［12］水谷信子. 2008. 談話の展開とあいづちを誘導する語句—「共話」の底にあるもの. 応用言語学研究. 10. p：143—154.

［13］楊晶. 2006. 中国語会話における相づちの使用についての研究—発話権交替の観点から. 桜美林言語教育論叢. No. 2. p：61—72.

［14］Polly Szatrowski. 2000. 共同発話における参加者の立場と言語・非言語行動の関連について. 日本語科学. No. 7. p：44—69.

［15］赵刚、贾琦：《会话分析》，高等教育出版社 2013 年版。

突显和焦点实现的韵律研究新视角及其对英语语调教学的启示*

高 薇**

摘 要：英语语调理论如最具影响力的核心调思想一直以来与语调教学密不可分，而不容乐观的英语语调教学现状需要唤起对于形式优先还是功能优先的重新思考。本文以突显和焦点的实现为切入点，展示了基于发音机制和交际功能的韵律研究新视角及其前沿成果“平行编码及目标接近”（简称PENTA）模型，并提出了倡导功能优先的英语韵律教学的应用及其初步构想。这一韵律研究新视角下进行的英语语调教学可行性探索属于跨学科应用研究，有可能带来从前沿性基础研究到非母语或第二语言韵律教学的革新。

关键词：韵律；语调教学；突显；焦点；平行编码及目标接近（PENTA）模型；功能优先；应用

---

* 本文获得了教育部人文社科研究项目“基于交际有效度的英语语调习得研究”（11YJA740065）、江苏师范大学优秀中青年教师境外研修项目（2012013）、江苏师范大学人文社科基金重点项目“韵律研究前沿成果 PENTA 模型应用于英语语调教学的可行性实证研究”（14XWA06）的资助。感谢恩师江苏师范大学穆凤英教授上海外国语大学邹申教授和英国 University College London（伦敦大学学院）Dr. Yi Xu（许毅）教授的悉心指导。

** 作者简介：高薇，女，江苏师范大学外国语学院讲师，上海外国语大学英语学院博士生；研究领域：应用语言学，英语语音学。

Prominence and Focus Realization from an Alternative Perspective in Prosody Research and its Implications for the Teaching and Learning of English Intonation

Gao Wei

Abstract: The teaching and learning of English intonation has been intricately related to the nuclear tone analysis, the most influential theory of intonation, from the very beginning; yet the current state of intonation teaching and learning is not so satisfactory. One of the core issues requiring rethinking is whether intonation teaching and learning should be form first or function first. Using prominence and focus realization as a point of penetration, this paper reviews recent studies from an alternative perspective based on the articulatory mechanism and communicative functions in prosody research as well as its frontier advance as represented by the Parallel Encoding and Target Approximation (PENTA) model. With such an illustration, some preliminary suggestions are made as to how the teaching and learning of English prosody can be shifted toward a function first practice. This feasibility exploration in the teaching and learning of English intonation from an alternative perspective in prosody research is a cross-disciplinary application, which is likely to bring a new phase from frontier basic research to teaching prosody in non-native or second language learning in general.

Key words: prosody; intonation teaching and learning; prominence; focus; Parallel Encoding and Target Approximation (PENTA) model; function first; application

一 引言

突显（prominence）作为语调构成的基本韵律特征之一，在话语节奏和语调构成方面发挥重要的作用，根据考夫曼（Kaufmann，2002：1475）的定义，一个单词或音节的突显实现是在被说出时相对于周围的单词或音节出现音高的上升（或下降）和/或音强的增大。焦点（focus）通常跟强调（Bolinger，1961）或新信息（Halliday，1967）有关，可以定义为"在一定的语境下使话语的某一部分比其他部分更为突显的现象"（王蓓等 2013：92）。从突显和焦点的定义不难看出，二者均为超音段特征、有着极为相似的共通之处，且二者的实现都与音高、音长、音强三个韵律特征紧密相关，直接影响交际的有效性，如清晰度（intelligibility）与可理解度（comprehensibility）。而清晰度与可理解度已日趋成为口语语音评估与测试中两个重要的维度（Derwing & Munro，2005，2009；Thomson & Derwing，2014/2015），其给语音语调教学带来的启示也开始提上研究日程（田朝霞、金檀 2014）。

本文作者曾就中国英语学习者朗读口语中的突显实现进行过专题研究（高薇 2010，2013），研究主要基于的理论是鲍林格（Bolinger，1958）提出的音高重音（pitch accent）理论：音高重音是一个韵律成分，它既是突显的标记，又是语调曲拱的构成部分（Chun，2002：21）。根据 Bolinger（1958）的理论，突显归于三种情况：音高（a）从重读音节下降，（b）上升至重读音节或从重读音节上升，（c）下降至重读音节，如图 1 所示（p. 129）：

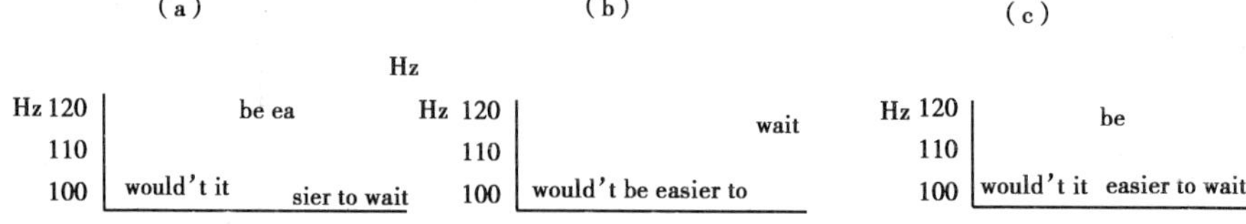

图 1 Bolinger 音高重音理论的三个实验例证

根据 Bolinger（1958）的实验，在图 1（a）（b）（c）中，听众听到被重读的词依次为 *easier*，*wait*，*easier*，分别对应上述突显归于的（a） (b)(c)三种情况。Bolinger(1958)称之为音高重音并分别定义其为 A B C 三种类型，即音高重音的主要类型，如图 2 所示（p. 144）：

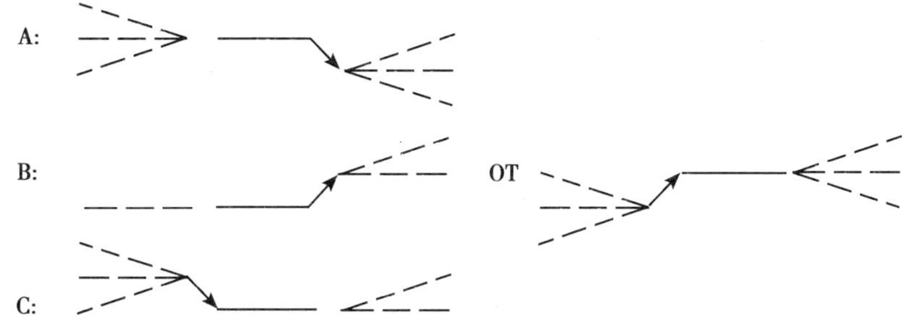

图 2　音高重音的三种类型

（箭头指示音高曲拱方向的跳跃改变，实线为基本部分，虚线为可选部分）

作为最早尝试定量声学实验（quantitative acoustic experiments）的语言学家之一，Bolinger（1958）进行的声学实验及其实验数据支撑使得他的理论更有说服力，并且他定义的音高重音与突显及其实现紧密相关，对突显及其实现的相关研究产生了积极的影响（Halliday，1970；Vaissière，1983；Tench，1996；Cruttenden，2002）。

本文作者基于 Bolinger（1958）音高重音理论所进行的关于突显实现的实证研究结果显示：（1）中国英语学习者朗读中较多依赖音高、音强、而很少运用音长这一特征实现英语韵律词内的突显（高薇 2010），与英语本族语者口语中音高、音长、音强三个韵律特征在实现音节突显方面形成的一个重要性等级即音高最为有效、音强最不重要（Cruttenden，2002：13）有所区别；（2）中国学生在英语朗读中出现音高重音类型误用、调群切分不当等情况，从而在不同程度上影响了句子语调的突显实现（高薇 2010）；（3）在运用音高和音强以实现突显方面，中国英语学习者的口语表现亦不尽如人意，呈现出音高范围窄、音强对比不明显、单词内存在“双突显”韵律三个典型特点（高薇 2013）。这些研究发现对认清中国学生英语口语中的突显实现特点和学习者语调的细部偏差有一定的意义，值得英语语调教学所关注，更加期待教师对学生予以指导和帮助。然而语调教学似乎并非易事，一方面是非母语学生甚至教师对目标语语调的渴望，另一方面有可望而不可即的困惑。正是基于此，有必要首先对非母语（以英语为例）语调教学理念和现状进行重新思考，紧接着介绍基于发音机制和交际功能的韵律研究新视角，进而尝试将二者结合（例如从焦点功能入手）、对倡导功能优先的英语韵律教学应用研究初步进行构想。

二 英语语调教学的理念和现状

关于语调在话语交际中传递意义的重要性应该是毫无疑问和被公认的事实，但是，从语调研究之初，形式就成为主要的注意对象，如英语核心调思想分析的语调结构：调冠、调头、调核、调尾（Palmer，1922；Kingdon，1958），因其直观形象的语调描写深入人心，不仅影响了包括英语母语研究者在内的几代人，如克里斯托（Crystal，1969）七种核心调、韩礼德（Halliday，1970）五种基本调与两种复合调、奥康纳和阿诺德（O'Connor & Arnold，1973）十种调型、克鲁特登（Cruttenden，2002）七种核心调，更加在非母语英语的语调教学中起到了绝对的导向作用。

首先也是最为直接的表现，核心调思想在绝大多数教科书中通过对语调规则的定义、解释和举例得以灌输，如 O'Connor 和 Arnold（1973）直观形象的调型归纳和语调描写确实能够从一定程度上方便外语教学，但教师和学生少不了面临的问题是辛苦记忆的语调规则在自然话语中总有被打破的例外（Cauldwell & Hewings，1996）。

第二点表现在对教师的导向作用。（从教师的角度进行的语调教学研究并不多见）如语音教学中教师偏爱传统的教学方法，可能的原因是教师教学生用的是自己被教的相同方法（Hismanoglu & Hismanoglu，2010），虽然该文关注的是语音教学，但恐怕在语调教学中教师的做法也未必不是如此。又如另外两文（Demirezen，2009；Kucukoglu，2012）关注了土耳其英语教师的语调问题和句重音困难，提出教师教育培训的必要性，但可惜的是既没有相关课程，也没有好的教程（Demirezen，2009）。

另一个从学生角度进行的语音语调研究占到了非母语或二语语音/语调研究的绝大多数，即学习者语音/语调习得研究，如施奈德曼等人（Schneiderman，1988）对法语学习者、温纳斯川（Wennerstrom，1994）对英语学习者的研究，而大多数是对英语学习者进行的研究。在不同国家英语学习者语调习得的研究中，研究者大都通过与英语本族语者进行对比，发现学习者特有的语调特点，如斯洛伐克学习者语调单一（Timková，2001），西班牙学习者调核音域较窄（Verdugo，2003），中国学习者调群切分多依赖停顿、调型使用混乱等（陈桦 2008）。贝尔杜戈（Verdugo，2003）还提出了学习者中介语语调体系的假设，即不同母语的学习者受到母语的影响存在一定共同的非母语语调模式。上述对英语学习者语调的描述性研究较为全面地展示了学习者语调特点，其共同归结的母语影响也符合第二语言习得的一般规律，由于地理环境和历史发展的原因，每种语言都有自己的一套音调体系，非母语学习者尤其是度过关键期（critical period）的成年人必然会受到母语音调习惯的影响（Johnson & Newport，1989），所以学习者存在不同于英语本族语者的语调特点应该是一个自然的现象。

研究发现的英语学习者语调特点和问题是非常必要和有意义的。可是根据上面对教材、教师、学习者的分析，英语语调教学并非容易。一项对尼日利亚英语学习者语调感知和感悟的研究（Atoye，2005）或许可以带给英语语调教学新的思考：研究基于对 120 名受试进行的实验，发现他们正确感知语调的比例达到 85.7%，而对语调意义的感悟和正确解释仅有 25.7%；研究者由此提出对结构主义框架下英语语调传统教学的质疑，这恰好与本章节开头提到的具有交际意义的语调却是被冠以形式不谋而合。

有关语调传递意义的学习者语调研究，比较全面和有代表性的是 Wennerstrom（1994）对西班牙、日本、泰国三大不同母语背景英语学习者进行的在语篇中使用语调表达意义关系的实证研究。不过这里关注的并非其研究结果，而是其研究依据，即颇具影响力的 AM 理论（Pierrehumbert，1980；Pierrehumbert & Hirschberg，1990）。根据 AM 理论，英语语调包含音高重音、短语重音和边界调三类不同的音高事件，语调曲拱是独立于文本之外的、由各种音高事件线性连接而成的音系实体，所有音高事件均由两个基本平调 H（高）、L（低）构成，同时又根据文本的韵律结构与文本相连，并可通过一系列音高映射规则将语调音系表征的结果映射为实际的音高曲拱（Pierrehumbert，1980，转引自陈虎 2009：17），而这一理论事实上跟传统的语言形式观并无两样：说话虽然是要表达意义，但是真正决定语言形式的是一套复杂的句法、词法和音系规则，由它们生成表层的音系形式，最终通过发音生成语音信号，如图 3 所示（许毅 2010：353）。

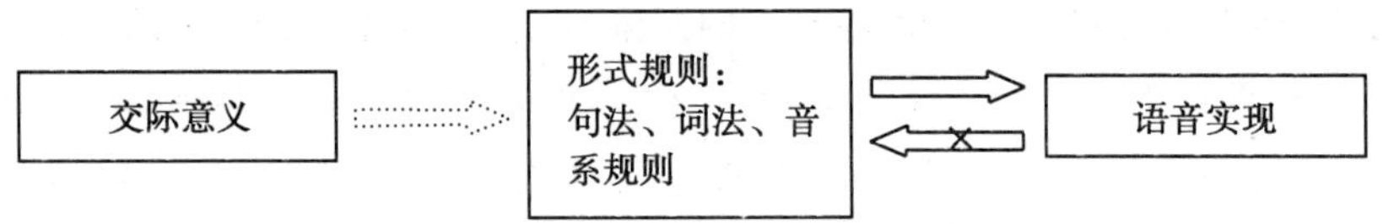

图 3　有关语言的传统模型

由此可见，英语语调教学从长期以来的理念到不容乐观的现状都是形式优先占主导地位。然而另一方面，从英语学习者（甚至包括非母语教师在内）的角度考虑，他们往往被这种形式归纳法得出的描述性语调成分所困惑，而他们的初衷，像非语言学家的母语者一样，是为了在日常交际中恰当地使用英语语调（Atoye，2005）。那么，可否转换思路重新思考英语语调教学呢？图 4 展示的是基于语言功能观的非传统观念的思路：说话是通过语音来表达意义的，所以语言是交际意义的语音编码，而语法则是这个编码过程中产生的种种现象（许毅 2010：353）。

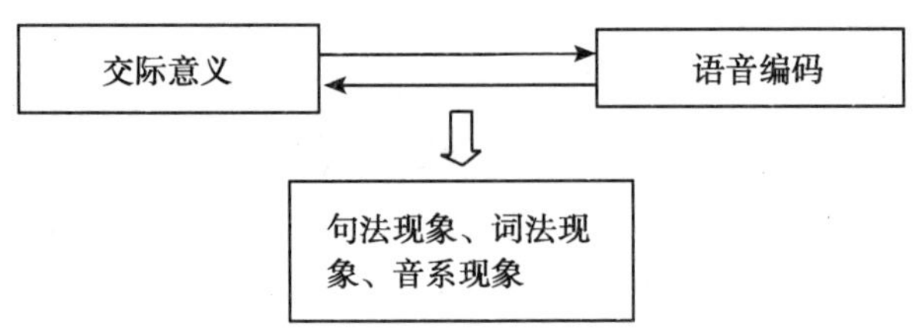

图 4　有关语言的功能编码模型

相比而言，功能优先符合语言用来传达交际意义这一基本事实，所以有必要了解语言的韵律如何实现交际意义的功能，而不是首先致力于弄清在某个语言里的韵律模式合法与否。韵律（prosody）和语调（intonation）一般都用来泛指一切超音段的（suprasegmental）语音现象，语言学中对语调和韵律的界定以及语调研究和韵律研究的界定并不严格，早期被视为语音学（phonetics）领域的边缘学科。国际韵律研究的最新发展显示，近三十年来尤其是最近十几年里，韵律研究从语音学领域的边缘学科逐渐发展为其中的一个重要学科，而这一长足进展得益于对声调语言尤其是汉语的韵律研究做出的关键性贡献（Xu，1997，1998，1999）。

三 韵律研究新视角——基于发音机制和交际功能

根据图 4 有关语言的功能编码模型，从交际意义到表层形式即语音信号，必然有一个编码过程。编码离不开具体的设备，说话的设备是由神经系统、肌肉、发音器官的骨骼和软组织构成的，编码就是操作这些设备的过程。图 5 展示的是说话时发音动作的基本模式：每个动作都是从发音器官的某个初始状态开始，然后在给定时长内，即所分配的时间里向一个发音目标的理想状态不断接近。理想状态就是当前音的底层标准状态，初始状态来自于前一个动作的终止状态，或者是发音的起始状态。如果给定时长不够，理想状态就会达不到。这种基本的动作模式很可能不是语音特有的，而是人或者动物的任何动作的基本模式。从这一点上讲，发音动作其实没什么特殊之处，不同的只是使用的器官、理想状态的特性、动作的力度以及给定的时长（许毅 2010：356）。

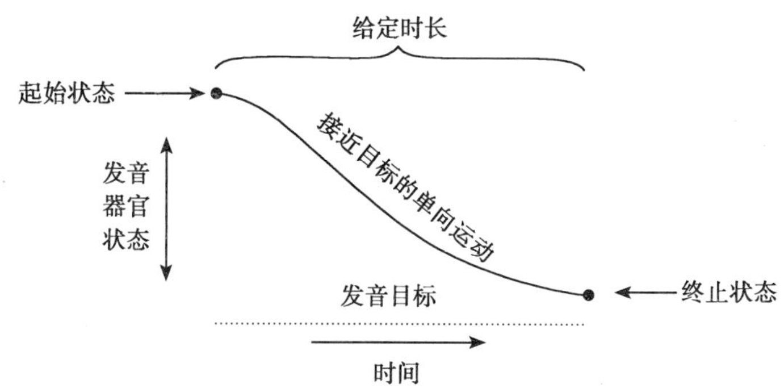

图 5 发音动作的基本模式

澄清表层韵律形式与底层发音机制（articulatory mechanism）的关系，有助于了解编码的机制，从而弄清韵律形式如何编码交际功能（communicative function），进而理解韵律。自 20 世纪九十年代以来，许毅等人首先致力于研究声调语言尤其是汉语的发音机制（Xu，1997，1998，1999），随后提出了目标接近（Target Approximation，简称 TA）模型（Xu & Wang，2001），如图 6 所示，其中竖线代表音节边界，虚线代表底层音高目标（pitch target），连续的粗实线代表表层基频（F_0）曲线。

目标接近模型里的关键概念“音高目标”是最小的发音可操作的单

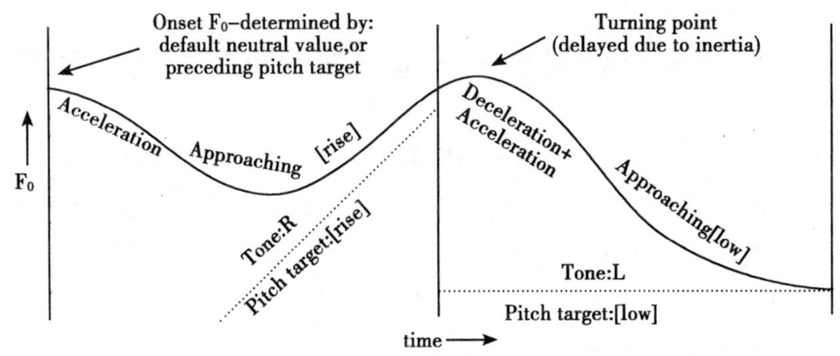

图 6 目标接近（TA）模型（adapted from Xu and Wang，2001）

位、与语言功能的音高单位如声调和音高重音相关。这一模型建立在发音动作的基本模式（图 5）之上，并明确化或添加了如下成分：（1）音高目标既可以是静态的（static 如 [high]，[low]，[mid]），也可以是动态的（dynamic 如 [rise]，[fall]）；（2）初始状态不仅包含定点状态，还包含从前一动作继承下来的速率（velocity）和加速度（acceleration）；（3）音高目标所分配的时间段与音节所分配的时间段等同（许毅 2010）。该模型（图 6）里的连续基频曲线是渐近接近（asymptotic approximation）音高目标不管是动态（左）还是静态（右）的结果。

通过目标接近模型，连续语言里的基频曲线得以有效解释，更为重要的是，通过这一模型不仅可以看到实现单个声调的机制，模型的各个控制参数还可以分别调节，而且每种调节对基频曲线都有明显的影响，这样一来，跟基频有关的负载语言丰富信息的多重交际功能到表层语音就得以实现编码，这就是后来发展而成的平行编码及目标接近（Parallel Encoding and Target Approximation，简称 PENTA）模型（Xu，2004，2005；Xu et al. in press），如图 7 所示：

PENTA 模型模拟的是从交际功能到表层语音（基频曲线）的编码流程。从功能优先的角度来看，说话并非为了表现正确的语法，而是要传递各种信息，这些信息也并非局限于词法和句法体现的命题意义（propositional meaning），还包括很多其他层次的意义，这些意义可以统称为交际功能，如图 7 最左的多个小方框代表的分词、句型、焦点、话题、分界/组合等跟基频有关的多重功能，每个交际功能都有一个对应的编码模式（encoding scheme），每个编码模式由一套目标接近参数（parameters）构

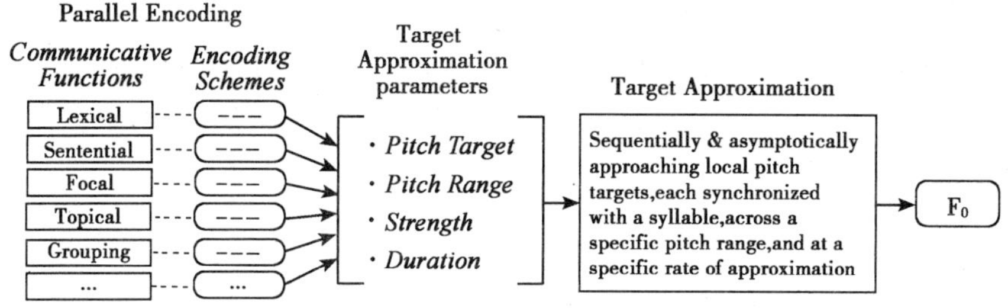

图7　平行编码及目标接近（PENTA）模型（adapted from Xu，2004，2005）

成，主要包括音高目标、调域、力度、时长，显示于图7正中的大方括号内，这些参数通过控制调节目标接近的过程（参图6），生成图7最右的表层基频（F_0）曲线。

值得关注的是，上述有关发音机制和交际功能的新视角韵律研究虽源于声调语言，但同样适用于语调语言如英语（Xu & Sun，2002；Prom-on et al. 2009），并且从功能优先的角度理解韵律已经成为目前国际韵律研究的一个发展趋势（许毅 2010；许毅、刘芳 2013）。尽管功能优先符合语言用来传达交际意义这一基本事实，但是真正做到功能优先有不少的困难，原因之一是韵律中的功能成分跟表层的语音形式并不直接对应，所以，有效的做法是从低层次的机制（如字词的发音）开始考察，从显而易见的功能（如焦点）入手逐个考察，而不是试图一次穷尽韵律中的所有功能（许毅、刘芳 2013）。

基于不同的交际功能，围绕焦点展开的研究为数不少，焦点简单说来就是突显，如引言中所提及的那样。焦点既可以通过语法手段来实现如强调句型，也可以通过韵律手段来实现如音高变化，这也是焦点的主要特征之一。基于PENTA模型，焦点可以有不同的韵律编码方式，其中一个重要的发现就是焦点通过“三区段”调域调整（three-zone pitch range adjustment）的编码方式得以实现，即焦点前的调域不变、焦点处的调域加宽、焦点后的调域压缩（post-focus compression，简称PFC），这一发现源于对北京话的研究（Xu，1999；Liu & Xu，2005），并在对英语的研究中得到进一步印证（Xu & Xu，2005；Liu & Xu，2007），随后引起了许多国家和地区语音学专家学者的积极响应（Wu & Xu，2010；Zerbian et al. 2010），包括国内以中央民族大学王蓓为代表进行的我国方言和少数民族语言有关焦点实现的韵律研究（王蓓等，2013）。

焦点在英语里同在北京话里极为相像，也是通过“三区段”调域调整的编码方式得以实现，但这些调整并不抵消词重音对音高的影响，就像北京话里焦点并不抵消声调对音高的影响一样（Xu & Xu，2005）。值得关注的是，从 PENTA 模型的角度看，可以发现更多的细节，如英语有一点跟北京话不同的是，焦点处的词如果最后一个音节是重读，该音节的音高目标会由［high］变成［fall］（Liu & Xu，2007），这种从功能角度看英语语调的观点跟当前流行的观点很不一样，按照当前流行的语调理论，词重音只是在载带音高重音时才会有音高上的表现，而确定音高重音的出现与否完全取决于基频曲线有无一目了然的运动，这样一来，由于焦点后的基频运动幅度很小，之前提到的细节就被忽略了，所以完全从形式出发而不考虑功能，有可能连形式本身的描述都会不准确（许毅 2010）。焦点被认为是韵律研究长期以来一直关注的热点问题，它不仅与音节和词的层面有显著关联，还与句子层面交织在一起有更加复杂的表现。那么，焦点实现的韵律研究新视角可以带给英语语调教学什么新的启示吗？

四　功能优先的英语韵律教学初步构想

如上所述，PENTA 模型理论是基于发音机制和交际功能的大量基础性韵律研究发现、发展、凝练而成的前沿成果（Xu，2004，2005；Xu et al. in press），其与传统语调思想的根本区别之处就在于它是倡导功能优先的。更为有说服力的是，基于 PENTA 模型的关于声调语言和语调语言的基础研究发现已经在话语合成方面得到了成功地应用和验证，代表性成果有 qTA model（Prom-on et al. 2009）和 PENTA trainer（Xu & Prom-on，2014）。因为 PENTA 模型倡导的功能优先而非形式优先的理念更加符合交际的本质，同样应该可以给英语语调教学提供不同于目前做法的选择性方案（Xu，2012）。

首先，可以教给学生以功能为定义的韵律模式，如循序渐进地介绍焦点等交际功能如何通过音高得以传递，即从交际功能的角度揭示“怎么办”、怎样实现从功能间的平行编码到表层语音的生成，而并非罗列语调形式上的“是什么”或强调对应意义的“为什么”。这当然绝非易事，原因之一是学习者可能对局部音高目标和整体音高模式存在接受能力上的差异（Dankovicová et al. 2007），另一个潜在困难是传统语音语调教学中同样受到关注的学习者母语干扰的原因；但不同的是，注重交际功能的韵律教学至少可以潜在地帮助学习者意识到与功能相关的最关键的语调因素，如在此再次值得一提的“三区段”焦点编码方式中的 PFC（焦点后调域压缩）现象（Xu，2011a）。PFC 不仅是焦点实现也是焦点感知的关键韵律手段（Rump & Collier，1996；Liu & Xu，2005），近年来的韵律实证研究发现，PFC 这一重要的焦点韵律特征存在跨语言的类型学分布现象：一些印欧语系的语言（如英语、德语、希腊语、瑞典语）、阿尔泰语系的语言（如日语、朝鲜语）、中国北方的汉语普通话（Mandarin）等存在 PFC 现象（Xu，2011a），而另一些语言如中国南方的香港广东话（Cantonese）和台湾闽南话（Taiwanese）虽同属于汉语却没有 PFC（Wu & Xu，2010；Xu et al.，2012），许多非洲语言很可能也没有 PFC（Zerbian et al.，2010）。母语没有 PFC 的学习者如果学习有 PFC 的非母语或二语就可能存在困难（Wu & Chung，2011；Chen et al. 2014），这一困难也可以从侧面解释为什么非母语学习者经常留给老师不知道核心调应该放哪儿的印象。但也有少量研究显示，二语 PFC 的习得并非没有可能（Chen et al. 2014），这一点为英语韵律教学和研究提供了一个可以尝试的切入点。

其次，根据发音动作的基本模式（图 5）和目标接近模型（图 6），基频曲线的转折点的精确位置是当前音节和邻近音节的内在音高目标的直接结果，没有必要教给学习者音高峰值和低谷的基频曲线走势，因为如果内在音高目标的基频曲线走势是发音器官自然产生的结果，说话人就没有多少选择的余地（Xu，2012）。同样地，核心调思想总结的多种调型也并非一定要教给学习者，因为其中有许多是功能语调模式的组成部分或结果，如焦点、句型、情感等。情感功能很可能也自有一套编码，而情感语调应该是可以不用教的，因为即使是在不同语言中它也是趋向共同的，与情感语调相关的还有吴洁敏和朱宏达（2009）提出的情韵模式。

最后，从韵律基础研究应用于非母语或二语教学的前景来看，需要多关注预测性（predictive）知识，而不能只停留在描述性研究的层面上（Xu，2011b）。以国内英语语音语调教学研究为例，据陈桦和杨军（2010）统计，实证研究的数量在 2000 年后激增，从几十年间的 9% 激增到十年间的 47%，这一增长趋势在近五年继续保持，体现了国内非母语/二语语音语调习得研究的发展趋势。值得注意的是，这一领域的实证研究虽然数量增多且内容涉及面广，如实词提取与生成特征（穆凤英等

2005）、调群切分模式和调型特点（陈桦 2006a，2006b）、话轮转换过程中边界调的使用（夏志华、穆凤英 2008）、语音能力的发展模式（陈桦、毕冉 2008）、边界调模式（孟小佳、王红梅 2009）、语速对韵律特征的影响（李爱军 2010）、语调短语内部停顿（杨萌、穆凤英 2011）、语调的社会性别差异（蒋红柳 2012）、音调模式的变化趋势（毕冉、陈桦 2013）、突显实现的特点（高薇 2013）、话题结构上的韵律实现（夏志华 2013）、音乐能力对语音能力的影响（裴正薇、丁言仁 2013）等，但绝大部分为描述性实证研究，而与预测性知识相关的实验实证研究（陈桦等 2008；吴力菡等 2010；杨晋 2010）很少。因为预测性知识能够反映语言韵律的应用如哪种教学方法更加有效（Xu 2011b），所以有待更多进行精心设计和严格控制的实验研究，如陈桦（2011）展望二语语音研究方向时提到的进行干预性教学试验并从声学分析和感知方面入手检验教学效果。

五　结语

语调和韵律研究的蓬勃发展不仅有英语核心调思想的贡献，还包括多种模型理论和多国语言研究的出现和影响，而展望未来该领域的研究，“应用”无疑成为可以预见的发展趋势（Botinis et al. 2001；Xu，2011b），体现在科技如话语合成、医学如话语疗法、教育如语言教学等不同领域可能对语调和韵律研究的应用。本文探索的是韵律研究新视角在语言（英语语调）教学中应用的可行性。通过讨论概括英语语调教学形式优先的理念和现状、唤起对于形式优先还是功能优先的思考，本文介绍了近十几年来韵律研究中基于发音机制和交际功能的新视角及其前沿成果 PENTA 模型理论，并提出了功能优先的英语韵律教学应用研究的几点初步构想。本文的目的和意义在于：将韵律基础研究的前沿成果跨学科应用到非母语或第二语言教学，有效帮助学习者语调的改善，从而在日常交际中恰当地使用语调以提高交际的有效性。

参考文献

Atoye，R. O. 2005. Non-native perception and interpretation of English intonation. *Nordic Journal of African Studies* 14：26—42.

Bolinger, D. L. 1958. A theory of pitch accent in English. *Word* 14: 109—149.

Bolinger, D. L. 1961. Contrastive accent and contrastive stress. *Language* 37: 83—96.

Botinis, A., B. Granström & B. Möbius. 2001. Developments and paradigms in intonation research. *Speech Communication* 33: 263—296.

Cauldwell, R. & M. Hewings. 1996. Intonation rules in ELT textbooks. *ELT Journal* 50: 327—334.

Chen, Y., Y. Xu & S. Guion-Anderson. 2014. Prosodic realization of focus in bilingual production of Southern Min and Mandarin. *Phonetica* 71: 249—270.

Chun, D. M. 2002. *Discourse intonation in L2: From theory and research to practice*. Amsterdam/Philadelphia: John Benjamins Publishing Company.

Cruttenden, A. 2002. *Intonation* (2nd ed.). Beijing: Peking University Press & London: Cambridge University press.

Crystal, D. 1969. *Prosodic Systems and Intonation in English*. London: Cambridge University Press.

Dankovicovά, J., J. House, A. Crooks & K. Jones. 2007. The relationship between musical skills, music training, and intonation analysis skills. *Language and Speech* 50: 177—225.

Demirezen, M. 2009. An analysis of the problem-causing elements of intonation for Turkish teachers of English. *Procedia Social and Behavioral Sciences* 1: 2776—2781.

Derwing, T. M. & M. J. Munro. 2005. Second language accent and pronunciation teaching: a research-based approach. *TESOL Quarterly* 39: 379—397.

Derwing, T. M. & M. J. Munro. 2009. Putting accent in its place: rethinking obstacles to communication. *Language Teaching* 42: 476—490.

Halliday, M. A. K. 1967. Notes on transitivity and theme in English. *Journal of Linguistics* 3: 199—244.

Halliday, M. A. K. 1970. *A course in spoken English: Intonation*. London: Oxford University Press.

Hismanoglu, M. & S. Hismanoglu. 2010. Language teachers' preferences of pronunciation teaching techniques: traditional or modern?. *Procedia Social and Behavioral Sciences* 2: 983—989.

Johnson, J. S. & E. L. Newport. 1989. Critical period effects in second language learning: the influence of maturational state on the acquisition of English as a second language. *Cognitive Psychology* 21: 60—99.

Kaufmann, A. 2002. Negation and prosody in British English: a study based on the London-Lund Corpus. *Journal of Pragmatics* 34: 1473—1494.

Kingdon, R. 1958. *The Groundwork of English Intonation*. London: Longmans.

Kucukoglu, H. 2012. Sentence stress and learning difficulties of ELT teachers: a case study. *Procedia Social and Behavioral Sciences* 46: 4065—4069.

Liu, F. & Y. Xu. 2005. Parallel encoding of focus and interrogative meaning in Mandarin intonation. *Phonetica* 62: 70—87.

Liu, F. & Y. Xu. 2007. Question intonation as affected by word stress and focus in English. *Proceedings of the* 16*th International Congress of Phonetic Sciences*, Saarbrücken: 1189—1192.

O'Connor, J. D. & G. F. Arnold. 1973. *Intonation of Colloquial English* (2nd ed.). London: Longmans.

Palmer, H. E. 1922. *English Intonation, with Systematic Exercises*. Cambridge: Heffer.

Pierrehumbert, J. 1980. The phonology and phonetics of English intonation. Ph. D. dissertation, MIT, Cambridge, MA.

Pierrehumbert, J. & J. Hirschberg. 1990. The meaning of intonational contours in the interpretation of discourse. In P. R. Cohen, J. Morgan & M. E. Pollack (eds.) *Intentions in Communication*. MIT Press, Cambridge, Massachusetts: 271—311.

Prom-on, S., Y. Xu & B. Thipakorn. 2009. Modeling tone and intonation in Mandarin and English as a process of target approximation. *Journal of the Acoustical Society of America* 125: 405—424.

Rump, H. H. & R. Collier. 1996. Focus conditions and the prominence of pitch-accented syllables. *Language and Speech* 39: 1—17.

Schneiderman, E., J. Bourdages & C. Champagne. 1988. Second-language accent: The relationship between discrimination and perception in acquisition. *Language Learning* 38 (1): 1—19.

Tench, P. 1996. *The intonation systems of English*. London: Cassell.

Thomson, R. I. & T. M. Derwing. 2014/2015. The effectiveness of L2 pronunciation instruction: a narrative review. *Applied Linguistics* 2014: 1—20 (doi: 10.1093/applin/amu076).

Timková, R. 2001. Intonation of English in the process of second language acquisition. http://www.phon.ucl.ac.uk/home/johnm/ptlc2001/pdf/timkova.pdf, (accessed 23/01/2014).

Vaissière, J. 1983. Language-independent prosodic features. In A. Cutler & D. R. Ladd (eds.) *Prosody: models and measurements*, Springer-Verlag, Berlin: 53—66.

Verdugo, M. D. R. 2003. A contrastive analysis of non-native interlanguage English intonation systems and their implication in the organization of intonation from a functional perspective: a study based on a computerized corpus of Spanish learners of English. Dissertation thesis, UAM, Madrid.

Wennerstrom, A. 1994. Intonational meaning in English discourse: a study of non-native speakers. *Applied Linguistics* 15: 399—420.

Wu, W. L. &L. Chung. 2011. Post-focus compression in English-Cantonese bilingual speakers.. *Proceedings of the 17th International Congress of Phonetic Sciences*, Hong Kong: 148—151.

Wu, W. L. & Y. Xu. 2010. Prosodic focus in Hong Kong Cantonese without fost-focus compression. *Proceedings of Speech Prosody* 2010, *Chicago*: 100040: 1—4, ISBN: 978-0-557-51931-6.

Xu, Y. 1997. Contextual tonal variations in Mandarin. *Journal of Phonetics* 25: 61—83.

Xu, Y. 1998. Consistency of tone-syllable alignment across different syllable structures and speaking rates. *Phonetica* 55: 179—203.

Xu, Y. 1999. Effects of tone and focus on the formation and alignment of F_0 contours. *Journal of Phonetics* 27: 55—105.

Xu, Y. 2004. Transmitting tone and intonation simultaneously — the Parallel Encoding and Target Approximation (PENTA) model. *Proceedings of International Symposium on Tonal Aspects of Languages: With Emphasis on Tone Languages*, Beijing: 215—220.

Xu, Y. 2005. Speech melody as articulatorily implemented communicative functions. *Speech Communication* 46: 220—251.

Xu, Y. 2011a. Post-focus compression: cross-linguistic distribution and historical origin. *Proceedings of the 17th International Congress of Phonetic Sciences*, Hong Kong: 152—155.

Xu, Y. 2011b. Speech prosody: a methodological review. *Journal of Speech Sciences* 1 (1): 85—115.

Xu, Y. 2012. Function vs. form in speech prosody — lessons from experimental research and potential implications for teaching. In J. Romero-Trillo (ed.) *Pragmatics, Prosody and English Language Teaching*, Springer, New York: 61—76.

Xu, Y., S.-w. Chen & B. Wang. 2012. Prosodic focus with and without post-focus compression: a typological divide within the same language family?. *The Linguistic Review* 29: 131—147.

Xu, Y., A. Lee, S. Prom-on & F. Liu. In press. Explaining the PENTA model: a reply to Arvaniti & Ladd (2009). To appear in *Phonology*.

Xu, Y. & S. Prom-on. 2014. Toward invariant functional representations of variable surface fundamental frequency contours: synthesizing speech melody via model-based stochastic learning. *Speech Communication* 57: 181—208.

Xu, Y. & X. J. Sun. 2002. Maximum speed of pitch change and how it may relate to speech. *Journal of the Acoustical Society of America* 111: 1399—1413.

Xu, Y. & Q. E. Wang. 2001. Pitch targets and their realization: Evidence from Mandarin Chinese. *Speech Communication* 33: 319—337.

Xu, Y. & C. X. Xu. 2005. Phonetic realization of focus in English declarative intonation. *Journal of Phonetics* 33: 159—197.

Zerbian, S., S. Genzel & F. Kügler. 2010. Experimental work on prosodically-marked information structure in selected African languages (Afroasiatic and Niger-Congo). *Proceedings of Speech Prosody* 2010. Chicago: 100976: 1—4.

毕冉、陈桦：《中国英语学习者音调模式的纵深研究》，《外语与外语教学》2013 年第 1 期，第 50—54 页。

陈虎：《英语语调研究百年综论》，《解放军外国语学院学报》2009 年第 3 期，第 13—20 页。

陈桦：《中国学生英语朗读中的调群切分模式》，《外语教学与研究》2006 年第 5 期，第 272—278 页。

陈桦：《中国学生朗读口语中的英语调型特点研究》，《现代外语》2006 年第 4 期，第 418—425 页。

陈桦：《中国学生英语语调模式研究》，上海外语教育出版社 2008 年版。

陈桦：《二语语音习得研究的理论、方法与方向》，《外语与外语教学》2011 年第 6 期，第 12—15 页。

陈桦、毕冉：《英语专业学生朗读任务中语音能力的发展模式研究》，《解放军外国语学院学报》2008 年第 4 期，第 43—49、68 页。

陈桦、孙欣平、张颖：《英语语调意识训练的重要性、必要性及有效性》，《外语学刊》2008 年第 2 期，第 135—139 页。

陈桦、杨军：《中国二语语音习得研究的现状及发展趋势》，外语教学与研究出版社 2010 年版。

高薇：《中国学生英语朗读口语中突显实现方面的初步研究》，《第九届中国语音学学术会议（PCC2010）论文集》2010 年版。

高薇：《中国英语学习者朗读口语中基于音高和音强的突显实现特点研究》，《外语与外语教学》2013 年第 1 期，第 55—59 页。

蒋红柳：《大学英语专业学生语调学习效果探讨——语音实验案例研究》，《中国外语》2012 年第 2 期，第 65—71、80 页。

李爱军：《语速与英语语句的韵律特征》，《外语研究》2010 年第 4 期，第 28—35 页。

孟小佳、王红梅：《中国英语学习者朗读口语的边界调模式研究》，《外语教学与研究》2009 年第 6 期，第 447—451 页。

穆凤英、高薇、张云燕：《中国学生英语口语实词提取与生成特征分析》，《外语教学与研究》2005 年第 4 期，第 250—258 页。

裴正薇、丁言仁：《音乐能力影响中国大学生英语语音能力的实证研究》，《外语界》2013 年第 1 期，第 36—44 页。

田朝霞、金檀：《英语语音评估与测试实证研究——世界发展趋势及中国教学启示》，*Proceedings of* 2014 *International Conference on Phonetic Research and Language Learning*（*ICPRLL*）& *English Phonetic Conference in China*（*EPCC*），（Changsha，China）：第 386—388 页。

王蓓、吐尔逊·卡得、许毅：《维吾尔语焦点的韵律实现及感知》，《声学学报》2013 年第 1 期，第 92—98 页。

吴洁敏、朱宏达：《情韵朗读模式的形成和言语认知发展的深化》，《浙江大学学报》（人文社会科学版）2009 年第 5 期，第 75—82 页。

吴力菡、宋亚菲、蓝丹娥：《英语语调凸显和调核教学的实证研究及优选论分析》，《外语研究》2010 年第 4 期，第 17—21 页。

夏志华：《英语学习者口语中话题结构上的韵律实现——一项基于英语即兴演讲的实证研究》，《外语教学与研究》2013 年第 3 期，第 398—410 页。

夏志华、穆凤英：《英语学习者话轮转换过程中边界调的使用分析》，《解放军外国语学院学报》2008 年第 1 期，第 48—54 页。

许毅：《从交际功能和编码机制的角度理解语言》，潘悟云、沈钟伟主编《研究之乐——庆祝王士元先生七十五寿辰学术论文集》，上海教育出版社 2010 年版，第 353—363 页。

许毅、刘芳：《韵律研究的最新发展以及与其他领域的关系》，王志洁、陈东东主编《语言学》，中国人民大学出版社 2013 年版。

杨晋：《反复聆听模仿和中国英语学生重音模式习得研究》，《外语研究》2010 年第 4 期，第 9—16 页。

杨萌、穆凤英：《影响中国英语学习者口语流利性的语调短语内部停顿研究》，《外语与外语教学》2011 年第 6 期，第 16—21 页。

向心理论——话题与韵律接面研究的新方法[*]

夏志华[**]

摘　要：在话题和韵律接面的研究中，话题结构的辨认是重点和难点。本文创新性地把新的语篇理论——向心理论应用于话题与韵律接面的研究中，以此为基础提出解决话题结构辨认这个难点新的方案。本文详细梳理了中心理论的基本概念、介绍其主要内容，并指出向心理论最大的优势是能够把复杂的话题关系量化、把话题间关系的判断公式化、可操作性强。中心理论作为语篇结构理论之一，是话题与韵律研究的新方法，在其他研究领域也有一定的应用价值。

关键词：韵律；话题；向心理论

Centering Theory——A new method for studies of topic and prosody interface

Xia Zhihua

Abstract: In the researches of the topic and prosody interface, the recognition of the topic structure is crucial and difficult. Centering Theory supplies a new method attempting to solve this difficulty. The relation between topics could be identified by the formulations established in this theory. As one of the discourse structure theory, Centering Theory is recommended as

---

* 本项目受到2015年教育部项目《汉语对话中韵律趋同研究》（15YJC740105）和江苏师范大学博士学位教师项目的支持。

** 夏志华：同济大学博士，主要从事韵律、语音、音系及二语习得方面的研究。

a new method for the interface studies between topic and prosody. In addition, it has wide application in other fields.

Key words: prosody; topic; Centering Theory

一 引言

虽然韵律和话题是语音学和话语分析两个领域的研究对象，但它们都是语言的特征，都能够组织和架构繁杂的语言信息，辅助语言有效交流的实现。这种语言特征上的共性触发了话题与韵律接面的研究。大量的研究证明话题结构与音高、时长、能量等韵律因素的变化相关（Couper-Kuhlen，1986；Grosz & Hirschberg，1992；Hirschberg，1993；Wichman，2000；Zellers & D'Imperio，2009）。说话者在言语表达中被激发而产生这些韵律的变化，匹配话题，形成结构化信息，传达给听话者，从而完成有效的交流（Smith，2005）。韵律因素与话题如何匹配？有没有相对固定的匹配模式？不同的语言之间，匹配模式有何异同？这些都是话题与韵律研究的热点问题。

不管从哪个角度入手，话题与韵律接面的研究必然涉及到话题结构的辨认和相匹配韵律的表现这两个基本问题。实验语音学发展突飞猛进，通过语音仪器和工具软件，韵律的表现能够得到科学且细致的描述；然而对话题结构辨认却不那么容易，是研究中的难点。

本文首先回顾前期相关研究中解决话题结构辨认这一难点的若干尝试，以及取得的进展。然后引荐话题与韵律接面研究的新方法——向心理论（Centering Theory，Taboada & Wiesemann，2009）。最后阐述向心理论的应用价值。

二 前期研究

（一）“循环危机”

话题与韵律接面的研究面临一个重要问题，这个问题被命名为“循环危机”（the danger of circularity，Swerts & Geluykens，1994）。大致内容是，在辨认话题结构时，韵律的标准会被应用其中，如果话题结构的辨认和韵律因素不隔离开的话，韵律与话题组织关系的研究中就会出现循环问题。

韵律本身就具有标识话题结构的功能，这项功能被大量地应用于人工语言合成、人机对话等技术中，对语言进行自动切分（Shriberg，et al.，2000；Hastie，et al.，2002）。在实际语言应用中，韵律和话题自然捆绑在一起，要把它们的关系分析清楚，需要思考如何解决“循环危机”的问题。

解决这个问题的主要思路就是把话题结构的判断与韵律彻底分离，即不受韵律因素影响，先找出话题结构，然后考察话题边界处韵律的表现。这样才不至于掉进“循环”的漩涡，使话题与韵律之间的关系明晰化。

（二）解决“循环危机”

在话题组构层面韵律的研究中，对于话题结构的辨认这方面，前期做了多种尝试，取得了显著进步。

最初的尝试是对话题结构进行了粗略的分析，然后完成韵律特征的描述。分析方法大致有三类。第一类，句子的边界和段落的边界被认为是话题的边界（Lehiste，1975；Kreiman，1982），也就是说，一个句子、一个段落被认为是一个话题，不同的句子、不同的段落被认为是不同的话题。

第二类，根据话语标记辨别话题结构。即利用话语标记分割话题。比如，“下面，我们给出一个例子”就能认为引出了一个新的话题（Wennerstrom，1998）。

第三类，根据话轮辨别话题。对话中说话者持有发言权，被认为保持话题，若对方发话，就被认为变更了话题（Menn & Boyce，1982）。

这些对话题结构粗线条的勾勒不能详尽地描述话题和韵律之间的关系，因此出现了后期方法上的改进。

随后的尝试是根据多项原则把语篇切分成若干话题，然后判断话题间的结构关系，最后再考查话题结构与韵律因素之间的关系。Najima 和 Allen（1993）的研究中提出了运用四项原则（语法原则、语用原则、会话原则、以及停顿原则）把所研究的语料切成若干话题，然后这些话题之间的关系被判断为四种类型：话题变更、话题保持、话题修饰或澄清以及言语行为上话题保持，最后研究者考察了四种话题类型与韵律的匹配关系。这种方法被借用到了后期的相关研究中（Caroline，2004；Zeller & Post，2009）。利用这种方法确实能详细地描述话题和韵律之间的关系，但是所借用的多项原则冗杂不成系统。因此又出现了近期方法的改进。

近期的尝试是以语篇结构理论为基础，进行语料切分，找出话题结构，然后进行韵律因素描述（Noordman et al.，1999；Ouden et al.，2009）。所应用的语篇理论有曼尼和汤姆森（Mann & Thompson，1988）提出的修辞结构理论（Rhetorical Structure Theory，RST）和格络斯与斯德尼（Grosz & Sidner，1986）提出的语篇结构理论（a theory of attention, intention and aggregation of utterances）。这两种语篇理论最大的优势是能辨别出多层级的话题结构，而不足之处是过程太复杂，且适用的语篇类型有局限。

随着语篇结构理论的发展更新，韵律与话题结构的关系能够被描述得更详细，更准确。继续沿用以语篇理论为基础辨认话题结构的思路，本文介绍另一种适合话题和韵律接面研究新的语篇理论——向心理论（Taboada & Wiesemann，2009）。

三 向心理论（Centering Theory）

向心理论是在探索语篇结构过程中发展起来的（Grosz et al.，1995；Walker，et al.，1998），能够对话题结构进行详细的描述。

向心理论与以上提到的语篇理论最大的区别是所描述的话题结构呈线性，不区分复杂的等级层次；最大的优势是把复杂的话题关系量化，把话题间关系的判断公式化，可操作性强。

首先介绍几个基本概念。Taboada（2008）对向心理论中重要的概念作了详细的阐述。中心（center）是话语中的语义实体，它通常是名词性的。一个话语单元（utterance）通常包含若干个中心，它们根据语法关系的显著性（具体内容见后文）和从左到右出现的线性顺序，形成一个中心序列串（forward-looking center list，Cf.）。此序列中两个成分对判断话题结构起到了至关重要的作用：一是优先中心（preferred center，Cp.），即在序列串中排列第一的成分；二是后视中心（backward-looking center，Cb.），即同时出现在当前和之前两个分析单元中，且排序相对最靠前的那个中心。

根据这一理论，详细描述话题结构需要遵循三个步骤（Taboada，2008）。

第一步，找出分析单元。话题结构的分析起始于对语篇的切分，即把语篇切分成若干能实施进一步研究的分析单元。通过比较（Taboada，2008），在中心理论指导下，最好的分析单元是定式小句（finite clause）。

第二步，中心排序。分析单元（定式小句）确定后，找出每个定式小句包含的中心（center，这些中心通常由名词充当），并将它们排序，这样就形成了中心序列串（forward-looking center list，Cf.）。排序主要依据两点：（1）各中心从左到右出现的线性顺序，（2）各中心发挥的语法功能。塔伯答和威色曼（Taboada & Wiesemann，2009）列举了两种语言为例，说明不同语法功能的中心如何排序。在英语中，研究者们通常认为主语比宾语排序高。在西班牙语中，不同语法功能的中心排序是：Experiencer > Subject > Animate IObject > DObject > Other > Impersonal = Arbitrary pronouns。经事（experiencer）排序最高，即便有时它不充当主语；有生命的间接宾语（Animate IObjec）比直接宾语（Animate DObjec）排序要高。

第三步，判断话题关系。中心理论所阐述的话题关系主要有四种：继续话题（continue），保持话题（retain），小幅度转换（smooth shift），大幅度转换（rough shift）。话题之间的这四种关系通过表 1 中所列的具体标准来判断。

表 1　　　　话题关系类型

	$Cb_i = Cbi - 1$ or $Cbi - 1 = \emptyset$	$Cbi \neq Cbi - 1$
$Cbi = Cpi$	Continue	Smooth Shift
$Cbi \neq Cpi$	Retain	Rough Shift

表 1 中，Cp_i表示优先中心（preferred center，Cp.），即在中心序列串中排列第一的成分；Cb_i表示后视中心（backward-looking center，Cb.），即同时出现在当前和之前两个分析单元中，且排序相对等级高的那个中心。Cb_{i-1}表示前一话题的后视中心。话题关系类型是表 1 中所列的当前单元中优先中心和后视中心（Cp_i，Cb_i），相邻两个分析单元中两个后视中心（Cb_i，Cb_{i-1}）的关系而得出的。

下面举例说明。以如下四个分析单元中话题关系的判断为例（Taboada，2008）。

（1） a. The Dursleys really were astonishingly stupid about their son，Dudley.

b. They had swallowed all his dim-witted lies about having tea with a different member of his gang every night of the summer holidays.

c. Harry knew perfectly well that Dudley had not been to tea anywhere；

d. he and his gang spent every evening vandalising the play park，[...]

(From J. K. Rowling. 2003. *Harry Potter and the Order of the Phoenix.* Vancouver: Raincoast Books, p. 8).

在向心理论框架下，这四个单元间话题的关系如下分析：

（2） a. The Dursleys really were astonishingly stupid about their son，Dudley.

Cf：DURSLEYS，DUDLEY

Cp：DURSLEYS-Cb：Ø

Transition：ZERO

b. They had swallowed all his dim-witted lies about having tea with a different member of his gang every night of the summer holidays.

Cf： DURSLEYS， DUDLEY， LIES， TEA， MEMBER， GANG，NIGHT，HOLIDAYS

Cp：DURSLEYS-Cb：DURSLEYS

Transition：CONTINUE

c. Harry knew perfectly well that Dudley had not been to tea anywhere；

Cf：HARRY，DUDLEY，TEA

Cp：HARRY-Cb：DUDLEY

Transition：ROUGH SHIFT

d. he and his gang spent every evening vandalising the play park，[...]

Cf：DUDLEY，GANG，EVENING，PARK

Cp：DUDLEY-Cb：DUDLEY

Transition：CONTINUE

这里列举的（2）a（2）b（2）c（2）d 是四个分析单元。每个分析单元正下方 Cf 是对应的中心序列串。中心串下方是该分析单元的优先中心（Cp.）和后视中心（Cb.）。下面是（2）a（2）b（2）c（2）d 四个分析单元中话题间关系的判断分析。

（2）a 中没有 Cb，因此（2）a 中话题转换的类型为零（zero）。（2）a 和（2）b 之间话题关系的判断：（2）b 中 Cp 与 Cb 相同，都是 DURSLEYS，（2）a 中 Cb 为空，根据表 1 中所列关系来判断，（2）a 和（2）b 之间的话题关系就是继续话题；（2）b 和（2）c 之间，（2）c 中 Cp 与 Cb 不同，且（2）c 中 Cb 与（2）b 中 Cb 也不同，根据表 1 中所列的关系来判断，（2）b 和（2）c 之间的话题关系就是大幅度转换话题；（2）c 和（2）d 之间，（2）d 中 Cp 与 Cb 相同，且（2）d 中 Cb 与（2）c 中 Cb 也相同，根据表 1 中所列的关系来判断，（2）c 和（2）d 之间的话题关系就是继续话题。

以上标准运用的过程中，有一项技巧很重要——替换。如果在相邻的两个分析单元中，出现了语义上相关，但是又有区别的中心，把这些中心进行恰当地替换，可以让它们之间的关系更明朗，从而使话题之间的关系判断更明晰。比如：一般代词被所指称的实际名词替换；同义词之间的替换；上义词与其下义词之间的替换；整体与其部分间的替换，等等（Hadic & Taboada，2006）。

以上标准运用的过程中会遇到一些问题，比如复杂句中分析单元如何确定，第一，二人称代词是否被认定为中心，疑问代词如何处理，等等，前期研究提供了翔实的参照（Hadic & Taboada，2006）。

中心理论框架下进行话题结构分析也存在未解决的问题。比如：指代一句话的代词该如何处理？名词性从句该如何处理？

四　向心理论的应用

以向心理论为基础，能够对话题结构进行线性描述，把复杂的话题关系量化，操作性强。经本文推荐，向心理论被认为是话题结构和韵律接面研究的新方法。

同时，这一理论还能应用于不同语言话题结构的描述。比如 Hadic 和 Taboada（2006）对西班牙语话题结构的描述。中心理论也适用于不同语言话题结构的对比研究，二语习得者中介语语篇与本族语语篇的对比研究，等等。

除此以外，它还适用于语篇结构与其他领域的接面研究。向心理论是在 Grosz 和 Sidner（1986）提出的语篇结构理论框架下形成，它也涉及说话者意图、说话者注意力以及话语结构的交互作用。因此，向心理论还可能适用于语篇与认知、语篇与感知等相关领域的研究。

五 结语

在话题和韵律的接面研究中，话题结构的辨认是重点和难点。本文通过回顾前期相关研究，把解决此难题的多种方法分类、对这些方法的改进思路进行梳理后指出向心理论是解决难点新的尝试。本文介绍了向心理论框架中的主要内容：基本概念、完成话题结构描述的三个步骤、以及举例说明。向心理论能够把复杂的话题关系量化、话题间关系的判断公式化，从而实现对话题结构的详细描述，是话题和韵律接面研究的新方法。作为语篇结构理论之一，向心理论还可以应用于其他研究领域。

* 感谢加拿大 Simon Fraser University 的 María Maite Taboada 教授对本文的帮助。

* 此文原发表于《山东外语教学》2012 年第二期，经进一步修改而成。

参考文献

Caroline, L. 2004. Topic transitions and durational prosody in reading aloud: production and modeling. *Speech Communication* 42, 247—270.

Couper-Kuhlen, E. 1986. *An introduction to English prosody*. Baltimore: Edward Arnold.

Grosz, Barbara J., Joshi, A. K. & Weinstein, S. 1995. Centering: A framework for modeling the local coherence of discourse. *Computational Linguistics*, 21 (2), 203—225.

Grosz, B. & Hirschberg, J. 1992. Some international characteristics of discourse structure. In: Proceedings of 2nd International Conference—Spoken Language Processing Banff, 429—432.

Grosz, B. & Sidner, C. 1986. Attentions, intentions, and the structure of discourse. *Computational Linguistics* 12, 175—224.

Hadic, Z. & Taboada, M. 2006. Centering Theory in Spanish: Coding Manual. Unpublished manuscript, Simon Fraser University. Available from: http: //www. sfu. ca/ ~ mtaboada.

Hastie, H., Poesio, M. & Isard, S. 2002. Automatically predicting dialogue structure using prosodic features. *Speech Communication*. 36, 63—79.

Hirschberg, J., 1993. Studies of intonation and discourse. Proceedings of ESCA Workshop on Prosody, Working Papers 41, Department of Linguistics and Phon. Lund, Sweden, 90—95.

Kreiman, J. 1982. Perception of sentence and paragraph boundaries in natural conversation. *Journal of Phonetics* 10, 163—175.

Lehiste, I. 1975. The phonetic structure of paragraphs. In Cohen, A., Nooteboom, S. G. (Eds.), Structure and Processing Speech Perception. *Proceedings of Symposium on Dynamic Aspects of Speech Perception*. Springer-Verlag, New York, 195—203.

Mann, W. & Thompson S. 1988. Rhetorical structure theory: toward a functional theory of text organization. *Text* 8, 243—281.

Menn, L. & Boyce S. 1982. Fundamental frequency and discourse structure. *Language and speech* 25 (4), 341—383.

Nakajima, S. & Allen, J. 1993. A study on prosody and discourse structure in cooperative dialogues. *Phonetica* 50, 197—210.

Noordman, L., Dassen, I., Swerts, M. & Terken, J. 1999. Prosodic markers of text structure. In: van Hoek, K., Kibrik, A., Noordman, L. (Eds.), *Discourse Studies in Cognitive Linguistics*, Selected Papers 5th International Cognitive Linguistics Conference. John Benjamins, Amsterdam, 133—148.

Ouden, H., Noordman, L. & Terken, J. 2009. Prosodic realizations of global and local structure and rhetorical relations in read aloud news reports. *Speech Communication*, (51) 116—129.

Shriberg, E., Stolcke, A., Hakkani-Tur, D. & Tur, G. 2000. Prosody-based automatic segmentation of speech into sentences and topics. *Speech*

Communication 32, 127—154.

Smith, C. 2005. Durational prosody and topic organization: Differences between English and French. Paper presented at the IDP05 International Symposium on Discourse-Prosody Interfaces. Retrieved Jan., 10, 2010, from http: //aune. lpl. univ-aix. fr/ ~ prodige/idp05/actes/smith. pdf

Swerts, M. & Geluykens, R. 1994. Prosody as a marker of information flow in spoken discourse. *Language and Speech* 37 (1), 21—43.

Taboada, M. & Hadic, Z. 2008. Deciding on units of analysis within Centering Theory. *Corpus Linguistics and Linguistic Theory* 4 (1), 63—108.

Taoboada, M. & Wiesemann, L. 2009. Subjects and topics in conversation. *Journal of Pragmatics*, *Programa* – 3037.

Walker, M. A., Joshi, A. K. & Prince, E. F. 1998. Centering in naturally occurring discourse: An overview. In M. A. Walker, A. K. Joshi & E. F. Prince (Eds.), *Centering Theory in Discourse* (pp. 1—28). Oxford: Clarendon.

Wennerstrom, A. 1998. Intonation and second language acquisition: A study of Chinese speakers. *Studies in Second Language Acquisition* 20 (1), 1—25.

Wichman, A. 2000. *Intonation in Text and Discourse*: *Beginnings*, *middles*, *and ends*. Harlow: Longman.

Zellers, M., Post, B. & D'Imperio, M. 2009. Modeling the intonation of topic structure: two approaches. *Proceedings of* 10*th Interspeech*, Brighton, UK, 2463—2466.

Zellers, M. & Post, B. 2009. Fundamental frequency and other prosodic cues to topic structure. *Proceedings of IDP 2009*, Paris.

从《苔丝》中译本的译者痕迹看经典文学作品的复译*

张乐金**

摘　要：从译者痕迹入手探讨经典文学作品复译现象，评估译本价值。本文在贝克研究基础上，选取语言习惯、附加文本和翻译策略三个参数，建立分析模型，对译者张谷若和孙致礼在《苔丝》的两个译本中留下的翻译痕迹展开对比研究。发现，译者痕迹的差异归因于译者个人的教育背景、治学态度及其所处的时代和社会文化语境不同。张谷若古文功底深厚，其所处时代的“民族中心主义”使归化译本盛行；孙致礼则是白话文教育背景，他所处的全球化语境要求译本满足读者获取异质文化的期待。探讨译者语言与非语言痕迹所折射出的译者个人及其所处的社会文化语境，可（1）规范复译在良性轨道上运行，使其在对纯语言或杂合语言的追求中延续原作的文学性，促进译语文化发展，并延续原作生命；（2）为理解经典文学作品复译的前因后果，评估各译本的价值提供新视角。

关键词：经典复译；译者痕迹；语言习惯；附加文本

---

* 本项目是江苏省2015年度研究生教育教学改革研究与实践课题“基于话语类型的MTI学生口译能力培养模式探究（项目号：JGLX15_ 138）”系列成果之一。

** 张乐金，香港理工大学博士生，江苏师范大学外国语学院教师，主要研究领域为翻译学、媒体话语分析和跨文化交际学等。

Study on the Retranslation of Literary Classics from Translator's Imprints

Zhang Lejin

Abstract: Literary classics are retranslated repeatedly, and translator's imprint in different versions is worth being investigated into to evaluate the new life in different versions. This study will follow Baker's methodology for translator's style to analyze the linguistic habits, praratextual materials and translation strategies of the translators of Zhang Guruo and Sun Zhili in their Chinese versions of *Tess of the D' Urbervilles*. Through a comparative study with this model, the author studies the influence of translator's unique imprints on the value of retranslation by tracing the personal and social and cultural factors which shape these imprints. Zhang advocates domestication, while Sun adopts "mainly foreignization and domestication as the last resort". The factors leading to these differences include individual educational background, academic attitudes and their context of time and social cultures. This study can regulate retranslation into a beneficial track through which the target language and the life of original text can gain new life. It will help critics and readers to better choose and evaluate retranslation from a new perspective.

Key words: retranslation of literary classics; translator's imprints; linguistic habits; praratextual materials

一 引言

对经典文学复译的探讨不断，主要围绕复译本的必要性、特点、原因及翻译是否有定本等问题展开。极少数早期译论者持反对态度，如邹韬奋（1920）针对复译本对前译本的剽窃抄袭等现象，认为复译是对翻译资源的浪费；罗新璋（1996）认为翻译可以有定本，不必无止境地复译。而更多的学者从伦理学（胡东平、黄秋香 2012）、阐释学（贾焕杰 2010）、误读进化（章国军 2013）等角度论证复译本存在的必要性和价值。许钧（1996）、高方（2004）则更关注译者在复译本中不同翻译方法背后的译者因素，认为译本间的差异主要是由于译者对原本选择的不同、翻译的时代背景以及译者的理解不同造成的。这就指出了译者在复译中的能动作用。无论是首译还是复译，译者都必然要思考翻译的标准是什么。傅雷在《高老头》重译本序中说，“倘若认为译文的标准亦应当如是平易，则不妨假定理想的译文仿佛是原作者的中文写作”。许渊冲提出翻译竞赛论，主张发挥译文语言的优势对原作进行再创作，进一步肯定了翻译中译者的创造性。美国的翻译理论家尤金·奈达（Nida 1964）认为翻译应求达到译文效果与原文效果的动态对等，通过自然的表达，把原语文化背景下的行为模式转换成译入语文化背景下相关的行为模式。不同的翻译标准赋予译者巨大的创造空间，经典文学作品的复译集中体现了译者的创造性。不同译者对同一文本所做的不同阐释和处理，留下了独特的译者痕迹，表明了译者对翻译标准的不同理解，虽已有文献指出了译者主观因素对复译本差异的影响，然而使用译者痕迹这一概念梳理译者风格差异，探讨译者主客观背景因素与译者风格的互动作用，进而评估复译价值的探讨并不多见。

研究不同时代的翻译名家在同一原著的不同译本中留下的翻译痕迹，对于理解复译的前因后果可以起到窥一斑见全豹的作用。从译者语言特征与其个人及社会背景之间的互动关系来认识复译本的文学价值，具有两方面的意义：（1）探讨译者在译本中所留下的独特痕迹，可反观原作的文学价值，体会不同时代背景和译者特性赋予原作的丰富内涵和新生命；（2）肯定译者不同于他译的译者痕迹，关注译者语言与非语言痕迹所折射出的译者个人背景及其所处的社会文化语境，将摒弃新译本必须超越前译的片面认知，对各复译本产生回归语境的阅读期待，使译者痕迹在对各译本的选择、传播和接受中发挥显性作用。

二　译者痕迹与译者风格的概念评述

译者痕迹这一提法最早是由英国翻译理论家莫纳·贝克在《文学译者风格方法论探究》一文中论述翻译风格时提出的。贝克将风格定义为“以一系列语言或非语言特征所表现出来的一种类似于大拇指指纹的个性特征”。（Baker 2000：245）她认为，翻译是一种创造性行为，译者不是简单地复制其所感知到的原文本，在其创造的新文本的字里行间留下了译者的个人痕迹。译者风格指译者在译文中所显露出来的个性化习惯和翻译风格。语言性痕迹是指译者在词汇、句型和语篇诸方面偏爱的表达方式和重复出现的语言行为方式，以及译者在翻译文本中插入的序言跋语、脚注等附加文本中所体现出的特有规律。就翻译而言，风格这一概念还可能包括（文学）译者对所译的文本类型的选择、翻译策略的选择、以及他所运用的前言、后语、脚注、文内解释等方法。研究某译者的风格，必须把焦点对准其典型的表达方式，而不仅是常见的翻译方法与补偿措施，必须抓住译者运用语言的特点及其与他人不同的语言习惯。（Baker 2000：245）贝克认为翻译风格的研究应该关注译者个人偏爱的表达形式和重复出现的语言行为方式，而不是个别的或一次性的偶然例子。通过数据库的调查和分析，贝克认为尽管论证方法很困难，但是原则上还是可以找到最终形成文学译者特定的个体指纹或风格的选择模式，并阐明译者所要再创造的世界的模样。这样的研究可以将译者的语言习惯与译者的社会文化定位，包括其对文化间的关系及对潜在读者的看法联系起来。

本文中的“译者痕迹”与“译者风格”这一概念的核心内容相同，但是，贝克的《文学译者风格方法论探究》一文作为探究译者风格方法论的开山之作，着重通过考察译者译文中型符类符比、句长、特定词汇的使用频度等特征，书写译者风格的差异，而差异背后的原因并未作为文章研究的主要目标，因此未能做深入探讨。本文将沿用贝克对译者风格考察的基本框架，采用“译者痕迹”这一概念，意在强调本文考察重点在于译文语言特征背后的译者个人因素及其社会背景对经典文学复译的影响。作者认为，译者痕迹研究有助于论证复译的创造性及译本的价值。

三 《苔丝》译者痕迹研究

谈及经典的复译，据笔者的不完全统计，哈代的名著《德伯家的苔丝》仅中文全译本就有二十多个。众译本中，张谷若的版本是可查考到的最早译本，张谷若在西方文学界享有“哈代研究专家”的地位，其译本堪称译界楷模（黄希玲 2003）。孙致礼从上世纪八九十年代就开始了他对英美文学经典的复译，曾先后复译了《傲慢与偏见》、《呼啸山庄》、

《苔丝》等影响较大的经典，其译作在大陆和台湾多次出版发行，得到了读者的认可和好评。

首先来探讨两译本在词汇、句型及语篇方面表现出的语言性痕迹与译者主体的互动关系。

（一）语言习惯与教育背景

1. 四字成语

张谷若的译本最初于1936年由商务印书馆出版，是《苔丝》在国内的首译本，此后的半个世纪里，张谷若对译本做了数次修改。张谷若偏爱使用四字结构和成语，这样的例子在其译文中俯拾皆是。试举两例如下：

（1）But this encompassment of her own characterization, based on shreds of convention, peopled by phantoms and voices antipathetic to her, was a sorry and mistaken creation of Tess's fancy——a cloud of moral hobgoblins by which she was terrified without reason. （Chapter 13）

苔丝根据了破旧褴褛的余风遗俗，安插了与己忤违的媚形妖影、鬼哭神嚎，硬造出这样一些幻象虚境，把自己包围，这都不过是她自己想象模拟出来的一些怪诞荒谬、不值一笑的东西，没有道理、恫吓自己的一群象征道德的精灵妖怪。（张谷若 1957：104）

苔丝自己描绘的这个周围世界，建立在余风遗俗的基础上，到处都是与她格格不入的幽灵和声音。其实，这只是她幻想中的一个既可悲又荒谬的产物——一群使她无缘无故感到害怕的象征着道德的幽灵。（孙致礼 2005：70）

（2）Her flexuous and stealthy figure became an integral part of the scene. At times her whimsical fancy would intensify natural processes around her till they seemed a part of her own story. Rather they became a part of it; for the world is only a psychological phenomenon, and what they seemed they were. （Chapter 13）

她那袅袅婷婷、潜潜等等的娇软腰肢，也和那片景物融为一体。有的时候，她那些想入非非的绮思深念，使她周围自然界的消息盈虚，深深含上感情，一直到它变得好像是她个人身世的一部分。或者不如说，她周围自然界的消息盈虚，就是她那身世的一部分；因为世界只是心理的现象，自然的消息盈虚，看起来怎么样，也就是怎么样。（张谷若 1957：104）

她那袅袅婷婷、隐隐约约的身影，也成了那片景物不可缺少的一部分。有时候，她的想入非非会给周围自然界的进程蒙上浓郁的感情色彩，好像这自然界的进程已成为她个人身世的一部分，因为世界只是一种心理现象，自然界的进程看起来是什么样，实际上也就是什么样。（孙致礼 2005：70）

由上述两例可以看出，张译本语言结构工整，注重修辞，文采华丽，大量使用四字结构。例（1）用了“破旧褴褛”、“余风遗俗”、“与己忤违”、“媚形妖影”、“鬼哭神嚎”、“幻象虚境”、“怪诞荒谬”、“不值一笑”、“精灵妖怪”九个四字结构，而例（2）也使用了七个四字结构。这与他的教育背景和文学素养密切相关。张谷若（1903—1994）七岁上私塾，深受《三字经》、《百家姓》、《千字文》和《孟子》等中国儒家经典的巨大影响，后又师从擅长诗词歌赋的国文老师，学习古代典籍，打下了扎实的古文功底，他上中学时就写了大量的诗篇和骈体文章。因此，尽管到了五十年代以及八十年代，北京的出版社要再版张译《苔丝》时，要求张谷若就译本进行了多次符合时风的修改，张译本中依然以大量使用四字结构为其鲜明特色之一，可以说是其早期所受的教育形成的文学审美和语言习惯使然。张谷若喜欢用四字成语和短语，大部分时候，他的使用是合适的，大大地美化了他的译本。但有时会使读者感觉词汇的堆砌剥夺了译本的简洁朴素之感。在此意义上，张谷若如果能减少对成语和四字结构的使用，可能他的译本会更完美。”（孙致礼 1999：22）

2. “杂合”语言

相对来说，孙致礼的译语更通俗，在以上两个译例中，译者分别仅用了两个和三个四字结构。用词和句式较之于张译本也偏向口语化，如例（1）中添加了语气词“其实”；例（2）中添加了副词“好像”、实际上“等，使句式更加松散易读”。始于 1917 年的白话文运动大大缩短了文学和普通人的距离，孙致礼出生在新中国成立前后，接受的是白话文为主的中文教育。孙致礼认为今天做翻译应该提倡一种所谓的“杂合”语言，或称“第三种语言”。“杂合”原是生物学术语，Schäffner 等翻译研究学者提出了“杂合文本”的概念，认为杂合文本由翻译产生，具有对目标文化来说不同寻常的特征，但它并不是翻译腔，Schäffner 区分了因翻译能力不足导致的杂合。文本和作者及译者为了调和跨文化交际而积极采取的杂合策略。（Schäffner & Adab 2001）后现代翻译理论家 Benjamine 用“纯洁的语言”（pure language）来指代译者用自己的语言在译作中所表达出的原文语言拼写背后的语言特征。（Benjamine 1969：82）他认为翻译的目的在于揭示语言间隐含的关系，而这个目的不是通过寻求与原作相同来实现的，而是通过“调和”两种不同的语言，将之放置在一起，最终译作不仅应该促进译语的发展，同时也应致力于创造一种“纯洁的”、更高等的语言。（Benjamin 1969）可见，孙致礼此处主张的正是通过语言和文本的杂合，促进文化间更深层次的融合和对话。

语言是随着时代而变化的。张谷若的《德伯家的苔丝》第一版是在二十世纪三十年代，而孙致礼的《苔丝》出版于 2005 年，两者相差近七十年。因此，两译在措辞和句法上差异甚大也不足为奇。他们生活的时代不同，所接受的教育不同，这是他们在翻译同一部小说时拥有迥异的语言风格的重要原因。但是译者不同的语言风格给原作染上了不同的韵味，丰富了原作的文学性。正如本雅明所言，译文的意义并不只是为了让读者了解原文的意思，而是独立于原文之外，又与原文有所关联，诞生于原文诞生之后，是原作的“来生”，同时又给了原作“持续的生命”。（Benjamin 1969）

（二）附加文本与译者个性

在译者痕迹研究中，附加文本的价值甚至超越翻译文本本身，它更能直接地体现译者的翻译思想和翻译目的。附加文本包括译者的前言、后序、脚注及文本注释。

1. 译者前言

1934 年 12 月，张谷若在《德伯家的苔丝》译者自序中说：“我译这本书的理想，是要用道地的中文，译原来道地的英文”，张谷若认为，如欲做到以地道的译文译地道的原文，必须做一个地道的人。

孙致礼对张谷若有很深的研究，他在多篇论文中就张译进行深入的讨论，对于“地道的译文”的主张，孙致礼认为，这样的译文多用汉语的习语，特别是四字结构。这样的语言用多了势必给读者一种陈腐感，冲淡了原作的“洋味”。（孙致礼 2004：33）这也足以说明孙致礼重译《苔丝》不是盲目进行的，他是对张译有意识的借鉴和超越。早在 1958 年，还在读中学的孙致礼就对文学产生了浓厚的兴趣，他在翻译上的突出特点，是重视向前辈学习，而又不亦步亦趋，早在读书期间，他就拜读了不少名著名译，从事翻译工作后他更是细心揣摩，反复品评。他一方面虚心学习，取长补短，另一方面也大胆指出名家的疏忽和败笔，引以为戒。(刘霖 1994) 可见，孙致礼有着非常严谨，精于探索的精神，这从其发表的六十多篇学术论文中也可见一斑。辜正坤在其《玄理翻译学》中指出，翻译行为或翻译理论的走向常常受制于翻译者或翻译理论创建者的个性或人格。当代许多译者在翻译理论和实践方法上的分歧，都很难超出这种个性制约因素。

2. 注释的使用

张译《苔丝》1984 年版中共有 478 条注释，这些注释既有对原作注释的翻译，也有译者自己加的注释。翻开张译和孙译，从直观上就可以发现张译的注释数量更多，而且更详尽，涵盖范围更广泛。在原书第一版弁言中，张译本就加了三个注释，第一条介绍了《图画周刊》、《双周评论》和《国家观察》等刊物刊载《苔丝》的情况；第二条，介绍了哈代投稿的情况，第三条介绍了作家圣捷露姆的信息，而孙译本在弁言部分没有作注。这样的对比在两译本中普遍存在，不可尽数。张译的后续新译本一般都只有一百多条注释。张谷若认为原作者所有的知识，译者也应该有，因此他在翻译之前，早已先研读了哈代的其他作品，并把自己的研读心得写成一条条的注释，附在译作中，孙致礼曾对张译中的注释做过详细的研究，发现其注释大致可以分为两类：一是对社会、政治、法律、民风民俗、典故、术语、引文、背景等内容的注释，二是对作者的思想、感情的注释。因此张谷若被誉为哈代研究专家。

译者注释一方面为读者更好地理解原作者的用意和文化背景提供了便利的条件，延伸了原作的文学价值；另一方面，这些注释旁征博引，考核精严，集翻译与研究于一体，具有很浓的考证意味，显示出译家严谨的科学精神和高度的学术责任感。孙译意识到张译的大量注释却弃而不用，显示了他追求译本纯洁性，少做阐释的个性，也与译者尽量再现原作的文本特征这一“异化为主”的翻译主张有关。

（三）翻译策略与主流思潮

译者痕迹是语言性和非语言性译者痕迹的结合，非语言性译者痕迹是译者在翻译文本和附加文本之外遗留的痕迹，主要包括译者对于原文本的选择以及惯用的翻译策略。

1. 地道的译文与古文传统

作为老一辈翻译家的代表，张谷若更多地侧重翻译实践，理论方面的阐述并不多，他最有影响的翻译思想就是“用地道的译文译地道的原文”。在张谷若早期做翻译的时代，中国特殊语境下，意识形态上的排他心理以及“诗学”上的自负心理，构成了民族中心主义，导致归化译法在中国文学翻译中长期占主导的局面。（孙致礼 2003：48）在张谷若的年轻时代，传统的中国文化，尤其是古代经典依然对社会有巨大的影响。那时，文言文主导了文学界，儒家思想和佛家思想深深地植根在文人的心中。因此，那时的读者偏爱而且更容易接受有浓重文言味的本国作品及译作。张谷若地道的译文在这样的语境下得以流传。

2. 文学翻译的辩证论与全球化的语境

孙致礼对其翻译策略的偏好有相当多的论述文章和专著，这与当代翻译理论的重要性及翻译学地位的提升密不可分。孙致礼将异化和归化作为一对矛盾的概念提出，他认为，要处理好这两者之间的关系，关键还是要讲辨证法。翻译的根本任务是传达原作的“主题”和“风格”。因此，毫不奇怪应该寻求异化的手法。这样，异化就成了这对矛盾体的主要方面，应该占据优先地位。归化作为解决语言障碍的折中方法是矛盾的次要方面，占据第二位。简言之，尽量异化，必要时，归化。孙致礼在《再谈文学翻译的策略问题》中指出，“异化为主、归化为副”的提法，并非基于个人喜好，更不是出于心血来潮，而是通过对世界文化发展趋势以及文学翻译本质特征的具体分析得出的结论。（孙致礼 2003：48）

孙致礼的辩证翻译观，是在全球化的语境下提出来的。（1）与当前经济全球化带动的世界新文化格局的形成密切相关。2001 年，联合国教科文组织发布了文化多元性的全球宣言，指出“人类文化的多元性犹如自然界的生物多样性一样必要。”2004 年，国际译联将该年度国际翻译日的主题定为“翻译——多语并存和文化多元性的基石”。（姜倩、何刚强 2008）（2）跨文化交际的需求。自从中国实行改革开放政策以来，向海外，尤其是向海外主流文化学习的需求很大。跟归化相比，异化作为一种翻译策略能更好地满足这种文化需求。（3）读者期待。懂英语的读者群会越来越大。具有了一定的英语基础和对于外国文化的基本理解，读者们就不会仅仅满足于通顺的译作了，他们期待通过译作了解更多的外国文化。随着教育水平的提高和文化交流的加深，异化译作将不会成为跨外化交际的障碍。相反，它能帮助目标语读者加深对外国文化的理解，最终促进文化间的交流与合作。因此，在跨文化交际的过程中，差异化的彰显成为时代的要求，为孙致礼辩证翻译观的提出和实践创造了合理的文化语境。

四 结语

在《苔丝》的两译本中，张谷若和孙致礼在语言和非语言两方面都有各自独特的风格，表现出了显著的差异。语言差异主要表现在遣词造句、译者前言和注释方面。张译多用四字结构，主张“地道的译文”，并作大量注释；而孙译大量使用杂合语言，保留原作的“洋味”，有意减少注释。非语言差异主要在于翻译策略，张谷若主张归化，而孙致礼则主张“异化为主，归化为副”这些差异的主要原因在于译者个人的教育背景、治学态度及其所处的时代和社会文化语境不同。张谷若古文功底深厚，他踏实做人，严谨为学，其所处时代的“民族中心主义”及意识形态上的排他心理使归化译本盛行；孙致礼则是白话文教育背景，他大胆借鉴，勇于超越，其所处的全球化语境、世界多元文化格局要求译本满足读者获取异质文化的期待。译者及翻译研究者应关注译者痕迹研究，探讨译者语言与非语言痕迹所折射出的译者个人及其所处的社会文化语境，客观评估文学经典各译本的价值，促进复译在良性轨道上发展，使其在对纯语言或杂合语言的追求中延续原作的文学性，促进译语文化更好地发展。

参考文献

Baker，M. 2000. Towards A Methodology for Investigating the Style of A Literary Translator. *Target*，12. 2：241—266.

Benjamin，W. （1969/2004）“The task of the translator”，translated by Harry Zohn，in Lawrence Venuti（ed.）（2004），The Translation Studies Reader，2nd edition，London and New York：Routledge，pp. 75—82.

Nida，E. 1964. *Toward a Science of Translating*. Leiden：E. J. Brill.

Hardy, T. 2006. *Tess of the D'Urbervilles*. Beijing: Foreign Language Teaching and Research Press.

Shaffner, C. & Adab, B. 2001. The idea of the hybrid text in translation: contact as conflict. Across Languages and Cultures 2 (2): 167—180.

高方:《文学生命的继承与拓展——〈不能承受的生命之轻〉汉译简评》, 载《中国翻译》2004 年第 2 期, 第 50—55 页。

辜正坤: 序一翻译主体论与归化异化考辩。载张谷若《翻译艺术研究》。北京: 中国对外翻译出版公司 2004 年版。

哈代:《德伯家的苔丝》, 张谷若译, 人民文学出版社 1988 /1957/ 1984 版。

哈代:《苔丝》, 孙致礼、唐慧心译, 中国致公出版社 1988/2005 版。

胡东平、黄秋香:《复译的伦理》,《山东外语教学》2012 年第 3 期, 第 105—109 页。

黄希玲:《纪念谷若先生发展译学研究—张谷若诞辰百年纪念暨外国文学翻译学术研讨会纪实》,《中国翻译》2003 年第 5 期, 第 82 页。

贾焕杰:《阐释学观照下的复译和误译》,《前沿》2010 年第 6 期, 第 154—6 页。

姜倩、何刚强:《翻译概论》, 上海外语教育出版社 2008 年版。

刘霖:《博采众长自成特色—记中年翻译家孙致礼》,《中国翻译》1994 年第 3 期, 第 31—44 页。

罗新璋:《翻译完全可能有定本》,《中华读书报》, 1996 年 10 月 9 日版。

孙致礼:《翻译的异化与归化》,《山东外语教学》2001 年第 1 期, 第 32—35 页。

孙致礼:《再谈文学翻译的策略问题》,《中国翻译》2003 年第 1 期, 第 48—51 页。

孙迎春:《张谷若翻译艺术研究》, 中国对外翻译出版公司 2004 年版。

许钧:《重复·超越—名著复译现象剖析》,《中国翻译》1994 年第 3 期, 第 2—5 页。

章国军：《名著复译与误读》，《外国语文》2013 年第 4 期，第 102—5 页。

邹韬奋：《致李石岑》，《时事新报（通讯栏）》，1920 年 6 月版。

阶级意识与《金字塔》、《过界仪式》中人物的利益选择*

肖　霞**

摘　要：英国小说家威廉·戈尔丁在《金字塔》和《过界仪式》中赋予奥利弗和塔尔伯特等人物强烈的阶级意识，他们借阶级来定位自己，评判他人，确定他人与自我的连接方式，但如奥利弗一类人始终未能超越社会共同体界定的阶级伦理规范，塔尔伯特、萨默斯等少数人却认识到阶级伦理规范统辖的道德评判并非一个完美统一体系，其中充满了偏见和无意乃至故意的错误。他们各自因不同的道德生活选择而建构起不同自我，走上了不同的人生道路：奥利弗等人被规范归化，追逐着实践的外在利益，而塔尔伯特等则在社会共同体的规范空间允许范围内建构起了个体规范，获得了一种麦金太尔定义的因追求实践内在利益而来的美德，有意识地参与了自己在社会中的角色定位。

关键词：《金字塔》；《过界仪式》；阶级意识；内在利益；外在利益

---

* 基金项目：本文为国家社会科学基金项目“威廉·戈尔丁小说的伦理批评研究”（15BWW042）的阶段性成果之一。

** 肖霞：江苏师范大学外国语学院教授，南开大学比较文学与世界文学方向博士生。

Class Consciousness and Interest Preference of Some Main Characters in *Pyramid* and *Rites of Passage*

Xiao Xia

Abstract: Many characters in William Golding's *Rites of Passage* and *Pyramid* have a strong class consciousness. They identify themselves, judge others and decide how to connect with others in terms of a person's class position. Some characters like Oliver are never able to surpass the demarcation drawn by class ethic, but a few others like Talbot and Summers become aware of the biases and mistakes of the moral judgments based on class ethical principles. They therefore are on different journeys of life interest pursuit: Oliver and his companions are submitted to class ethic at the cost of their moral freedom, working towards the outer interests; Talbot and Summers are taking part in their self-construction with a clear sense, heading for a virtue defined by A. MacIntyre, in the practice of which inner interest will become people's great benefit.

Key Words: *Pyramid*; *Rites of Passage*; class consciousness; inner interest; outer interest

威廉·戈尔丁（William Golding，1911—1993）是二十世纪后半叶英国作家中的佼佼者。他的十二部小说主题鲜明，手法多样，时空不一，特点各异，展现了卓越的想像力和创新能力，深刻探索了人们在自然中，在社会中，在宗教中，在自我心灵中的生存状态，极富启示意义。其中，《金字塔》（*Pyramid*，1967）和《过界仪式》（*Rites of Passage*，1980）这两部小说出版间距相差十多年，故事发生的背景时间相差一百多年，空间上看也没有丝毫关联，《金字塔》中各个故事发生在在二十世纪初一个英国小镇里，《过界仪式》的事件舞台则是在一个封闭的海上小世界里，那是十九世纪初一艘充作客船的远洋战舰。但两部小说中的众多人物都是阶级伦理规范下的产物，言行举止中充满了强烈的阶级意识，故事的展开和结局与人物有意无意中奉行的阶级伦理规范具有千丝万缕的关系。

这两部小说中的许多人物借阶级来定位自己，评判他人，确定他人与自我的连接方式，但如奥利弗一类人始终未能超越社会共同体界定的阶级伦理规范，塔尔伯特、萨默斯等少数人却通过自己的发现和思考，认识到阶级伦理规范统辖的道德评判并非一个完美统一体系，其中充满了偏见和无意乃至故意的错误。他们各自因不同的道德生活选择而建构起不同自我，走上了不同的人生道路：奥利弗等人被规范归化，追逐着实践的外在利益，被动执行着规范，或随波逐流或心理崩溃个性毁灭，而塔尔伯特等则在社会共同体规范空间允许范围内建构起了个体的规范，获得了一种麦金太尔定义的美德，并因追求拥有和践行这种美德而获得实践的内在利益，有意识地参与了自己在社会中的角色定位。

下文三个部分将从分析人物的阶级意识出发，进而扩展到分析人物由阶级意识生发而来的道德选择，追求实践的内在利益和外在利益的差别，以探讨阶级伦理规范与个体道德自我观念互适的情况，说明个体道德选择的背景和限制，自身与他者之间的道德观念龃龉，为人们明确自身道德建构利益追求提供一个参考的镜像。

一　阶级意识

在一篇散文里，戈尔丁写道“这儿的阶级体系原是清清楚楚。你不能说愿意多出钱就冒然跑进一家奢华酒吧，也不能因为想要省点钱就纡尊降贵坐到一家舒服的小酒馆里。你生在哪里，就待在哪里”（*Hot Gates* 135）。不仅作者本人有如此观念，在生活中也被他人以深蕴阶级意识的视角评判：“他的父亲是个落魄知识分子，在一家普通的中学教书，遗憾的那所学校离一所叫作玛伯路中学的私立精英学校不远。玛伯路中学里享有特权，衣着光鲜的年青人让戈尔丁感觉自己‘邋遢不堪，自惭形秽’……戈尔丁因社会出身而来的卑微感伴随他终身。”（Farner C. 1）这段话来自一篇书评，评介的是约翰·凯里出版的戈尔丁传记，大部分内容转述了传记语句，但添加一些形容词，使其中的阶级意识更为凸显。或许这段关于戈尔丁个人心理的推断不无偏颇，仅是一种可以成立的论说，但是这样的议论出现在传记中，被转述登载在一份大报书评里，充分说明了英国社会对阶级出身的敏感度是社会成员都能理解和接受的，大家在生活中都会遭遇类似的评判，也有意无意如此评判他人，定位他人的身份角色，甚至怀有较重阶级偏见的人会以此判断他人的工作能力和心理倾向。

《金字塔》中的叙述人物奥利弗是一个极为敏感的阶级伦理规范感知者、体验者。一心追求艾薇肉体的奥利弗一日街上偶遇艾薇母亲，她的一个微笑致意，使得奥利佛感到不自在，突然意识到自己很可能已经成为其女儿艾薇离家与医生儿子罗伯特约会的借口，因为以艾薇家的阶级地位，嫁给医生儿子是痴心妄想，但药剂师的儿子却是可以攀附的，有可能发展为婚姻对象。想到这些，奥利弗不禁如见鬼魅般惊悚，身心高度紧张戒备，仿佛身临险境。去牛津读大学的奥利弗回乡期间偶遇艾薇，评断这个因绯闻流言逼迫离开家乡，如今伦敦归来参加父亲葬礼的姑娘的外貌时，他使用的是阶级伦理的语言：几年不见艾薇已经在社会阶梯上爬升了两级。他还不忘对读者夸赞自己判断众人阶级身份的眼光："在一件事上，如果只能有一件，我可以算是专家的话，那就是我能通过表象看到实质。"（《金字塔》90）在奥利弗眼里，一个人的"实质"就是他的阶级属性，那是诸如他的父母一样的人谨小慎微兢兢业业构建的社会阶层形象，也是参与到仅供小镇社会上层人士消遣的演剧活动中去的资格，当然也标示着奥利弗继续攀登社会阶梯的起点。

《金字塔》中小镇的人们几乎全部被困在阶级伦理规范的大网中，有的没有清醒意识到束缚，以为天道如此，一心顺应规范而生活；有的即使意识到束缚，却既无法也无力挣脱。玩耍中孩子们会暴露从大人那里带来的成见，医生的儿子罗伯特会对药剂师的儿子奥利弗大叫：你是我的奴隶，只是因为两个父亲社会身份不同，尊卑便显而易见，以至于影响到孩子的言行。奥利弗的母亲里里外外是一个自觉的阶级规范奉行者，她的烦恼和欢喜也常常因阶级意识而律动：因为自家丈夫是药剂师，地位不如医生而感到亏欠了儿子；伊莫锦夫妇地位尊贵，需要殷勤讨好；小镇传统的演剧活动可以彰显自己的中产身份，所以必须参加。她日日关心的是自己与他人是否按规矩在生活，并以探知他人阶层变动的可能性而享受洞悉真相的乐趣，不会意识到除此之外太阳底下还会有什么更合理的生活方式。

同样，《过界仪式》里的塔尔伯特也是一个具有浓重阶级意识的年青人。故事开始的时候，在实权派教父的庇护下启程赴职，志得意满的他根本意识不到自己凭借贵族出身，在航船上行使阶级特权，任意点评其他船客的阶级身份有何不妥。对船上仆佣，塔尔伯特当然不会关心爱护，只知享用服务，如果稍微感觉对方态度不够恭敬，他便心生怨愤，认为对方没有安守本分。他刻薄地品评牧师科利的外貌，说科利长了一副农民腿杆，是“一个拔升了地位却没有任何优点来匹配的人”（*Rites of Passage* 126）。[①] 当感受到大副萨默斯善良和正义心肠时，因其出身贫寒，他的评语不过是“把高于自身阶层的风度和语言模仿到完美”（*Rites of Passage* 51）。如果不是被科利写给妹妹的书信中表现出来的善意和屈辱所震动，如果不是因所谓高人一等的上流人士的卑鄙和不公而义愤，塔尔伯特不过是航船上那些道貌岸然的贵人中的一个，安享着阶级出身带来的一切优势，盼望着能够借此谋得更大利益。

航船甲板上的人们各有自己的客舱，虽然在旅途中条件有限，但还是好于甲板下穷人的嘈杂和恶臭。如果牧师科利明白在众人眼里，他本是一个农民的儿子，虽然偶得机缘，有幸晋身为教士，但是，好比由甲板下统舱迁居到甲板上客舱的人一样，会带着甲板下的恶臭，并不见容于上层社会，反而因此既失去了下层的依托，又隔膜于上层的实在空间，游离于上下之间，无处安放自身，其中的苦楚，自是令人难以消受。或许是因为从未在上层社会浸淫磨练过，科利的阶级意识是混沌的，虽似有一定的阶级概念，却从未如塔尔伯特般深谙其中三昧。他所能掌握的本领仅仅是符号式以貌取人：为塔尔伯特所不屑，装腔作势掩盖了身份的妓女在他眼里是纯情淑女，仪表堂堂、不断戏弄他的船上副官在他心中是绅士典范。可悲的是，科利一边承受着来自船长、塔尔伯特以及各位有身份的人的鄙视甚至虐待，一边不知不觉地要自恃身份，运用使自己深受其害的等级观念来评判甲板下的人们。他认为：烈酒是坚决不能让下层阶级的人沾染的，麦芽酒配那些人足够了，恐怕已经过分了（*Rites of Passage* 216）。科利从未料到，有一天自己会醉酒当众便溺，被塔尔伯特讥讽为不适合烈酒的下等人。至于塔尔伯特自己，是天生的贵人，自然喝多少都不会像科利一样出洋相！

航船上大副萨姆斯与科利一样出身卑微，但对社会阶级观念的辐射控制力具有深刻的认识。他的话可以作为这两部小说中阶级意识的一个总结：“一个人的出身铭刻在他的额头上，永远不会被去除”（*Rites of Pas-*

① 《过界仪式》译文均由笔者译出。

sage 124），“阶级是英国社会的语言”（*Rites of Passage* 125）。这样的沉痛话语，呼应着戈尔丁写在自己散文中的观念，令人印象深刻。

二 道德选择

人们生活于社会语境里，其中比较重要的一个“是由组织化的生活亦即那些科层机构的生活所提供的”，这些科层机构“规定着我们大多数当代人的工作任务”（麦金太尔 32）。了解了戈尔丁赋予小说人物的阶级意识以后，就可以推知他们遇事权衡选择时所倚仗的那种阶层归属赋予人的道德观念，而这种由阶级伦理规范限定的道德观念正是指导当事人言行来维护阶级共同体立场的有力武器。

《金字塔》中的奥利弗清清楚楚知道自己的家庭所处的社会层级，所以谨慎按照自己所处的阶层规范来生活。虽然那些规范划定的界限貌似仅仅存在于众人心中口中，并没有什么成文的法规要求大家必须遵守，但是他仍然牢记在心，小心翼翼不肯做出任何不利于家庭社会地位的举止，或者说不肯让自己所做的不利于保持家庭体面和地位的任何事情产生实质的负面影响。在事业选择上，为了擢升自己的身价，拔高自己的社会地位，他听从父母安排，放弃了钱途不佳的钢琴，埋头化学，不懈努力，只为金钱和金钱所能保障的地位。婚姻大事上，即使在离家上大学之前，在情欲和虚荣心的驱使下，急于享用艾薇身体时，他也不忘这个女孩出身低微，没有一个体面的家庭，与他药剂师儿子的身份实在不般配，公开与她交往就是折损自家颜面。因此，他接近艾薇时，非常注意保持距离，以免小镇人们以为二人之间存在任何超越路遇打招呼的关系。内心里，奥利佛或许也有那么一点儿不情愿，他毕竟喜爱弹琴也急于得到艾薇，但是，行动上他完全认同阶级规范统辖的体系，甚至没有因为放弃钢琴产生所谓的心灵冲突，灵魂挣扎。生计大业与浪漫理想之间，孰轻孰重，一目了然，根本不存在竞争。他也从未想过与艾薇组建家庭，那将是不可想像的错误，完全不符合阶级伦理话语。对他来说，凡是有利于保持或拔升家庭或个人阶级地位的事情，都可以去争取；即使一时忍耐不住做了有损于阶级伦理规范的事情，也一定要遮掩起来，以免蒙羞。

《金字塔》与《过界仪式》各有一个情节，十分相似，都与打招呼牵涉的阶级意识相关。因丈夫地位低下，艾薇的母亲在街上对高于自己社交圈子的人们频频殷勤致意表示友好，却不会得到任何回应。科利在写给妹妹的信里也非常困惑为什么船上女士先生路遇时会对他的鞠躬致意视而不见。二人遭受的冷遇出于同一个原因：逾越了阶级界限的平等致意是不合伦理规范的，那些所谓的上流人士最合适的反应就是漠视，否则就自贬身价，给自己招致不必要的羞辱。

由于叙述视角的关系，读者并不知晓艾薇母亲的想法，但是科利却在给妹妹的信里记录了船上各色贵人种种以怨报德，而自己种种以德报怨的委屈和不解。科利单纯到有些愚钝的头脑中想像的上层社会与他实际上所遭逢的几乎完全不同，他几乎从未看懂过，也从未明白过错误判断自己的身份角色到底给自己引来了多大的麻烦，最终身陷同性恋曝光的道德绝境，无颜苟活，绝食而亡。科利书信中记录的真诚和委屈感动了塔尔伯特，科利绝食死亡的悲剧震动了塔尔伯特，使他意识到了“贵人理应行为高尚”（noblesse oblige）[①] 所表述的社会责任，开启了从特权贵族成长为真正有担当有利于社会的精英的门径。

在处理科利死亡事件的过程中，负有职责的人，或推诿、或遮掩、或漠然、或歪曲。由于牵涉到船上具有高层职位的人，原本就厌恶牧师的船长安德森决定大事化小，小事化了，息事宁人。船上重要人物之所以决定不去追究科利死亡的缘由，避免更多丑闻，并非考虑科利的声誉，实质是要掩盖某些有身份副官的恶行。这样的选择安抚了同一阶级共同体中的成员，令其感受到庇护，深切体会“精神上一直依附着社会汲取力量”（柏格森 8）的重要性。阶级归属感，互相维护的责任高于公平正义，这令塔尔伯特无奈，但能让他感到安慰的是，他可以选择写信告诉科利的妹妹一个白色谎言：这位牧师是一个善良可爱的人，却深得朋友喜爱。

“良知的呼唤具有把此在向其最本己的能自身存在召唤的性质，而这种能自身存在的方式就是召唤此在趋往最本己的罪责存在。”（海德格尔 332）在这里海德格尔所说的罪责有两个含义：一是“负债”，二是“有责于”某事，是某事的原因或肇事者，或也可能是某事的“事由”。一个人可能并不对某个他人“负债”，但仍是有罪责的。（参见 346 页）塔尔伯特的良知正是在这种意义上对科利这样的人产生了“罪责”感，进而

① 关于“贵人行为理应高尚”的论述，参见陆建德：《思想背后的利益——文化政治评论集》。广西师范大学出版社 2005 版。

开始为构建超越阶级归属，对更高意义的道德规范的追求。

三 内在利益和外在利益

A. 麦金太尔在《追寻美德》一书中区分了实践的内在利益和外在利益。他把那些由于社会环境的机缘而外在地、偶然地附系于下棋或其他实践的利益称为外在利益，而那些只有参与了某种实践经验的人才能鉴定和承认的利益，不可能通过其他任何别的方式获得的利益为内在利益(239)。获得那些内在于实践的利益需要拥有和践行一种获得性人类品质，那就是美德（麦金太尔 242）。以此观之，在《金字塔》和《过界仪式》两部小说中，以奥利弗和塔尔伯特为代表的人物已经自然分为两个类别：一类是由奥利弗、奥利弗的母亲、船长安德森等人组成的，追求外在利益，为外在利益所困的人们；另一类则是由塔尔伯特、船上大副萨默斯等这样注重内在利益的人组成。

奥利弗，船长安德森等人的利益所在显而易见，那就是金钱和地位，以及与金钱和地位牵涉的所有关系的平衡。由于私生子的身份，安德森无缘贵族头衔。据说因为母亲不得已嫁给了一个牧师，他特别痛恨身负圣职的人，故而对凌辱牧师科利毫无愧疚可言。正是在他的纵容下，小牧师才走到了人生终点。这种毫无理性可言的厌恶、怨恨、仇恨，绝非仅仅因为牧师埋汰了他的身份，更可能是因为继父没有办法给予他生父带来的那种阶级利益，并且永远断绝了他获得那种阶级利益的可能性。正是在这种阶级意识的指导下，安德森在处理科利死亡事件调查原委时，对死者是否被公正对待并不感兴趣，却对如何给塔尔伯特有权有势的教父留一个好印象，如何不牵涉更多有背景的副官非常在意。这种对道德责任的判断完全取决于相关人士的阶级地位，与奥利弗对待艾薇的态度如出一辙，他们都是外在利益的衷心维护者。

维持一种阶级共同体的稳定，才有地位的稳定，利益的稳定。他们维护阶级话语的时候未必是快乐的，但获得地位和金钱，受到他人倾慕的满足可以抵偿这些不愉快的消耗。对他们而言，对与错等道德观念就是按照是否有利于阶级共同体的标准建立起来的。正如麦金太尔分析男孩下棋的例子时所说，那个下棋的男孩并不是因为喜好下棋才下棋，他下棋的目的是为了获得作为奖赏的糖果。糖果的甜蜜在男孩心目中完全可以抵偿下棋的烦恼。外在利益的诱惑可以让人们忘记实现外在利益时的痛苦。奥利弗放弃音乐可以用学习化学带来的金钱和地位补偿，巩固拔升自己的阶级地位是超越音乐的终极目的。“目的的问题就是价值问题，而在价值问题上理性是缄默不语的，各种互竞的价值之间的冲突不可能合乎理性地得到解决。”（麦金太尔 32）人们所能做的事情，只是在互相冲突的价值之间进行选择。

塔尔伯特、萨默斯等人也必须在充溢阶级意识的社会共同体实践中决定自己所要践行的价值观念。虽然不得不承认旧有标准的权威性，但是，他们力求在其中获得些许自由空间，能够在一定程度上脱离阶级意识的束缚，为人们带来更多超越阶级意识的希望。尽管那种努力可能只是一个白色的谎言，只是一个一时的安慰，尽管对于科利的悲剧已经无能为力，但也绝不会如奥利弗一般只因艾薇出身卑微就漠视她的权利，也不会像初上航船的塔尔伯特一样，只因科利虽是却不脱农民样貌而鄙视科利的人格。由此塔尔伯特、萨默斯等人在一定程度上已经成为一种具有自主意识的人，“自主的人是自己生活的（部分）创造者。”（拉兹 379）他们在追求实践的内在利益中获得了自主性，同时可以把自己获得的内在利益与人分享，而执着于外在利益的人，却只能像奥利弗和船长安德森一样身怀戒心、怨恨心、报复心，谨小慎微，无处发泄，生活于为阶级意识束缚的外在利益的搏取争斗中，这可悲的世界正是霍布斯在《利维坦》中描述的“每一个人对每一个人的战争”（95）。

引用作品

Farner, Dwight. A Talent for Writing and Falling into Things. *New York Times*, 07 July (2010): C. 1.

Golding, William. *Hot Gates*. San Diego: A Harvest/HBJ Book, 1965.

——. *Rites of Passage*. London: Faber and Faber Ltd., 1980.

阿拉斯戴尔·麦金太尔：《追寻美德：道德理论研究》2 版，宋继杰译，译林出版社 2011 版。

亨利·柏格森：《道德与宗教的两个来源》，王作虹、成穷译，贵州人民出版社 2000 版。

托马斯·霍布斯：《利维坦》，黎思复、黎廷弼译，商务印书馆

2009 版。

马丁・海德格尔：《存在与时间》（中文修订第二版），陈嘉映、王庆节译，北京：商务印书馆 2015 版。

威廉・戈尔丁：《金字塔》，李国庆译，上海译文出版社 2015 版。

约瑟夫・拉兹：《自由的道德》，孙晓春、曹海军等译，吉林人民出版社 2006 版。

文学翻译的隐喻之旅[①]

张蓊荟[②]

摘　要：本文从认知语言学的视角关照文学翻译，把它看做一种隐喻性的旅程。译者的隐喻化活动要受到两种文化的制约。译者的主观能动性给文学翻译赋予了创造性的内涵，因为他要创造性地解决跨域映射中始源域和目标域里许多概念的显著结构相异的矛盾。同时译者的这种解释性既是为了在跨域映射过程中解释相似的东西，也是为了让原文作者的意图能够真正隐含在译文中。此外，在文学翻译这个隐喻化的过程中，译者还得考虑译文读者的种种期盼等因素。

关键词：文学翻译；隐喻；映射

Literary Translation as a Metaphorical Journey

Zhang Wenghui

Abstract: Literary translation is compared to be a metaphorical journey from the perspective of cognitive linguistics. The translator's metaphorical activity is restrained by source and target cultures. The translator's subjective initiative fosters creative entailments to literary translation because (s) he has to make mappings of prominent structures in culturally different concepts from the source domain to the target domain successfully and creative-

---

① 本文系张蓊荟主持的2007年国家社科基金项目成果之一，项目名称："基于语料库的英文小说隐喻翻译模式的研究及相关应用软件的开发"，项目编号：07CYY004。

② 张蓊荟，男，(1969—)，汉，河南许昌人，博士，副教授，研究生导师。

ly. And this activity is also interpretive for the pursuit of similarity in the process of crossing domain mappings. Moreover, the translator has to make the target readers' expectations meet the author's intention.

Key words: literary translation; metaphor; mapping

一 何谓文学？何谓文学翻译？

（一）何谓文学？

何谓文学？这个见仁见智的问题，采取的理论视角不同，概念的界定也会迥异。我们可以从再现的角度，从主体性的视角，也可以结合形式、体系与结构关系来界定，还可以从历史和社会角度来考量，甚至还可以从道德、阶级与性别等因素来界定文学。但是，不管何种文学理论都很难回避文学性的问题，都无法否认文学的审美特性。

提到文学性的讨论，纯文学又是一个无法回避的问题。何谓纯文学？笔者原先想通过研究文艺理论结合自己的思考给出一个定义，后来发现这个困难太大，只好对它加以描述。因为要界定纯文学就会涉及到一个类似于哲学上的“无限后退论证”的问题。也就是说，凡是运动着的物体都有一个推动者，而要找到最终那个不运动的物体，就需要无限后退。无限后退的结果是要找到一个不动的、不可论证的原点。打个比方说，西方基督教文化的绝对原点就是上帝，上帝创造了一切，他是万能的。你不能质疑，上帝能否造出一块他自己搬不动的石头；当然，也无法考察上帝的母亲是谁，他的祖母又是谁等等。就连上帝有什么爱好，穿什么衣服，是否喜欢运动或者下棋，脾气如何等等问题都是无法论证的。上帝存在于人们的想象中和解释里，他是一个无处不在又不定形的存在。虽然笔者无法给纯文学一个明确的定义，但是可以对它加以解释和描述。可以说，纯文学就是一种绝对的理想的原始状态，它是剔除了文本、文化和语言之后的剩余物。纯文学本身存在于人们的知识之外，人们只有通过阅读来体会和感受。也就是说，一旦纯文学通过语言表现为文本，就被穿上了文化外衣甚至被赋予某种意识形态，无法独立存在而是寄生于文本之中了。虽然纯文学不是一个实体化的东西，但是谁都无法否认它的审美特性。离开了审美的东西，就是不被称之为文学的东西。在地球上不同种族和民族，甚至已经离开地球或者尚未出生的人，对文学作品共同需求的东西，就可以称之为文学性的东西。文学性是文学作品存世的必要条件。因此，文学性是文学的灵魂，而文学的本质就是审美。

而审美的内容既包含形象的美，也包含抽象的美。不同的民族在审美方面的取向也是不尽相同，存在差异。这其中的个体——单个人的审美能力是在本民族的文化语境中逐步习得的，审美习惯也会因为民族文化的差异而不同。不论在文艺思想还是在文学形式方面，民族审美心理都有所不同。这些审美习惯差异的成因既有习得因素，也有学习因素。归根结底，这些因素和人们的认知事物的方式联系密切。

文学作品的文学性体现在审美方面。而审美是建立在认知和推理的基础之上的。尽管美的标准随着时代而稍有变化，并且美的标准和偏好是人们通过媒介逐渐习得的。但是不同种族的人们对美的感悟有趋同的大部分。对审美的共性造成了文学性的传递的基础与可能。这里举一个例子说明此问题。17 世纪英国人类学家弗朗西斯·高尔顿和美国心理学家约翰·斯托达都用重叠人像的方法合成照片。斯托达把 1883 年和 1884 年从史密斯学院、北安普顿学院毕业的学生照片制作成合成照片。结果，高尔顿和斯托达都注意到，合成的脸比单个的脸美丽。后来，朗罗伊斯和罗格曼借助高科技采用高尔顿的方法研究常模脸假说。他们随机选择了男女生各 96 名。男生随机分成 3 组，每组 32 人；女生也同样分成 3 组，每组 32 人。给这些学生拍照时使用标准的背景、照明设备以及拍摄距离。他们将人脸照片的明暗阴影进行数字化，每张脸都包括一系列的数字集合（或称灰度值），代表每张特定的脸。这些数据可以像其他类别的数字一样进行处理。然后，他们随机抽取个体照片分别制作了 2 张、4 张、8 张、16 张和 32 张照片的合成图像。将这些合成图像和那些参与合成图像的原始照片放在一起制作成幻灯片，让 300 人进行魅力判断实验。结果，他们发现 16 张和 32 张脸部合成图像的魅力比原始照片上的平均魅力要高得多。尽管 96 名男生中有 3 人，96 名女生中有 4 人的原始照片比随机合成的照片要美一些，但是总体上来说，常模脸更具有魅力。虽然并不能认为“常模”是美丽脸的唯一构成要素（当然表情和年龄同样重要），但是它是构成魅力的不可或缺的因素。这个实验证明，具有魅力的脸是接近于人脸总数的一种平均状态，不论是同一文化还是跨文化的魅力判断都有相当大的一致性。那么文学作品的审美也有相当大的一致性，尽管在不同文化中审美存在差异。审美跨文化差异的鸿沟并非是不可逾越的。审美是建立在人类的认知基础之上的，认知相同的部分其文学作品的美学价值可以被读者通过阅读直接传递，认知相异的部分其美学价值可以通过读者阅读加上深度推理进行理解。某些类似跨文化一致性的倾向虽不能揭示每个社会中热爱艺术的人们的特征。然而，整个有效的研究例证却有力地暗示了确实存在着超越文化界限的审美判断的一致性。

（二）何谓文学翻译？

长期以来，人们认为文学翻译只是语言层面的纯技术性的符码转换，其实质还是外国文学。这实际上就是将复杂的文学翻译活动简单化，模糊了翻译文学的性质及其在民族文学史上的意义和地位，翻译家的文学贡献也从而在这种模糊的认识中被忽视了。文学翻译是一种审美再创造活动，产生自一个隐喻的历程。语言层面上的转换只是文学翻译的外在行为方式，其本质与文学创作一样，都是审美创造活动。相对于原作而言，文学翻译是根据原作的一种审美再创造。译者根据原作者所创造的意象、意境、艺术风格等等，通过自己的解读、体会、认知水平和表达能力再度传达出来。

二　文学翻译是一种隐喻旅程

翻译是一种受文化制约的、创造性的、解释性的隐喻化过程。译者致力于满足受众的种种期盼。在翻译过程中，译者的翻译活动就是一种跨域映射活动。译者将始源域里的原语文本，通过自己的努力而映射到目标域的译入语文本；而且翻译的隐喻化过程具有解释性和创新性。映射是一个来自数理逻辑的概念，指将一个集合同另外一个集合联系起来的过程，在此过程中，联系是通过将一个集合中的每个元素指派给另一个集合的一个元素而建立的联系。

由于我们将翻译界定成一种受文化制约的隐喻化过程，我们需要界定“文化”。本文采用赫德森给文化下的定义“从别人那里学来的某种知识，或是直接教会的或是通过观察别人的行为学会的知识”他把知识分为三类：一是文化知识 --- 从别人那里学来的知识。二是共有的非文化知识 --- 为同一集团的成员或全人类所共有、非相互学得的知识。三是非共有的非

文化知识 --- 为个人所特有的知识。不过，他的分类不够科学，我们决定采用两分法，将知识分为文化知识和非文化知识；文化知识可分为物态文化知识和非物态文化知识；非文化知识又可分为共有的非文化知识和非共有的非文化知识。

笔者认为，在翻译过程中，译者所做的工作就是一种隐喻化跨域映射活动。译者阅读的是原语文本，通过隐喻化活动产生译入语文本。译者要在作隐喻化的过程中产出译本，这种活动具有解释性和创新性。

（一）翻译与隐喻的高度相似性

隐喻是从始源域到目标域的跨域映射。隐喻的本质是用一种事物理解和体验另一种事物（Lakoff & Johnson 1980）。本文把传统意义上的提喻和隐喻涵盖进翻译隐喻化过程的目的是，用传统的提喻来强调本体和喻体之间的相似性，用传统的换喻来强调本体和喻体之间的联想性，同时也暗指部分文化因素丧失的情况。

在翻译过程中，当译者发现始源域的某些实体与目标域的实体蕴涵不一致时，要努力做到的是发现始源域的本体和目标域的喻体之间的相似性和联想性。从它们之间的相似性和联想性看来，翻译活动具备隐喻的本质特征和基本功能。

翻译具备隐喻的本质特征。隐喻就是将两个不同概念域里的物体进行相互映射的结果。也就是说，隐喻是把分属于不同认知域的两个概念放在一定的语境中，用文本建立起某种人为的联系或文化因素的联系；甲概念和乙概念有某种联系，主要表现为表面相似性或者抽象相似性。在甲概念的众多结构中，显著结构的“显著度”必定高于其他结构；或者说，甲概念的某个结构更符合当时的语境。甲概念 和乙概念的相似性会在一个特定的语境中被确定下来。读者在阅读的时候，积极地进行识解而后获取该隐喻的意义及作者的意图。

那么，翻译的情况又是如何呢？不同人类的语言之间存在差异，这一点没有人会否认；但是，任何两种语言之间的相似性也是客观存在的，形似性也体现为表面形似性和抽象形似性。而翻译活动中，译者遇到英语文本中的词句从语音层、词汇层到句法层都和汉语有较大的差异，当然也有很大的相似之处。这些相似之处可能存在于表层，也可能存在高度抽象的深层。译者把英语中的某个单词转换为汉语中的某个单词的时候，英语中该单词所涉及的概念和汉语中该单词说涉及的概念未必相同。这种跨越语言的翻译活动自然是更大范畴内的跨域映射活动。不过，话又说回来了，假如说两种语言中的某个单词的相关概念完全相同，这个时候译者所作的仍然是隐喻性的活动。因为概念对等了并不表示该单词所相关的其他方面完全一致，比如，单词的语音及音响效果以及拼写形式等等。小到一个单词所对应的概念的转译，大到一个语句的翻译中间设计到两种语言中太多不相同的东西。

不过，语言的差异不一定导致翻译上不理解和误解。人类的大脑是具有高度主观能动性的器官，它可以自动调整按照本族语言进行理解导致的逻辑错误，高度自动化和自觉地将自己认知语境中的相关信息和相关经验与异族语言里的内容结合起来，经过一番推理而达到理解。因此，翻译就是译者通过凭借已有的种种经历来理解对自己来说可能是新奇的文化现象，领略异域的种种风情。

翻译具备隐喻的基本功能。隐喻的基本功能是通过某一经历来理解另一经历，它可以是通过原有的孤立的相似性，也可以通过创新的相似性。那么，翻译是人类用某一语言社团的经验来说明或理解另一语言社团的经验的一种认知活动。翻译可以输入新的文化知识和非文化知识。从古至今，人类不同的文化之间的交流从来都没有中断过。把某种语言文化中原本没有的东西借助翻译从另一种语言文化引进来，本身就表明不同民族之间有相互学习的历史。人们学到的不仅有文化知识也有非文化知识，不仅有物态文化知识，也有非物态文化知识。比如，外国人从中国学到的不仅有四大发明、茅台、粽子、饺子等物态文化知识，还有武术、叩头、作揖、天人合一等非物态文化知识。我们从国外学到的科学技术等非文化知识也多是借助翻译。因此，隐喻化的翻译是我们理解不同民族、不同经历的有力工具。

（二）隐喻化的翻译过程是解释性和创新性的统一

隐喻化翻译过程的解释性和创新性主要从以下三个方面加以讨论：

第一方面，翻译文本的生成过程即译者追求跨域映射的隐喻化过程。翻译文本的生成过程就是译者追求跨域映射的隐喻化过程。一般情况下，构制隐喻时，本体和喻体都已经存在。可是在翻译这个隐喻化的过程中喻体是在作者追求本体喻体联系的过程中才产生的。翻译喻体的形成过程也是译者进行解码编码推理的过程。

我们可以通过讨论语言的异质性和同质性来说明这个问题。洪堡特认为语言是民族的造物，语言具有把各个民族区分开来的属性。其实，某个语言集团中社会成员的认知和语言的发展过程，从原型的形成到概念的形成，从范畴化到在头脑中形成各种命题或假设，同另一种语言里的相关物都有很多差异。萨丕尔曾经断言，在语言反映社会现实这一点上，世界上没有两种语言是完全类似的；他的原话是这样的，“语言是‘社会现实’的向导。……人类并非孤立地生活在客观世界之中，也不是孤立地生活在通常所理解的那种社会活动范围之中，而是深受那充当社会表达工具的特定语言的支配。…… 事实是，‘现实世界’在很大程度上是不自觉地建立在人类社团的语言习惯之上的。”不同的社会生活在不同的世界上，而不仅仅是同一世界被贴上了不同的语言标签。还由于在不同的语言里，同一个概念所表达的关系不一样。这种关系可以是人与事物的关系，人与人的关系，以及事物与事物的关系。即使是同一个概念，由于它所表达的关系在两种语言里不一样，这些都会给翻译的隐喻化过程带来麻烦。

第二方面，解码阶段体现翻译的解释性。影响译者解码的因素多种多样，这里初步分为文化因素和非文化因素两大类。实际上，每个文本都被打上了文化烙印。本节暂不研究非文化方面的因素对译者的影响。而对译者解码构成障碍的主要是文化因素，而文化的影响又是可以从认知的角度加以研究的。

首先，概念能够体现文化差异，概念的形成是一个受社会成员和语言影响的过程。不同语言社团的人们所形成的种种原型不可能完全一样，因为在某种自然环境中存在某物或某种自然现象，相关的语言社团就会产生这类范畴的原型。而不存在此类客体或现象的地方，则该地区语言社团的成员就无法统一形成相关的原型了。

即便是不同语言的人们形成的原型相同，但其相关的概念也会因为主客观世界的不同而蕴涵不同。原文作者在自己成长的过程中，所接触的客观世界也与其他语种的人们不完全一样。他认识事物的范畴化过程会受到自己所处的文化集团成员的影响。概念所表达的关系会因不同民族归类方式的差异而导致该概念的内涵和外延与其他语种大不相同。比如要翻译下面的例子，解释恐怕是唯一的途径。人类学家罗恩斯伯里（Floyd Lounsbury）曾经举过这样一个例子 。俄克拉何马州和弗罗里达州的森密诺尔印第安人，以及特罗布里恩德群岛（在新几内亚以东）的居民，在这些不同的社会里，他们会用同一个词（X）来指代下列关系：

（1）父亲

（2）父亲的兄弟（汉语：叔伯）

（3）父亲的姊妹的儿子（汉语：姑表兄弟）

（4）父亲的母亲的姊妹的儿子（汉语：?）

（5）父亲的姊妹的女儿的儿子（汉语：姑表外甥）

（6）父亲的父亲的兄弟的儿子（汉语：?）

（7）父亲的父亲的姊妹的儿子的儿子（汉语：?）

罗恩斯伯里认为，假定基本意义（原型）就是“父亲”，其它意义是通过下述3个等值规则中任何一个规则得出的，便可以预知这些意义了。

（1）一个男人的姊妹等于他的母亲；

（2）同性别的兄弟或姊妹互相等同；

（3）异父（或异母）兄弟姊妹等于同胞兄弟姊妹。

对于母语是汉语的译者来说，这个词简直是不可思议的，因为汉语里尊长有别，（2）、（3）表达的关系同“父亲”这个原型差一辈或两辈。可是在那个社会里这个词就表达这诸多关系，不过有一点是共同的：所指的人一定是男性。由此看来，译者只有将该词在不同语境中解释成不同的称谓。这个例子虽然有些极端，但是却能够反映出译者在翻译解码阶段对原文的解释性。

其次，各种心理图式也会给原作打上文化烙印。比如说，原语作品中的人物形象、性格、行为、情感、心理冲突、境遇、情景等特征形成的意象系列或心理图式，会因主客观世界的不同而不同，进一步体现为文化差异。译者在阅读原文的时候，会不由自主地或下意识地拿自己已有的或已经形成的心理图式去度量原文里的东西。只是在他发现在逻辑上行不通的时候，才会有意识地调整自己的视角去解读原文。这些东西会经过译者的知觉——直觉的变形、筛选、创造和整合重组。这些重新组合的东西无疑含有译者对原作所做出的解释性努力。

再次，意识形态方面的因素也会影响作者的创作过程，给翻译的本体打上文化烙印，包括话语的权力、出版、赞助人，文学诗学等等。这些意识形态方面的因素要求译者在这个限定范围内进行解释，而不允许由译者对原作随心所欲地胡乱解释。

第三方面，编码阶段体现翻译的解释性和创新性。影响译者编码的因素多种多样，也可分为文化因素和非文化因素两大类。文化因素和非文化因素可能涉及它们本身的概念，它们在命题中互有联系。而且，译者编码时所做的跨域映射，既要体现原文作者的意图，又要受到两种语言文化的双重限制。

首先，译者在编码的过程中遇到的第一个困难是如何传递原语中每个概念的显著结构。因为客观世界的差异，译者头脑中形成的种种原型与作者头脑中的种种原型不会完全一样。而且，译者头脑中在原型基础之上形成的概念，也与原文作者建立在自己的原型之上的概念不会完全一样。这时候就出现了将始源域的显著结构映射到目标域的困难。假设始源域里的某个概念只有一条显著结构，译者对它的解码不成问题；再假设，译入语中该概念的显著结构也只有相同的一条，那么情况就非常简单，直译过去就行了。可是，事情的复杂程度远远不是这么理想化地简单。再说，一个概念不是只含有一条结构，并且其包含的种种结构并不等值，某个语言社区的成员理解时首先调用的便是显著结构。于是，译者会将解码阶段始源域的显著结构同目标域里该概念的显著结构进行比较，如果相同或者相似，就把它直接解释过去即可；如果不同，译者要么选择与此显著结构相同的其它概念，要么创造语境将目标域里该概念的其他非显著结构提升为在这个特定语境中的显著结构。这个时候翻译的创造性就体现出来了。

其次，译者在编码过程中遇到的第二个困难是始源域里文本中隐含的心理图式和目标域文化中的心理图式未必一致。对于两种两个语言社区里相同的心理图式，译者直接解释过去就算完成了任务。对于不同的心理图式，译者要采取创造性的解释方式来体现原文作者的意图。也就是说，译者首先直接解释相同的部分，然后译者再把译入语里所缺的部分创造性地增补进译入语里。

再次，译者在编码的过程中遇到的第三个困难是译入语通行的文化价值观的干扰。在编码的过程中，译者不但要考虑原文文本内的因素，而且还要考虑文本外的因素。译者的编码受到译入语文化规范和诗学的影响与制约。如果完全背离，译者所作的从始源域到目标域的映射便不能被目标域读者识解或者接受，那么他的编码就是徒劳。如果译入语读者拒绝他的译文了，那么他要传递原文作者意图的意图也就自然而然地落空了。在此情况下，译者为了给译文寻找出路，只有采取折衷的方法，与现行的文化价值观若即若离里。

第四方面，译者在编码的过程中遇到的第四个问题是如何妥善处理各种读者的不同期盼。赞助人和出版商对译文的企盼是译者优先考虑的因素，译者会首先做到让他们满意。其他读者的种种期盼是让位于译者本人对译文的企盼的。尽管不同的读者对一部文学作品的翻译期盼各不相同。比如，有的读者有一种文化期盼，读译作是为了领略异国风情，了解异域风物；有的读者有一种宗教期盼，阅读原作的目的是为了更好地了解宗教和信奉宗教；有的读者具有强烈的审美期盼，想通过阅读译文获得美感方面的享受；有的读者有强烈的求知欲望，希望通过阅读获得知识以便考个好成绩，或者跟外国人交流时更加畅达；有的读者有强烈的完形期盼，阅读译文是为了验证自己的推理是严密或者猜测是否正确，尤其是在阅读侦探小说时更是如此。凡此种种，无法一一枚举。虽然读者的种种期盼是译者在翻译的隐喻化过程中不可忽视的因素，但是译者本人作为读者的期盼和赞助人、出版商的期盼是译者编码过程中优先考虑的因素。当然，并不是说他们的期盼与其他读者的期盼大相径庭，其实很多情况下是一致的。

三　结束语

在文学翻译这个隐喻化的活动中，译者受到两种文化的因素制约。由于译者发挥了自己的主观能动性，从而给翻译活动赋予了创造性的内涵，因为他要创造性地解决跨域映射中始源域和目标域里许多概念的显著结构相异的矛盾。同时译者的这种解释性既是为了在跨域映射过程中解释相似的东西，也是为了让原文作者的意图能够真正隐含在译文中。在翻译这个隐喻化的过程中，译者还得考虑译文读者的种种期盼等因素。总之，文学翻译是一种隐喻化的旅程，没有终点的旅程，只要人类的文化还在演变。

参考文献

Fauconnier, Gilles & Mark Turner. 2002. *The Way We Think*. New York: Basic Books.

Lakoff, George and Mark Turner. 1989. *More than Cool Reason——A Field Guide to Poetic Metaphor*. Chicago and London: The University of Chicago

Press.

Robert L. Solso, M. Kimberly MacLin & Otto H. MacLin. 2004. *Cognitive Psychology*. Beijing: Peking University Press / Pearson Education, pp. 2, 30, 380.

阿恩海姆、霍兰、蔡尔德等著:《艺术的心理世界》,周宪译,中国人民大学出版社2003年版,第261—276页。

车文博:《西方心理学史》,浙江教育出版社1998年版,第288—580页。

乐黛云:《序》,载于孟昭毅、李载道主编的《中国翻译文学史》,北京大学出版社2005年版。

诺思罗普·弗莱:《伟大的代码——圣经与文学》,郝振益、樊振帼、何成洲译,北京大学出版社,1998年版,第80—82页。

王乾坤:《文学的承诺》,三联书店,2005年版,第77—78页。

后　记

经过一年多的努力，本书得以与读者见面。本书作者以江苏师范大学外国语学院已经获得博士学位的教师和正在攻读博士学位的教师为主。这批青年才俊受益于国内外名家指点，加之他们的持久努力，正在不同的领域崭露头角。我们期待在不远的将来，他们将会在各自的学科领域和社会服务层面发挥更大的作用。

外语专业人才培养与学科建设正面临着前所未有的机遇和挑战。国家提倡建设一流学科、一流大学高等教育发展战略给高校外语专业群建设与发展带来新的契机与机遇。新一轮的学科评估也为外语学科的发展提供了导向。如何把握机遇，有所作为，是每个外语人都在思考的事情。本书因此而生。

在成书过程中，我们有幸得到诸多学者的指点和帮助。本书也得到江苏师范大学品牌专业培育项目和江苏师范大学重点培育学科的资助。江苏师范大学教务处、研究生院和社科处等部门的主要负责人也给予了我们不同层面的指导、支持和鼓励。

我们也感谢本书的责任编辑任明主任的精心指导和责任校对刘娟女士的辛勤付出。